Der Verwaltungsgerichtsprozeß in Bayern.

Unter Zugrundelegung der gesetzlichen, verordnungsmäßigen und ministeriellen Bestimmungen, dann der Gesetzesmaterialien, der gesamten Rechtsprechung des k. Verwaltungsgerichtshofes und der einschlägigen Litteratur systematisch dargestellt

von

Franz Lindner,
kgl. Amtsrichter.

Mitherausgegeben
von

Dr. Thomas von Hauck,
k. Oberstaatsanwalt am Verwaltungsgerichtshofe a. D.

München.
J. Schweitzer Verlag
(Jos. Eichbichler)
1894.

Vorwort.

Ein seinerzeit selbst gefühltes dringendes Bedürfnis rief in mir den Gedanken wach, ein System des verwaltungsgerichtlichen Prozesses nach Art eines kurz gefaßten Lehrbuches unter Zugrundelegung und Benützung des gesamten vorhandenen Materials, insbesondere des Gesetzestextes, der Ausführungsbestimmungen hiezu, der erschienenen Litteratur, vor allem aber der Rechtsprechung des Verwaltungsgerichtshofes zu bearbeiten. Da ein Werkchen dieser Art noch nicht bestand, so war die Lösung der mir gestellten Aufgabe um so schwieriger, als das zu bewältigende Material ein bedeutendes war.

Zunächst wollte ich den im Vorbereitungsdienst befindlichen jüngeren Juristen, für die das Verfahren in Verwaltungsrechtssachen wenigstens zum Teil eine terra incognita ist, einen Leitfaden bieten, dann aber sollte auch den Anwälten, welche verhältnismäßig selten mit verwaltungsgerichtlichen Prozessen zu thun haben, ein Buch geschaffen werden, das ihnen raschen und zuverlässigen Aufschluß über die in der Praxis auftauchenden Fragen gibt. Indes auch dem Verwaltungsbeamten dürfte das Werkchen gewiß willkommen sein, weil es auf Grundlage der Praxis aufgebaut über die einzelnen Fragen des Prozesses einen Überblick gewährt. Größeren Gemeinden endlich wird dasselbe gleichfalls vielfach als Wegweiser dienen können.

Besonderen Wert dürfte das Buch durch die Mitarbeiterschaft des Herrn k. Oberstaatsanwalts a. D., **Dr. Th. v. Hauck**, der es vor der Drucklegung in allen Teilen sorgsamer Durchsicht unterzogen hat, gewonnen haben. Ihm, der durch seine Stellung als Oberstaatsanwalt am Verwaltungsgerichtshofe lange Jahre berufen war, für ordnungsmäßige, gleichförmige Rechtsprechung einzustehen, und der bei der Redaktion des Gesetzes über den Verwaltungsgerichtshof in so hervorragendem Maße beteiligt war, sei auch an dieser Stelle der gebührende, ehrerbietige Dank für die dem Buche gewährte Förderung ausgesprochen.

Krumbach, im Oktober 1894.

Franz Lindner,
K. Amtsrichter.

Systematisches Register.

II. Buch.

Seite

Das Gerichtsverfahren.

I. Abschnitt: Grundsätze des Verfahrens.

II. Abschnitt: Die Parteien und ihre Vertretung.

III. Abschnitt: Zustellungen, Ladungen, Termine und Fristen.

V. Abschnitt: Prozeßhandlungen.

VI. Abschnitt: Das Beweisverfahren.

Bedeutung der Abkürzungen.

Bl. f. adm. Pr. = Blätter für administrative Praxis.
G.- u. V.Bl. = bayer. Gesetz- und Verordnungsblatt.
Instr. = Vollzugsvorschriften vom 1. Sept. 1879 (Instruktion).
Kahr = v. Kahr, Erläuterungen zum Verwaltungsgerichtshofgesetz.
Krais = Krais, " " " "
M.-A.-Bl. = Amtsblatt des Staatsministeriums des Innern.
M.E. = Entschließung " " " "
R.-Bl. = Regierungsblatt.
R.C.P.O. = Reichscivilprozeßordnung.
R.G.Bl. = Reichsgesetzblatt.
Sarwey = Sarwey, das öffentl. Recht u. die Verwaltungsrechtspflege.
Seydel = v. Seydel, bayer. Staatsrecht.
V.G.H. = Verwaltungsgerichtshof.
V.G.H.E. = Verwaltungsgerichtshofs-Entscheidung.
V.G.H.G. = Verwaltungsgerichtshofs-Gesetz.

Einleitung.

§ 1. Geschichtliche Grundlagen.

Wie in anderen Staaten, so entsprach auch in Bayern die öffentliche Rechtsprechung bis in die Mitte unseres Jahrhunderts herein nicht mehr den zeitgemäßen Anforderungen, die infolge der Umbildung des ganzen Staatswesens wachgerufen wurden; der geltende Rechtszustand war umsoweniger befriedigend, als eine prinzipielle Feststellung der Grenzen der Civilrechtsprechung nicht erfolgt, und die letzte Entscheidung für das eigentliche Gebiet der Streitigkeiten des öffentlichen Rechts in die Hände des jeweiligen verantwortlichen Ressortministers oder schon einer Verwaltungsmittelstelle gelegt war, wodurch den Anforderungen auf dem Gebiete der Verwaltungsrechtsprechung nicht genügt war; wenn auch zur Entscheidung einiger weniger Gegenstände ein Staatsrat berufen war, so machte sich doch immer mehr das Bedürfnis nach einem unabhängigen Gerichtshofe geltend, der lediglich nach Recht und nicht nach Zweckmäßigkeitsrücksichten urteilen soll und nicht von Instruktionen höchster Stellen im einzelnen Falle abhängig ist.

Wie es ferner an strengen Grundsätzen für die Ausscheidung zwischen Verwaltungsrechtssachen und reinen Verwaltungssachen fehlte, so mangelten auch bindende Vorschriften über das Verfahren und den Geschäftsgang in Verwaltungsrechtssachen.

Es liegt zwar im Wesen der aktiven Verwaltung, welche eine freie von Rücksichten des öffentlichen Wohles und der Zweckmäßigkeit bestimmte Thätigkeit zu entfalten hat, daß man dieselbe nicht in eigentliche, strenge Prozeßvorschriften einzwängen darf; es gilt dies jedoch nicht für die Verwaltungsrechtsprechung im gleichen Maße.

Zu Anfang unseres Jahrhunderts wäre allerdings das Vorhandensein einer getrennten öffentlichen Rechtsprechung, insbesondere der Zwang strenger Prozeßnormen nur ein Hindernis für die Thätigkeit der Staatsregierung — namentlich zu Zeiten eines Montgelas — gewesen, da sich das Vorhandensein derselben mit der Umbildung des alten bayerischen Staatswesens in ein modernes nicht recht vertragen hätte, aber im Laufe der weiteren Jahrzehnte trat das erwähnte Bedürfnis immer reger zu Tage.

Wenige Jahre, nachdem die Justiz von der Verwaltung getrennt worden war, — 1865 —, beantragte die bayerische Kammer der Abgeordneten die Vorlage eines Gesetzentwurfes, wonach das Verfahren in Verwaltungsrechtssachen in einer die Unparteilichkeit und Unabhängigkeit der Verwaltungsrechtspflege sichernden Weise geregelt und zur Entscheidung in letzter Instanz ein eigener selbständiger Verwaltungsgerichtshof errichtet werden sollte. Erst nachdem aber die k. Staatsregierung zu wiederholten Malen der Abgeordnetenkammer Entwürfe eines darauf zielenden Gesetzes vorgelegt hatte, fand die angeregte Sache durch die Vorlage vom 28. September 1877, auf Grund welcher das dermalige Gesetz zu stande kam, einen gedeihlichen Abschluß.

Letzterer Entwurf wurde von der Kammer einem besonderen Ausschusse von 15 Mitgliedern überwiesen, zu dessen Referenten der Abgeordnete, königlicher Oberstaatsanwalt am Verwaltungsgerichtshofe, Dr. von Hauck, und zu dessen Korreferenten der Abgeordnete Dr. Völk bestellt wurde; diese beiden bildeten mit dem Abgeordneten von Hörmann eine Subkommission, welche die Aufgabe hatte, etwaige Zusatz- und Abänderungs-Vorschläge redaktionell festzustellen.

In den Sitzungen vom 29., 30., 31. Januar und 1. Februar 1878 fand sodann die öffentliche Beratung und Beschlußfassung der Abgeordnetenkammer statt, von wo der hienach modifizierte Gesetzentwurf an die Reichsratskammer gelangte, von dieser dem kombinierten I. und III. Ausschusse überwiesen und in der öffentlichen Sitzung vom 8. Juli 1878 im großen und ganzen angenommen wurde, nachdem nur einzelne Abänderungen vorgenommen worden waren. Da sich letzteren auch die Kammer der Abgeordneten anschloß, — unterm 12. Juli 1878 —, so war nunmehr ein Gesamtbeschluß der beiden Kammern erzielt, demzufolge der Entwurf am 8. August 1878 die Kgl. Allerh. Sanktion erhielt, während die Gesetzespublikation am 12. August 1878 in Nummer 38 S. 369 des G.- u. V.Bl. erfolgte.

Das Gesetz will richterlichen Schutz bei allen Streitigkeiten über öffentliche Rechte und Pflichten gewähren, welche durch bestehende Rechtsnormen dem freien Belieben der Verwaltungsbehörden entrückt und nicht in anderer Weise bereits geschützt sind. Über das Verfahren in Verwaltungsrechtssachen selbst bemerken die Motive:

„Der Kreis der Verbesserungen auf dem Gebiete der Verwaltungsrechtspflege ist mit der Errichtung eines Verwaltungsgerichtshofes und mit der Normierung seines Wirkungskreises nicht abgeschlossen. Es ist Bedürfnis, eine eigene Rechtsordnung für die Verwaltungsrechtssachen anzubahnen und dabei soweit möglich einzelne Grundsätze zur Geltung zu bringen, welche sich im Civil- und Strafprozesse erprobt haben. Der Entwurf enthält demgemäß eine Anzahl von Bestimmungen über das Verfahren und bringt insbesondere die Einführung der Öffentlichkeit und Mündlichkeit für die Verhandlungen vor dem Verwaltungsgerichtshofe und den Senaten der Kreisregierungen in Vorschlag. Hiemit dürfte eine weitere Garantie für eine gründliche und tüchtige Verwaltungsrechtsprechung gegeben sein. Bezüglich der allgemeinen Bestimmungen über das Verfahren wird es geraten sein, weitere Erfahrungen abzuwarten, und sich daher, wie im Entwurfe geschieht, vorerst auf die Regelung der wichtigsten Punkte zu beschränken."

Das Gesetz über den Verwaltungsgerichtshof beruht im allgemeinen auf denselben Grundanschauungen über das Wesen und die Aufgabe der Verwaltungsrechtspflege, wie die preußische, badische und württembergische Gesetzgebung; auch das bayerische Gesetz enthält keine erschöpfenden Bestimmungen über das Verfahren, wie solche durch die deutsche Reichs-Civil- und Strafprozeßordnung getroffen sind. Manche Gegenstände der öffentlichen Rechtsprechung sind dem Verwaltungswege überwiesen und für das Verfahren sind nur die dringend nötigen Bestimmungen gegeben, während im allgemeinen daran festzuhalten ist, daß die Rechtssachen des Verwaltungsgerichtshof-Gesetzes an den für die Verwaltung selbst geltenden Formvorschriften, insbesondere auch an der Formlosigkeit der Verwaltung teil haben, und daß die Civilprozeßordnung nur da ergänzend eintritt, wo dies der Natur der Sache nach geboten erscheint. (S. § 3 m. Ausf. S. 11.)

Vielfach ergänzend und erläuternd hat jedoch die reiche Praxis des Verwaltungsgerichtshofes eingegriffen und habe ich es mir im folgenden zur Aufgabe gemacht, ein System gerade auf Grund der vorhandenen Praxis aufzustellen. —

Durch Art. 51 des Ges. vom 8. August 1878 war indes die Wirksamkeit des Gesetzes noch von einem besonderen Einführungsgesetze abhängig gemacht, welches am 10. März 1879 sanktioniert und in Nummer 11 S. 163 d. G.- u. V.Bl. 1879 publiziert wurde. Dieses letztere Gesetz enthält einen einzigen Artikel, welcher bestimmt:

„Das Gesetz vom 8. August 1878, die Errichtung eines Verwaltungsgerichtshofes u. s. w. betr., tritt gleichzeitig mit dem Reichsgerichts-Verfassungsgesetze vom 27. Januar 1877 in Kraft.“

Hienach datiert seine Wirksamkeit erst vom 1. Oktober 1879 ab. Mittlerweile, nämlich seit Verkündigung des Gesetzes vom 8. August 1878, hatte sich auf einigen durch dasselbe berührten Gebieten eine Reform vollzogen, derzufolge einige Bestimmungen des vielgenannten Gesetzes von vornherein nicht in Wirksamkeit traten.

So traten die Art. 10 Ziff. 29 u. 30 nicht in Wirksamkeit. Die in den Ziffern 29 u. 30 bezeichneten Gesetze und gesetzlichen Vorschriften sind durch Art. 272 (279) des revid. bayer. Gebührengesetzes vom 18. August 1879 G.- u. V.Bl. S. 903 — neue Fassung vom 21. Januar 1890, G.- u. V.Bl. S. 9 ff. — aufgehoben und die daselbst dem Verwaltungsgerichtshofe eingeräumte Zuständigkeit trat nach Art. 275 (283) des genannten Gebührengesetzes nicht in Wirksamkeit. An ihrer Stelle kommt nunmehr Art. 197 (195) und Art. 254 (261) des Gebührengesetzes in Betracht. (S. hierüber den Anhang, wo das Gesetz zum Abdruck gelangt ist. Ferner die Artikel 153, 155, 211, 275 des rev. Geb.-Ges., im Anhange abgedruckt.)

Ebenso wurde Art. 50 ersetzt durch Art. 29 des Gesetzes über die Entscheidung der Kompetenzkonflikte rc. vom 18. August 1879, G.- u. V.Bl. S. 991.

Weitere Zuständigkeitsmehrungen traten im Laufe der Zeit wie folgt ein:

1. Durch das Gesetz über die Erbschaftssteuer -- Art. 37 — vom 18. August 1879 wurde die letztinstanzielle Zuständigkeit des Verwaltungsgerichtshofes begründet.
2. Art. 8 Ziff. 7 des Ges. wurde durch die Gesetze vom 19. Mai 1881 über die Einkommen-, Kapitalrenten- und Gewerbesteuer (G.- u. V.Bl. S. 441, 477 u. 495) modifiziert.
3. Art. 8 Ziff. 13 des Ges. wurde samt dem Gesetze vom 10. November 1861 über die Zusammenlegung von Grundstücken zufolge Gesetzes vom 29. Mai 1886 (G.- u. V.Bl. S. 271) aufgehoben; cf. Art. 51 Abs. 2 lit. b. des letztall. Ges. Art. 35 l. c. lautet: Gegen den Endbescheid der Flurbereinigungskommission ist die Beschwerde an den Verwaltungsgerichtshof zulässig.
4. Art. 10 Abs. 1 erlitt durch die k. Vdg. v. 31. August 1880 (G.- u. V.Bl. S. 551) eine Modifikation, indem für die Bezeichnung „Generalzolladministration“ die Bezeichnung „Generaldirektion der Zölle und der indirekten Steuern“ gewählt wurde.
5. Eine letztinstanzielle Zuständigkeit des Verwaltungsgerichtshofes wurde durch Art. 7 des Gesetzes vom 21. März 1881, die Ausführung des Reichsgesetzes über die Abwehr und Unterdrückung von Viehseuchen betr. (G.- u. V.Bl. S. 123) begründet; ebenso

6. durch Art. 5 des Gesetzes vom 26. März 1881, die Aufhebung der unter dem Namen Neujahrgelder und dgl. bestehenden Abgaben der Israeliten betr. (G.- u. V.Bl. S. 163), ferner
7. durch Art. 2 und 3 des Gesetzes vom 27. Januar 1884, die Ausführung des Reichsgesetzes vom 3. Juli 1883 über die Abwehr und Unterdrückung der Reblauskrankheit (G.- u. V.Bl. S. 41), dann
8. durch Art. 1 § 4 und Art. 3 des bayer. Ges. vom 28. Februar 1884, die Ausführung des Reichsgesetzes über die Krankenversicherung der Arbeiter vom 15. Juni 1883 betr. (G.- u. V.Bl. S. 75), weiterhin
9. durch den einzigen Artikel des Ges. v. 3. Dezember 1885, die Ausf. d. Ges. über die Ausdehnung der Unfall- und Krankenversicherung vom 28. Mai 1885 betr. (G.- u. V.Bl. S. 711), beide jedoch wiederaufgehoben und ersetzt durch das unter Nr. 17 aufgeführte Gesetz, sowie
10. durch Art. 23 des Ges. v. 5. April 1888, die Ausf. d. Reichsgesetzes über die Unfall- und Krankenversicherung der in land- u. forstwirtschaftl. Betrieben beschäftigten Personen betr. (G.- u. V.Bl. S. 225); weiterhin
11. durch das revid. Geb.-Ges. (G.- u. V.Bl. 1890 S. 9) — s. namentlich Art. 211—251, 119 u. 155; ebenso
12. durch Art. 7 Abs. 2 des Ges. vom 5. April 1888, die Haltung und Körung der Zuchtstiere betr. (G.- u. V.Bl. S. 235), dann
13. durch das Ges. v. 3. März 1888 (G.- u. V.Bl. S. 147) betr. die Ausf. des Reichsges. v. 11. Juli 1887 (R.-G.-Bl. S. 287), und
14. durch Gesetz v. 28. Nov. 1889 (G.- u. V.Bl. S. 581), die Ausführung des Reichsgesetzes vom 1. Mai 1889, die Erwerbs- und Wirtschaftsgenossenschaften betr.,
15. durch Gesetz v. 22. Mai 1892 (G.- u. V.Bl. S. 119), betr. die Ausführung des Reichsgesetzes v. 20. April 1892 über die Gesellschaften mit beschränkter Haftung,

16. durch Gesetz v. 26. Mai 1892 (G.= u. V.Bl. S. 142), die Entschädigung für Viehverluste infolge von Milzbrand betr.,
17. durch Gesetz vom 26. Mai 1892 (G.= u. V.Bl. S. 144), betr. die Ausführung des Krankenversicherungsgesetzes. Auch ist noch zu gedenken des Geb.=Ges. und des Art. 33 der Gem.=Ordg. neuer Fassung.

Zu Art. 2 des Ges. ist auch des Disciplinargesetzes für richterliche Beamte vom 26. März 1881 (G.= u. V.Bl. S. 183) zu gedenken, cf. insbes. Art. 79 dieses Ges.

Zum Vollzuge des Ges. vom 8. August 1878 wurde die k. Allerh. Vdg. vom 31. August 1879, den Verwaltungsgerichtshof betr. (G.= u. V.Bl. S. 1007) und die Instruktion vom 1. September 1879 (G.= u. V.Bl. S. 1014) erlassen; sodann folgte eine Reihe von Ministerialentschließungen, so jene vom 18. Dez. 1879 (M.=A.=Bl. S. 613), mit M. E. v. 3. Dezember 1880 Nr. 17790, vom 2. März 1881 Nr. 17208, vom 29. Januar 1886 Nr. 9543, u. a.; dieser wird an den einschlägigen Stellen meiner Ausführungen gedacht werden.

Unter den bisherigen Litterarerscheinungen sind besonders hervorzuheben die Kommentare zum Gesetze vom k. Direktor am Verwaltungsgerichtshofe Dr. von Kahr, ein Werk, das kurz nach Edition des Gesetzes erschien, und das mit größter Geistesschärfe geschrieben ist, ebenso der Kommentar des Rates, nunmehrigen Oberstaatsanwaltes am Verwaltungs=Gerichtshofe, Krais; weniger umfangreich sind Regers Erläuterungen. In neuester Zeit erfolgte die Herausgabe eines Werkes seitens des Rates am k. Verwaltungsgerichtshofe Max Müller, welches die bisherigen Entscheidungen des Verwaltungsgerichtshofes systematisch in die einzelnen Gesetzesbestimmungen einschaltet und dadurch von außerordentlichem praktischen Werte ist.

Eine geistvolle, systematische Bearbeitung findet sich in Seydels bayerischem Staatsrecht, Bd. II S. 407—528.

§ 2. Begriff des Verwaltungsprozeßrechts.

Das Verwaltungsprozeßrecht oder besser das Prozeßrecht für Verwaltungsrechtssachen ist der Inbegriff der Rechtsregeln über die Verfassung und das Verfahren der Verwaltungsgerichte in Streitigkeiten über Verwaltungsrechtssachen; dasselbe ist ein Teil des öffentlichen Rechtes und ist deshalb nach bekanntem Grundsatze prinzipiell der willkürlichen Aenderung der Parteien entzogen.

§ 3. Quellen.

Ein Blick in die große Anzahl von Entscheidungen des Verwaltungsgerichtshofes, die durch irrtümliche Anwendung namentlich der Reichscivilprozeßordnung veranlaßt wurden, stellt die prinzipielle Wichtigkeit der Kenntnis der Rechtsquellen des Prozesses für Verwaltungsrechtssachen außer Zweifel.

Grundsätzlich ist an folgenden Sätzen festzuhalten:

1. Unbedingten Vorrang vor allen übrigen Rechtsquellen, auch vor dem Gesetze über den Verwaltungsgerichtshof, haben prozessuale Bestimmungen der Reichsgesetze, soweit sie die Verwaltungsrechtsprechung betreffen; (cf. namentlich § 20 und 21 der Reichsgewerbeordnung.) Reichsrecht bricht Landesrecht. Landesgesetze kommen immer nur da zur Anwendung, wo sie mit Reichsgesetzen nicht im Widerspruche stehen und wo das Reichsrecht für die Materie nicht ohnedies schon Sorge getragen hat. Ausgenommen von letzterer Regel sind die Reservatrechte, welche ausschließlich der Landesgesetzgebung unterstehen.
2. Unter den landesrechtlichen Normen kommen zunächst die prozessualen Bestimmungen jener Gesetze zur Anwendung, welche nach dem Gesetze vom 8. August 1878 erlassen worden sind.
3. In Ermangelung von Bestimmungen nach 1 und 2 ist das Gesetz vom 8. Aug. 1878 über das Verfahren in Verwaltungsrechtssachen maßgebend; wo dieses Gesetz innerhalb der seiner Materie angehörigen Grenzen auf reichsgesetzliche Bestimmungen verweist, sind diese letzteren Bestimmungen als landesrechtliche zu erachten; hieraus ergibt sich die praktische Folge, daß etwaige Änderungen dieser in Bezug genommenen

reichsgesetzlichen Bestimmungen, wenn dieselben im Wege der Reichsgesetzgebung erfolgen, ohne Einfluß sind.

Die Bestimmungen dieses Gesetzes sind fast ausschließlich für das Verfahren in den Angelegenheiten des Art. 8, den reinen Verwaltungsrechtssachen, zugespitzt, und haben die bezuglichen Bestimmungen schon in den Unter- und Mittelinstanzen zur Anwendung zu kommen. Gemäß Art. 45 des Ges. erfolgt die Erledigung der in Art. 10 und 11 aufgeführten Angelegenheiten („rechtliche Verwaltungssachen") bei den unteren Instanzen nach den für das Verfahren vor denselben in Verwaltungssachen jeweils bestehenden Vorschriften; dies schließt jedoch nicht aus, daß die Bestimmungen des Art. 16 ff. des Ges. unter Umständen auch in diesen Angelegenheiten schon bei den Unter- und Mittelinstanzen zur Anwendung kommen, soweit nicht die besondere Natur dieser Angelegenheiten entgegensteht, wenigstens insoweit allgemeine Grundsätze des Verfahrens in Frage kommen; sicher aber ist, daß das Verfahren für Verwaltungsrechtssachen sofort mit Erhebung der Beschwerde zum Verwaltungsgerichtshofe eintritt, weil mit diesem Augenblicke die Verwaltungssache zur Verwaltungsrechtssache wird. Der vom Gesetze angewandte Ausdruck: „Verwaltungsrechtssache" hat eigentlich nur die Bedeutung von Verwaltungsgerichtssache d. h. einer Rechtssache, die sofort bei der Anhängigmachung dem Verwaltungsgerichtsverfahren untersteht. Auch die Fragen des Art. 7 Abs. II, Art. 10 und 11 sind, soweit sie letztinstanziell der Judikatur des Verwaltungsgerichtshofes unterliegen, von vorneherein Verwaltungsrechtssachen im weiteren Sinne d. h. auf das öffentliche Recht sich stützende Rechte oder Rechtsansprüche, nur sind sie erst von Anrufung des Verwaltungsgerichtshofes an dem Verwaltungsgerichtsverfahren unterworfen.

4. Soweit die in einzelnen Landesgesetzen bestehenden besonderen Vorschriften über das Verfahren mit den sub 1—3 bezeichneten nicht im Widerspruche stehen, kommen sie unter der Bedingung auch ferner in Anwendung, daß nicht das Gesetz über den Verwaltungsgerichtshof über die fragliche Materie bereits Vorsorge getroffen hat.
5. Nächstdem sind in Betracht zu ziehen und zur Anwendung zu bringen die zum Gesetze vom 8. August 1878 auf Grund der durch Art. 16 Abs. 3 dieses Gesetzes der Staatsregierung erteilten Ermächtigung erlassenen Vollzugsvorschriften. Art. 16 Abs. III lautet nämlich:

   Die Staatsregierung ist ermächtigt, unter Beachtung der vorstehenden Grundsätze Vollzugsvorschriften zu dem Verfahren in Verwaltungsrechtssachen zu erlassen.

   Der Regierungsentwurf hatte gelautet: Die Staatsregierung ist ermächtigt, unter Beachtung der vorstehenden Grundsätze das Verfahren in Verwaltungsrechtssachen weiter zu regeln. Die nunmehrige Fassung wurde vorgenommen, um die Ansicht zu beseitigen, daß die Regierung berechtigt sei, im Falle des Bedürfnisses das Verfahren selbst im Verwaltungswege zu regeln.

   Von besonderer Bedeutung sind hiebei die Vollzugsvorschriften vom 1. September 1879: „Instruktion" kurzweg genannt.

   Diese Vorschriften vermögen das Gesetz selbst also nicht abzuändern, sondern sie sind nur bestimmt, die Anwendung des gegebenen Gesetzes zu regeln: sie stehen nicht neben, sondern unter dem Gesetze.
6. Insoweit alle diese Normen keine Verfügung treffen, hat die prozeßleitende Gewalt des Verwaltungsrichters ergänzend hinzuzutreten.

(Vgl. hierüber auch Seydel, b. Staatsr. Bd. II S. 474.)

Früher hat man für das Verfahren in Verwaltungsrechtssachen vielfach die bayerische Gerichtsordnung von 1753 cap. III.

§ 3 zur Anwendung gebracht; da diese jedoch eine ganz andere Gestaltung des Prozeßrechts aufweist, als sie durch die Reichscivilprozeßordnung getroffen worden ist, und somit eine Vermischung verschiedenartiger Prozeßrechtssysteme eintreten würde, so kommt dieselbe nicht nur nicht subsidiär, sondern überhaupt gar nicht mehr in Frage, und können deshalb Lücken des Gesetzes aus ihr nicht ausgefüllt werden.

Was aber die Reichscivilprozeßordnung betrifft, so kommt auch diese nur da zur Anwendung, wo ihre Anwendbarkeit im Gesetze vom 8. August 1878 selbst oder den hiezu erlassenen Vollzugsvorschriften ausdrücklich statuiert ist. Insoweit allgemeine Vorschriften hierin nicht gegeben sind, haben die allgemeinen — nicht die speziellen — Bestimmungen der Reichscivilprozeßordnung analog als Richtschnur zu dienen; im übrigen ist jedoch ihre analoge Anwendbarkeit nur da nicht ausgeschlossen, wo die Zuhilfenahme civilprozessualer Vorschriften durch die Natur der Sache geboten erscheint und wo die analog anzuwendende Vorschrift der Reichscivilprozeßordnung sich ihrem Wesen nach als eine unabweisbare Forderung eines jeden geordneten Prozesses darstellt oder sich doch der prozeßleitenden Gewalt des Verwaltungsrichters aus überwiegenden, insbesondere auch für das verwaltungsrechtliche Verfahren zutreffenden Gründen empfiehlt (V.-G.-H.-E. Bd. IV S. 394, V 339, VII 180, XI 419).

Unanwendbar sind insbesondere jene Bestimmungen, welche in besonderen, dem Civilprozesse eigentümlichen Formen des Verfahrens oder Mitteln der Beweisführung wurzeln, z. B. die Bestimmungen über die Stellung der Rechtsanwälte.

Indeß selbst da, sagt Seydel l. c. Bd. II S. 475, wo das Reichsprozeßrecht für den Richter anwendbar ist, muß er es nicht unbedingt anwenden, weil es seine Anwendbarkeit stets der prozeßleitenden Gewalt des Richters selbst verdankt: der Richter steht über, nicht unter dem Reichscivilprozeßrecht. Hieraus folge auch, daß die Art der Anwendung dieses Rechtes, wenn sie nicht eine Verletzung der bestehenden Normen des Verwaltungsgerichtsprozesses enthält, nie einen Fehler im Verfahren

begründen kann. (S. auch die Anm. zu S. 475 bei Seydel, u. V.-G.-H.-E. Bd. IV S. 394.)

Anm. 1. In den Fällen des Art. 8 des Gesetzes finden die Bestimmungen des Art. 16 ff. des Ges. unbedingt Anwendung; die bisherigen Bestimmungen nur insoweit, als sie nicht durch das Gesetz vom 8. August 1878 abgeändert wurden. Notwendige Voraussetzung ist aber stets, daß die bezüglichen Rechte und Verbindlichkeiten bestritten sind.

Anm. 2. Was die Erledigung der in Art. 10 und 11 bezeichneten Angelegenheiten betrifft, so erfolgt dieselbe bei den Unterinstanzen nach den für das Verfahren vor denselben in Verwaltungssachen jeweils bestehenden Vorschriften (Art. 45 des Ges.). Weisen jedoch diese Vorschriften Lücken auf, so ist es besser, verwaltungsrechtliche Grundsätze nach vernünftigem Ermessen anzuwenden, als sich selbst vielleicht verfehlte Bestimmungen über das Verfahren zu konstruieren und hat auch der Verwaltungsgerichtshof (V.-G.-H.-E. Bd. X S. 139) bereits ausgesprochen, es unterliege keinem Bedenken, in Ermangelung anderweitiger gesetzlicher Bestimmungen die allgemeinen Grundsätze über das Verfahren in Verwaltungsrechtssachen schon für die Unter- und Mittelinstanzen auch in Streitfällen des Art. 10 u. 11 insoweit zur Anwendung zu bringen, als dies nach der Natur der Sache thunlich ist.

Anm. 3. Weitere als die genannten Vollzugsverordnungen sowie Ministerialentschließungen, welche bereits früher erlassen wurden, sind anwendbar, soweit diese Materie nicht durch das Gesetz vom 8. August 1878 berührt ist und dieselben mit dem Gesetze nicht in Widerspruch stehen.

Anm. 4. Von besonderer Bedeutung für das Verfahren in Verwaltungssachen sind:

a) K. Vdg. v. 17. Dez. 1825, R.-Bl. S. 1049, die Formation, den Wirkungskreis, und den Geschäftsgang der obersten Verwaltungsstellen in den Kreisen betr. (cf. § 122 ff. daselbst).

b) Kgl. Verordnung vom 29. Dezbr. 1836, R.-Bl. S. 1029, Geschäftsvereinfachung bei der inneren Verwaltung betr.

c) M. E. v. 22. Nov. 1863 Nr. 2114, den Geschäftsgang bei den Verwaltungsbehörden betr., abgedr. in Kreisamtsbl.

d) M.-E. v. 22/30. April 1874.

e) M.-Bekm. v. 6. April 1874, die Vereinfachung des dienstl. schriftlichen Verkehrs betr., Reg.-Bl. S. 123, und 22/IV 74 gl. Betr. M.-A.-Bl. S. 255. Nach § 1 Instr. v. 1. Sept. 1879 sind diese Bestimmungen für Verwaltungsrechtssachen gleichmäßig zur Anwendung zu bringen, soweit das Verwaltungsgerichtshofsgesetz nicht anders bestimmt.

I. Buch.

Die Gerichtsverfassung.

A. Die Gerichte.

§ 4. Allgemeines.

Wie die Civilrechtspflege, so wird auch die Verwaltungsrechtspflege von einer Mehrzahl von Gerichten ausgeübt, deren Gerichtsgewalt je nach der Art und Zahl der Geschäfte eine verschiedene ist. So unterscheidet man nach der Art der Geschäfte Distriktsverwaltungsbehörden und Kreisregierungen; nach der Zahl sind die Geschäfte gleichartig so geteilt, daß jedem Verwaltungsgerichte ein gewisser Bezirk zugewiesen ist, innerhalb dessen Grenzen dasselbe thätig zu werden hat.

Im allgemeinen sind Verwaltungsgerichte solche Behörden, welche auf dem Gebiete des öffentlichen Rechtes **Recht** zu sprechen haben im Gegensatz zu jenen Behörden, welche die öffentlichen Interessen zu verwirklichen haben. Abweichend von der Gerichtsorganisation im Civilprozesse besteht jedoch in Bayern für die Verwaltungsrechtsprechung nur in der höchsten Instanz ein ausschließlich hiezu berufenes Gericht, während die mit der Rechtsprechung in den Unter- und Mittelinstanzen betrauten Behörden ihrem Wesen nach zugleich Verwaltungsbehörden sind, die jedoch als Gerichte das speziell vorgeschriebene Verfahren einzuhalten haben. Auch die Senate der Regierungen sind keine selbständigen Gerichte.

Die Ermächtigung und Verpflichtung eines bestimmten Gerichtes, einen einzelnen Fall zu behandeln, weil er in den Geschäftsgrenzen desselben liegt, nennt man seine Zuständigkeit; letztere hängt davon ab, daß das Gericht die Art von Geschäften zu besorgen hat, welche in Frage kommt, „sachliche Zuständigkeit" und weiterhin davon, daß dieses Geschäft in seinem Bezirke anfällt, „örtliche Zuständigkeit". Das für eine Sache örtlich und sachlich zuständige Gericht bildet den gesetzlichen Richter für die Behandlung der Sache; Mangel der Zuständigkeit bewirkt Nichtigkeit des Verfahrens.

Das Gesetz bestimmt in Art. 17: „Die Zuständigkeit der Behörden im einzelnen Falle ist nach den über ihren Wirkungskreis jeweils bestehenden Bestimmungen zu beurteilen." Damit ist zum Ausdruck gebracht, daß die Zuständigkeit im allgemeinen, sowohl gegenüber den Gerichten, als auch hinsichtlich der Behörden unter sich, abgesehen von wenigen Änderungen (Art. 9, 11, 45 des Ges.) durch das Gesetz vom 8. Aug. 1878 nicht alteriert worden ist. Für die sachliche Zuständigkeit entscheidet also nach wie vor die Behördenabstufung und die damit verbundene Ausscheidung der Kompetenzen, für die örtliche die territoriale Einteilung des Landes in erster Linie. Im übrigen sind die Spezialgesetze zur Anwendung zu bringen.

Noch ist zu bemerken, daß die Zuständigkeit entweder durch das Gesetz oder den Richter bestimmt wird. (Art. 17 des Ges. § 2 Vollz.-Vorschr.) Die Anwendung der Grundsätze über die besonderen Gerichtsstände und über die Prorogation ist der Natur der Sache nach ausgeschlossen.

§ 5. Civilgerichtliche und administrative Zuständigkeit.

Gemäß § 13 des Reichsgerichtsverfassungsgesetzes gehören vor die ordentlichen Gerichte alle bürgerlichen Rechtsstreitigkeiten und Strafsachen, für welche nicht entweder die Zuständigkeit von Verwaltungsbehörden oder Verwaltungsgerichten begründet ist oder reichsgesetzlich besondere Gerichte bestellt oder zugelassen sind.

Darüber, welche Streitigkeiten vor die ordentlichen Gerichte gehören, entscheiden hienach die in Reichsgesetzen enthaltenen Vorschriften und subsidiär, soweit diese nicht entgegenstehen, das in den Einzelstaaten geltende Recht.

Die reichsgesetzlichen Vorschriften über die Abgrenzung der Zulässigkeit des Rechtsweges und über die Entscheidung von Streitigkeiten durch Verwaltungsbehörden und Verwaltungsgerichte sind jedoch sehr wenige und beschränkte, so daß die Zulässigkeit des Rechtsweges immerhin im allgemeinen wieder durch das Landesrecht bestimmt wird.

Was nun unter dem bayerischen Landesrecht zunächst das Gesetz über den Verwaltungsgerichtshof betrifft, so hatte das letztere eine Änderung in der bisherigen Ausscheidung der gerichtlichen und Verwaltungs-Zuständigkeit und in der Abgrenzung des beiderseitigen Gebietes überhaupt nicht im Gefolge, sondern bestimmt diese Grenzen lediglich negativ durch Art. 13 Ziff. 1: Die Zuständigkeit des Verwaltungsgerichtshofes erstreckt sich nicht auf Rechtssachen, welche vor die Civil- oder Strafgerichte gehören.

Aufgabe der Civilrechtspflege ist im allgemeinen die Wiederherstellung des gestörten und verletzten Privatrechts. (Bluntschli, allg. Staatsrecht, Bd. 2 S. 201).

Den Gegenstand der Rechtsprechung der Civilgerichte bilden die Streitigkeiten über die Privatrechte, den Gegenstand der Rechtsprechung der Verwaltungsrechtspflege bilden allgemein jene aus dem öffentlichen Rechte. Unter den für Bayern zumeist in Betracht kommenden Autoritäten bezeichnet Pözl (bay. Staatsrecht S. 421) als die Civilrechtsprechung jene, welche gegen Störungen und Verletzungen der Privatrechte gerichtet ist; Hauser sagt: Im allgemeinen ist anerkannt, daß den ordentlichen Gerichten der Schutz der Privatrechte bezw. der aus dem bürgerlichen Rechte entspringenden Befugnisse der Personen zusteht. (Hauser, deutsche Gerichtsverf. 1879 S. 62.)

Nach Seuffert (Komm. z. Ger.-Ordg. Kap. 15 § 5, B. 1 S. 117) liegt eine Civilprozeßsache vor, wenn die Hilfe des Staates zur Geltendmachung eines Privatrechtsverhältnisses wider einen bestimmten im entgegengesetzten Interesse beteiligten Gegner auf Grund einer bestehenden Rechtsordnung angerufen wird, nach Brater, „wenn die Hilfe des Staates wider einen bestimmten Gegner zur Geltendmachung eines zwischen den Parteien bestehenden Privatrechtsverhältnisses angerufen wird."

Es erübrigt nunmehr, den mehrfach vorgekommenen Begriff des „Privatrechts" festzustellen.

Wächter (württ. Privatrecht, Bd. I S. 5) definiert das Privatrecht negativ als den gesamten Rechtsstoff, soweit derselbe nicht zum Staatsrecht im weiteren Sinne gehört, als den Inbegriff der Rechtsgrundsätze über jene Verhältnisse der Personen, seien sie der Regent, der Staat, eine andere Körperschaft oder eine Einzelperson, welche nicht öffentliche oder staatsrechtliche sind.

Eine lichtvolle positive Grenzbestimmung hat Sarwey (das öffentliche Recht, S. 102) zu Tage gefördert.

Nach ihm gelangt man zu einer sicheren Grenzlinie nur, wenn die Frage, welche Streitigkeiten privatrechtliche und welche öffentlich-rechtliche sind, nach dem Rechte, über welches als im Streite befindlich entschieden werden soll, und nach der inneren Natur dieses Rechtes beantwortet wird.

Die Rechtssphäre der Persönlichkeit, läßt sich hienach in zwei Arten von Rechten zusammenfassen:

1) Vermögensrechte, solche, welche einen Geldwert unmittelbar in sich selbst haben und als Einheit gedacht das Vermögen der Persönlichkeit bilden.
2) Rechte, welche einen Geldwert unmittelbar in sich selbst nicht haben, wobei es gleichgültig ist, ob sie in ihrer mittelbaren Wirkung Einfluß auf das Vermögen üben oder nicht. (Ideale Rechte.)

Zur ersten Klasse rechnet Sarwey den Besitz im rechtlichen Sinne, (Eigentum, Dienstbarkeit, Forderung), die Arbeitskraft und den Kredit.

Alle Rechte, welche einen Geldwert in sich selbst haben, sind geschützte Privatinteressen, weil sie das Vermögen des Einzelnen bilden; jeder Eingriff in dieselben ist ein Eingriff in die Privatrechtssphäre der Persönlichkeit. Jede Rechtsprechung, welche dieses Vermögen im volkswirtschaftlichen Sinne berührt, ist eine Rechtsprechung über Privatrechte (Privatinteressen).

Zur zweiten Klasse gehört zunächst das Recht der Persönlichkeit (Integrität des Körpers, der persönlichen Freiheit, Recht auf Ehre); hier hat in der Regel nur der Strafrichter einzutreten. Ferner kommen in Betracht die Familienrechte (der Personenstand). Auch die Namenführung erscheint als Recht nur als Teil des Personenstandes. Weiter ist hier in Betracht zu ziehen die Zugehörigkeit zum Staat und anderen öffentlichen Korporationen mit Ausschluß der Teilnahme an solchen Einrichtungen, deren Mitbenützung einen unmittelbaren Geldwert hat. (Bürgerrecht, Wahl- und Standesrechte.) Weiterhin gehören hieher die Rechte und Pflichten aus einem öffentlichen Amte.

Nach näheren Ausführungen gelangt schließlich Sarwey zu folgendem Ergebnisse (S. 112):

Die Aufgabe der Rechtsprechung ist der Schutz bestrittener oder verletzter subjektiver Rechte in der Form der Entscheidung. Alle subjektiven Rechte, welche nicht Vermögensrechte und nicht Familienrechte sind, ebenso Vermögensrechte, sofern die Kollision des Vermögensrechtes mit den öffentlichen Interessen oder ein öffentliches Vermögensrecht in Frage steht, sind Gegenstand der Rechtssprechung des öffentlichen Rechts; ein Streit hierüber ist kein Privatrechtsstreit.

Nur subjektive Rechte aber, nicht die Interessen der Einzelnen, sind durch die Rechtsprechung geschützt. Ob ein Individualinteresse zum subjektiven Rechte potenziert ist, kann nur das materielle Recht selbst entscheiden: diese Frage entscheiden jedoch die Rechtsordnungen der einzelnen Staaten vielfach abweichend. — —

Bayerns Rechtsprechung anlangend ist zunächst die Kompetenz der Civilgerichte durch das Vorhandensein eines Privatrechtsverhältnisses zwischen den Parteien bedingt, soweit den Gerichten nicht durch spezielle gesetzliche Bestimmungen Streitigkeiten anderer Art zugewiesen sind. (Vgl. Erk. d. Komp.-Konfl.-Sen. v. 14. Nov. 1859, Reg.-Bl. S. 1133.) Streitige Privatrechtsverhältnisse, welche als Civilprozeßsachen behandelt werden müssen, setzen jedoch stets einen Privatrechtstitel, welcher dem erhobenen Anspruche zu Grunde liegt und einen im entgegengesetzten Interesse privatrechtlich beteiligten Gegner voraus. (Vgl. Matthäus, die Grenzen der richt. u. adm. Just. S. 32.) Ob nun ein streitiges Rechtsverhältnis dem Privat- oder dem öffentlichen Rechte angehört, darüber entscheidet nicht die äußere Form, in welcher dasselbe in die Erscheinung tritt, sondern seine innere Natur, der Inhalt des bezüglichen Rechtsaktes; für die Beurteilung der Frage, ob der geltend gemachte Anspruch privatrechtlicher Natur sei, ist dessen thatsächliche Begründung maßgebend; von Bedeutung hinwiederum ist hiebei nur das klägerische, niemals das beklagtische Vorbringen. (V.-G.-H.-E. Bd. IV S. 494 u. 607, VIII 158, VII 216, VI 90.) Vertrag, Herkommen, Vergleich, Verjährung, Anerkenntnis, negotiorum gestio sind nicht bloß Privatrechtstitel, sondern haben auch im öffentlichen Rechte Geltung. Es können deshalb diese Rechtstitel an sich auch ein öffentliches Rechtsverhältnis nicht in ein Privatrechtsverhältnis umwandeln. Der Umstand, daß die streitenden Teile öffentliche Rechtssubjekte (z. B. Gemeinden) sind, ist ohne Belang für die richterliche oder administr. Zuständigkeit. Ist die richterliche Zuständigkeit einmal gegeben, so ändert hieran auch der Umstand nichts, daß bei der Entscheidung auch Bestimmungen des öffentlichen Rechts zur Anwendung kommen oder daß ein öffentliches Interesse obwaltet.

Was speziell Verträge anlangt, so sind dieselben nur dann Quellen von Privatrechten, wenn durch sie reine Privatrechtsverhältnisse bestimmt werden; wenn aber nur das Motiv oder der Zweck im öffentlichen Rechte wurzelt, der im Vertrage enthaltene Verpflichtungsgrund indes privatrechtlicher Natur ist, so kann ein civilprozessualisch verfolgbares Recht entstehen.

Durch Anerkenntnis eines Anspruches seitens eines Beteiligten wird die Judikatur über die Modalitäten dieses Anspruches und dessen Verwirklichung nicht geändert, sondern sie bleibt bei der Behörde, welcher sie nach der Natur des geltend gemachten Rechtsverhältnisses den Gesetzen zufolge zukommt. (Erk. v. 9. Dez. 1859 Reg.-Bl. S. 1837.) Hinsichtlich der Unvordenklichkeit gilt, daß die unvordenkliche Übung zwar die Vermutung eines rechtmäßigen Erwerbes im allgemeinen, nicht aber die eines privatrechtlichen begründet. Sie vermag auch nicht ein Verhältnis des öffentlichen Rechtes in ein privatrechtliches umzuschaffen.

Die Wirksamkeit eines civilrichterlichen Urteils erstreckt sich nie über das Gebiet des Privatrechts hinaus; es kann deshalb bei Verhältnissen des öffentlichen Rechts einem civilrichterlichen Urteile überhaupt keine Bedeutung gegenüber solchen Verhältnissen beigemessen werden.

Wie oben gesagt, ist das Vorbringen des Klägers maßgebend; der Umstand allein jedoch, daß der Anspruch des Klägers auf einen Privatrechtstitel hin erhoben wurde, vermag die civilrichterliche Zuständigkeit noch nicht zu begründen, sondern der Richter hat immer noch auf die Prüfung der rechtlichen Natur der Sache einzugehen.

Ist nach dem Vorbringen des Klägers ein privatrechtlicher Anspruch wirklich begründet, so ist im Falle einer Bestreitung desselben auch die Zuständigkeit des Civilrichters gegeben und über das Bestehen desselben zu erkennen, wenn nicht wieder besondere einschränkende gesetzliche Bestimmungen trotz der vorhandenen privatrechtlichen Natur des in Frage stehenden Anspruches dem Civilrichter diese Zuständigkeit entziehen und einer anderen Behörde übertragen.

(Erk. d. Ger.-Hof. f. Komp.-Konfl. vom 14/V. 81, G.- u. V.-Bl. 1881, Anh. S. 1.) Diesen Ausnahmssatz erkennt § 13 des Reichsgerichtsverfassungsgesetzes dadurch an, daß er von der Zuständigkeit der Civilgerichte jene bürgerlichen Rechtsverhältnisse ausnimmt, welche Verwaltungsbehörden oder Verwaltungsgerichten gesetzlich zugewiesen sind. Im allgemeinen kann man dieselben als solche bezeichnen, bei welchen das allgemeine Wohl einen Eingriff ins Privatrecht, jedoch in der Regel gegen Entschädigung notwendig macht z. B. Agrargesetze, Ablösungs- und Expropriationsgesetze u. s. w.

Näheres über die civilricht. u. adm. Zuständ. s. bei Matthäus, die Grenzen der civilgerichtl. u. adm. Zust. S. 28 ff. (Verlag von Beck 1878).

Zu den vor die Strafgerichte gehörigen Rechtssachen zählen jene Fälle, in welchen die Nichtbeachtung öffentlich rechtlicher Gebote oder Verbote direkt vom Gesetze unter Fixierung des Thatbestandes mit einer vom Richter zu erkennenden Strafe bedroht ist, oder die Fortdauer einer polizeilichen Anordnung von einem Richterspruch abhängt (Krais, Comm. z. V.-G.-H.-G. S. 155).

Anmerk. Zur Beurteilung der Frage, ob durch eine ortspolizeiliche Vorschrift Rechte Dritter verletzt seien, ist der Verwaltungsgerichtshof dann unzuständig, wenn die behauptete Verletzung solcher Rechte mit der vom Strafrichter zu beurteilenden Gesetzwidrigkeit der ortspolizeilichen Vorschrift zusammenfallen würde. (V.-G.-H.-E. Bd. V S. 280.)

§ 6. Zuständigkeit der Verwaltungsbehörden und der Verwaltungsgerichte; Verwaltungssachen und Verwaltungsrechtssachen.

Aufgabe der aktiven Verwaltung ist die Verwirklichung eines öffentlichen Interesses, sei es nun des Volksganzen, einzelner Teile desselben, oder einer Mehrheit voraus nicht bestimmbarer Einzelner. Auf diesem Gebiete erhalten die Organe der Verwaltung die Anweisung über die Wege und Mittel zur Erreichung dieses Zweckes, und zwar bald mehr, bald weniger genau durch Gesetze, Verordnungen und Verfügungen.

Der Rechtsstaat hat aber auch die Rechte der Einzelnen zu schützen, wenn er die Interessen der Gesamtheit verfolgt, und er hat deshalb die weitere Aufgabe, diejenige Rechtssphäre der Einzelnen zu bestimmen, welche gegenüber den kollidierenden Forderungen des öffentlichen Interesses als unantastbar zu erachten ist und deshalb auch bestimmend und beschränkend auf die erstere Aufgabe einwirkt. Es liegt im Interesse eines geordneten Rechtszustandes, diese Grenzen gesetzlich zu bestimmen, und den für das Ermessen des einzelnen Organes der Verwaltung gelassenen Spielraum nicht allzuweit zu belassen.

Die Gewähr für die Wahrung der Rechtsordnung nach der Seite des öffentlichen Interesses liegt in dem Rechte, über jede Verletzung der öffentlichen Interessen durch Nichtbeachtung der Rechtsordnung bei den verantwortlichen Ministern eventuell bei der Volksvertretung Beschwerde zu erheben; die Gewähr für die Wahrung der Einzelinteressen liegt in einer Rechtsprechung, welche über der einseitigen Wahrung des öffentlichen Interesses steht.

Der Gegensatz von öffentlichem und Einzel-Interesse findet dann eine Lösung, wenn die öffentliche Gewalt zwar berechtigt ist, die widersprechenden Einzelnen unter Umständen durch Gewalt zur Befolgung ihrer Verfügungen anzuhalten, wenn jedoch andererseits auch der Einzelne das Recht hat, Schutz gegen Gefährdung oder Verletzung seines subjektiven Rechts zu suchen und die Feststellung dieses Rechts behufs Wahrung desselben durch eine Entscheidung herbeizuführen, in welchem Falle, von Gefahr auf Verzug abgesehen, die Anwendung etwaiger Zwangsmaßregeln zur Vollziehung des Willens der öffentlichen Gewalt zu unterbleiben hat.

Die Verwaltung hat es mit den Interessen der Gesamtheit oder Einzelner, die Rechtsprechung nur mit dem Rechte zu thun: jedoch ist dieser Satz nicht so aufzufassen, daß die Verwaltung zum Rechte in einen Gegensatz tritt, sondern so, daß auch sie in erster Linie gleichfalls an das Recht gebunden ist.

Aufgabe der Rechtsprechung des öffentlichen Rechts bleibt die Entscheidung über die Grenze, innerhalb welcher die Rechtssphäre der nicht mit öffentlicher Gewalt ausgestatteten Einzelnen den Willen der Organe der Staatsgewalt beschränkt. Was also zur Verwirklichung der öffentlichen Interessen zu geschehen hat, kann nicht durch die Rechtsprechung entschieden werden, sondern ist nur zwischen den mit der öffentlichen Gewalt selbst betrauten Organen möglich.

Die Grenzen der Rechtsprechung sind zunächst allgemein zwei:

a) sie kann nur behufs Schutzes eines Individualinteresses thätig werden;

b) dieses Individualinteresse muß nach der öffentlichen Rechtsordnung geschützt sein, die Unantastbarkeit desselben muß also von der öffentlichen Rechtsordnung unbedingt oder doch insoweit gewährleistet sein, daß nur unter Beobachtung gewisser Formen und unter bestimmten thatsächlichen Voraussetzungen der Eingriff gestattet ist.

Das Gebiet der Verwaltungsrechtsprechung kann nun auf einem doppelten Wege bestimmt werden. Es können die zu schützenden Individualinteressen entweder durch einen einzigen generellen Satz bezeichnet werden: Generalisierungsprinzip; es kann dies aber auch dadurch geschehen, daß man die einzelnen Fälle, für welche der Rechtsweg eröffnet werden will, speciell bezeichnet: Enumerierungs- oder Specialisierungsprinzip.

Was speziell Bayern anlangt, so hat dasselbe das letztere Verfahren eingehalten. Im Gesetze vom 8. August 1878 sind diejenigen Materien aufzählend bezeichnet, bei welchen man nach dem Stande des damals vorhandenen Verwaltungsrechts eine Verwaltungsgerichtsbarkeit ins Leben rufen zu können glaubte.

Die einzelnen Materien, über welche die Rechtsprechung der Verwaltungsgerichte sich erstreckt, sind in den Art. 7 Abs. 2, Art. 8, 10 u. 11 des Gesetzes über die Errichtung eines Verwaltungsgerichtshofes aufgeführt. Wie in § 1 gegenwärtiger Erörterungen gesagt wurde, ist die Zahl dieser Gegenstände noch durch einige spätere Gesetze vermehrt. Verwaltungsrechtssachen sind, wenigstens in letzter Instanz, sowohl die Fälle des Art. 8 als auch jene des Art. 7 Abs. 2, Art. 10 u. 11; daß nicht sämtliche Angelegenheiten in einem Artikel zusammengefaßt wurden, beruht auf einem prozessualen, weiter unten zur Sprache kommenden Grunde.

Das Gesetz vom 8. August 1878 bezweckt eine erschöpfende Aufzählung aller damals bestehenden Materien der Verwaltungsrechtssachen, welche verwaltungsrichterlicher Behandlung unterstellt werden sollten; es gibt jedoch noch ausgedehnte Gebiete der öffentlichen Rechtspflege, die dem bloßen Verwaltungswege überwiesen sind, obwohl sie ihrer inneren Natur nach gleichfalls hätten als Verwaltungsrechtssachen Aufnahme finden sollen. Vgl. über das Vorbesagte Seydel, Bd. II S. 436 ff.

Dem Gesetze über den Verwaltungsgerichtshof liegt im allgemeinen gleichwohl das Prinzip zu Grunde, alle Streitigkeiten über öffentliche Rechte und Pflichten, welche durch Gesetz oder sonstige klare Rechtsnorm der freien Disposition der Verwaltungsbehörden entzogen und nicht in anderer Weise genügend geschützt sind, soweit thunlich dem Gebiete der Verwaltungsrechtsprechung zu überweisen. Andererseits aber hat sich die letztere auf Streitigkeiten über solche öffentliche Rechte und Pflichten zu beschränken, welche durch die bestehenden Gesetze und sonstige Rechtsnormen an bestimmte thatsächliche Voraussetzungen gebunden und dadurch dem freien Ermessen der Verwaltungsbehörden entrückt sind, sie ist aber ausgeschlossen in jenen Fällen, in welchen die Gesetze es dem Ermessen der Behörden überlassen, die Verhältnisse der Körperschaften oder der Einzelnen vom Standpunkte des öffentlichen Interesses aus zu regeln.

In den Artikeln 8 und 10 des Gesetzes — siehe Anhang — sind zwei große Gruppen von Angelegenheiten aufgeführt, die in erster oder letzter Instanz verwaltungsrichterlicher Behandlung unterliegen. Es kann jedoch nicht oft genug darauf hingewiesen werden, daß als Verwaltungsrechtssachen im Sinne des Gesetzes vom 8. August 1878 lediglich jene zu erachten sind, welche im Art. 8 aufgeführt sind. So zeigt die Praxis, daß z. B. bei Angelegenheiten des Artikels 10 von Beschwerdeführern, selbst rechtskundigen, für das Verfahren vor den Regierungen eine öffentlich mündliche Verhandlung der Regierungssenate verlangt, und deshalb Bureau- oder Kollegialentschließungen der Kreisstellen in diesen Angelegenheiten als nichtig angefochten wurden, obwohl Öffentlichkeit und Mündlichkeit des Verfahrens nur für die eigentlichen Verwaltungsrechtssachen, die Fälle des Art. 8 vorgeschrieben ist.

Die in Art. 10 bezeichneten Angelegenheiten werden zu Verwaltungsrechtssachen im eigenen Sinne erst dann, wenn gegen Entscheidungen oder Verfügungen der im Eingang des Art. 10 bezeichneten Stellen Beschwerde zum k. Verwaltungsgerichtshofe eingelegt wird. Ein Gleiches gilt von dem Falle des Art. 11 des Gesetzes Sobald in Angelegenheiten des Art. 10 und 11 Beschwerde an den Verwaltungsgerichtshof eingelegt ist, hat auch das in Art. 16 ff. des Ges. vorgeschriebene Verfahren Anwendung zu finden und sind insbesondere die Beschlüsse des Verwaltungsgerichtshofes auch in diesen Gegenständen dem ministeriellen Oberaufsichtsrecht entzogen. Die in Art. 10 aufgeführten Angelegenheiten kann man zwar wegen ihrer inneren Natur auch als Verwaltungsrechtssachen auffassen, wie gesagt kommt ihnen jedoch diese Bezeichnung nur unter Umständen thatsächlich zu. Man kann sie rechtliche Verwaltungssachen oder mit Sarwey „Rechtsbeschwerden“ nennen.

Das in Art. 8 enthaltene Verzeichnis von Verwaltungsrechtssachen ist nicht bloß exemplifikatorisch, sondern derart erschöpfend, daß andere als die daselbst bezeichneten Angelegenheiten auch dann nicht als Verwaltungsrechtssachen anzusehen sind, wenn sie ihrer innern Natur nach zu jenen Sachen gehören würden.

Der Kreis der zur letztinstanziellen Zuständigkeit des Verwaltungsgerichtshofes ressortierenden Gegenstände kann nicht durch Verordnung, geschweige denn durch Gerichtspraxis, sondern nur durch Gesetz erweitert werden, wie denn auch thatsächlich dies vielfach der Fall war. (S. § 1 m. Ausf.)

Es genügt jedoch, damit die in Art. 8, 10 u. 11 aufgeführten Angelegenheiten im verwaltungsrichterlichen Verfahren behandelt bezw. letztinstanziell vom k. Verwaltungsgerichtshofe entschieden werden, noch nicht die Thatsache der Subsumierung derselben unter das Gesetz, vielmehr muß es sich in jedem Falle darum handeln, daß Ansprüche oder Verbindlichkeiten, keine bloßen Interessen vorliegen, und daß diese Ansprüche oder Verbindlichkeiten bestritten sind; hiebei ist wieder gleichgültig, ob die Bestreitung von einer Privatperson oder von einer Behörde ausgeht, letzterenfalls also, wo Meinungsverschiedenheiten über das Vorhandensein öffentlicher Rechte und Pflichten zwischen Verwaltungsbehörden einerseits und Privatbeteiligten andererseits bestehen. (Motive.) Solange die Fragen der Art. 8 u. 10 nicht bestritten sind, steht überhaupt eine Verwaltungsrechtssache nicht zur Entscheidung.

Bei Beantwortung der Frage, unter welche Ziffer der Art. 8 oder 10 des Gesetzes eine Sache zu subsumieren und wie hienach dieselbe prozessual zu behandeln sei, entscheidet nicht die behauptete Natur des kritischen Rechtsverhältnisses, nicht die Natur des wirklichen Rechtsverhältnisses, auch nicht der Inhalt der eingelegten Beschwerde, sondern stets primär die Natur des behaupteten Rechtsverhältnisses, bei der höheren Instanz der Charakter des angefochtenen Beschlusses, das Wesen der Sache, die Begründung und die Natur der im Streite befangenen Rechtsansprüche, die aus den Verhandlungen sich ergebenden und verwaltungsrechtlich festzustellenden Thatsachen und Rechtsverhältnisse.

Anderenfalls würde es im Belieben der Parteien stehen, die Zuständigkeit zu bestimmen.

Auch die rechtliche Begründung eines mit einer Beschwerde angefochtenen Bescheides an sich kann niemals das Kriterium für die Zuständigkeitsfrage bilden, da durch ihre Beantwortung erst festgestellt werden soll, welcher Behörde es zukommt über die rechtliche Begründung zu befinden.

(V.=G.=H.=E. Bd. II S. 270, III 1, 5, 416, VIII 158, IX 438, Seydel Bd. II S. 430 ff.)

Ist einmal eine Angelegenheit des Art. 8 gegeben, so bleibt es gleichgültig, ob im konkreten Falle nur Rechtsfragen, oder Rechts= in Verbindung mit Ermessensfragen oder selbst nur Ermessensfragen vorliegen und zu entscheiden sind. Senatsentscheidung hat also bei der Regierung beispielsweise auch dann einzutreten, wenn eine Angelegenheit des Art. 8 zwar vorliegt, im konkreten Falle jedoch eine Ermessensfrage zu prüfen ist. Dieser Satz erleidet jedoch eine Ausnahme, insoferne als der Verwaltungsgerichtshof auf Rechtsfragen beschränkt ist.

Gemäß Art. 17 des Ges. ist die Zuständigkeit der Behörden im einzelnen Falle nach den über ihren Wirkungskreis jeweils bestehenden Bestimmungen zu beurteilen. In Art. 8 u. ff. hat also das Gesetz keine neue administrative Zuständigkeit schaffen wollen, sondern es setzt immer voraus, daß die angegangenen Behörden nach bestehender gesetzlicher Vorschrift oder doch nach allgemeinen Grundsätzen über die Ausscheidung der Zuständigkeiten auch wirklich berufen sind; hieraus folgt auch, daß man aus keiner Ziffer der genannten Artikel eine Zuständigkeit an sich ableiten darf. Aus der Spezifikation derselben folgt weiter, daß die in dem bezeichneten Artikel nicht namentlich aufgeführten Angelegenheiten von den Verwaltungsbehörden allein zu behandeln sind. Was den Wirkungskreis der Verwaltungsgerichte betrifft, so gilt dem Gesagten zufolge der allgemeine Satz, daß die Verwaltungsbehörden, wo nicht ausdrücklich eine Ausnahme gemacht ist, alle jene Verwaltungsrechtssachen als Verwaltungsgerichte zu entscheiden haben, welche in Gegenständen ihres Wirkungskreises als Verwaltungsbehörden sich ergeben.

Die Behörden, welche in Unterordnung unter die Ministerien die Geschäfte der Finanz- und der eigentlichen Verwaltung besorgen, scheiden sich nach der Art der Bemessung ihrer Zuständigkeit in allgemeine und besondere Behörden; erstere sind jene, welchen innerhalb des Geschäftskreises, dem sie angehören, die sachliche Zuständigkeit insoweit zukommt, als sie ihnen nicht ausdrücklich entzogen ist, also jene Behörden, für welche auf diesem Gebiete die Vermutung der Zuständigkeit spricht; besondere Behörden sind dagegen jene, welchen bestimmte einzelne Verwaltungszweige, zumeist mit Rücksicht auf deren technische Natur zugewiesen sind. (Seydel Bd. II S. 389.)

Als besonders wichtig für die Zuständigkeitsbestimmungen sind die K. Verordnungen vom 9. Dezember 1825, die Formation der Ministerien betr., und vom 17. Dezember 1825, die Formation und den Wirkungskreis der obersten Verwaltungsstellen betr. Weitere Zuständigkeitsbestimmungen enthalten die Spezialgesetze z. B. Art. 154 ff. der diesrh. Gemeindeordnung.

Was den Art. 9 des Ges. anlangt, so bezweckt derselbe nur eine teilweise Regelung des Instanzenzuges, indem er für gewisse Gegenstände einfacherer Natur eine Instanz ausfallen läßt.

Im besondern ist noch zu bemerken:

1. Der K. Verwaltungsgerichtshof hat sich immer nur mit der Feststellung der bestrittenen Rechte und Verbindlichkeiten zu befassen; die Frage, ob und in welchem Maße die Auferlegung einer Leistung, zu deren Vornahme eine

gesetzliche Verbindlichkeit feststeht, im öffentlichen Interesse notwendig oder zweckmäßig sei, ist eine der aktiven Verwaltung vorbehaltene Ermessensfrage. So sprechen sich insbesondere die Motive wie folgt aus: Darüber, ob irgend eine Maßregel notwendig oder zweckmäßig sei, sowie über die Art und Größe des Bedarfes im einzelnen Falle hat der K. Verwaltungsgerichtshof nicht zu befinden.

Ueber Beschwerden wegen Verweigerung der Rechtshilfe ist er nur dann zu entscheiden zuständig, wenn er in der Hauptsache selbst kompetent ist, während sonst das Einschreiten der Dienstaufsichtsstelle veranlaßt ist. Denn der Verwaltungsgerichtshof hat nicht im allgemeinen die Aufgabe, auf allen Gebieten der Verwaltung Schutz gegen Verweigerung der Rechtshilfe zu gewähren. (V.-G.-H.-E. Bd. III S. 434.)

Bloße Vollzugsanordnungen der Verwaltungsbehörden gehören in den Kreis der Zuständigkeit der Behörden der aktiven Verwaltung. (Eod. Bd. II S. 235.) Auf administrative Zwangsverfügungen erstreckt sich die Zuständigkeit des Verwaltungsgerichtshofes nur dann, wenn diese in den dem genannten Gerichtshofe gesetzlich zugewiesenen Angelegenheiten ergangen sind. (Eod. Bd. III S. 525.)

Was Art. 21 und 22 des Pol.-Str.-G.-B. anlangt, so ist die Zuständigkeit des Verwaltungsgerichtshofes ausgeschlossen in Angelegenheiten der reinen Verwaltung. Seine Kompetenz kann dagegen auch dann gegeben sein, wenn in verwaltungsrechtlichen Angelegenheiten gegen eine ortspolizeiliche Vorschrift wegen Verletzung der Rechte Dritter Beschwerde erhoben ist, wenn also die angebliche Rechtsbeeinträchtigung auf eine ortspoliz. Vorschrift zurückgeführt wird. (Eod. Bd. V S. 283.)

Kann eine Beschwerde von dem Verwaltungsgerichtshofe wegen mangelnder Kompetenz nicht beschieden werden, so hat derselbe entweder die Ablehnung der Zuständigkeit oder die Abweisung der Beschwerde wegen mangelnder

Zuständigkeit auszusprechen. (Kahr, Comm. z. V.G.H.G. S. 170.)

Allgemein gilt der Satz, daß der Verwaltungsgerichtshof über alle Streitigkeiten über öffentliche Rechte und Pflichten, welche durch Gesetz oder sonstige klare Rechtsnorm der freien Disposition der Verwaltungsbehörden entrückt, nicht in anderer Weise genügend geschützt und unter eine Ziffer der ihm überhaupt überwiesenen Angelegenheiten subsumiert werden können (V.=G.=H.=E. Bd. II S. 235), zuständig ist.

Ist er selbst unzuständig, so kann der Verwaltungsgerichtshof auch nicht auf eine weitere formelle oder materielle Würdigung der Sache eingehen, er kann also beispielsweise eine von der Vorinstanz etwa beanstandete Sachlegitimation des Beschwerdeführers nicht prüfen.

2. Die Kompetenz der Regierungssenate erstreckt sich nicht bloß auf die rein rechtlichen, sondern auch auf die Fragen des freien administrativen Ermessens in Verwaltungsrechtssachen Art. 8 d. Ges. Der Gesetzentwurf hatte vorgeschlagen, folgende Fassung des Gesetzes anzunehmen: Die Zuständigkeit dieser Senate erstreckt sich auch auf Fragen des freien administrativen Ermessens, welche mit einer Verwaltungsrechtssache im Zusammenhange stehen. Art. 31 Abs. 3 präzisiert aber diesen Satz wie folgt: Die Zuständigkeit dieser Senate erstreckt sich auch auf Fragen des freien administrativen Ermessens, welche sich in den durch Art. 8 als Verwaltungsrechtssachen erklärten Angelegenheiten überhaupt ergeben.

Liegt also einmal eine Angelegenheit des Art. 8 des Ges. vor, so ändert an dem verwaltungsrechtlichen Charakter derselben auch der Umstand nichts, daß in einem Beschwerdevorbringen zugleich auch andere nach administrativen Ermessen und von Staatsaufsichtswegen zu würdigende Momente geltend gemacht werden. (Eod. Bd. II S. 140).

Da aber Verwaltungsrechtssachen niemals durch staats=

aufsichtliches Vorgehen der verwaltungsrechtlichen Behandlung und Entscheidung entzogen werden können, so hat die Kreisregierung, wenn sie findet, daß Verwaltungsrechtssachen vorliegen, welche im Streite befangen sind, daß diese Fragen jedoch von der Unterbehörde nur staatsaufsichtlich gewürdigt worden sind, aus Anlaß einer etwaigen Beschwerde die Unterbehörde zur erstinstanziellen verwaltungsrechtlichen Behandlung des Gegenstandes anzuweisen (Eod. Bd. I S. 95, 281, II S. 436, IV S. 537, Krais S. 443). Andererseits wird durch den Umstand, daß eine Sache in irrtümlicher Annahme einer Verwaltungsrechtssache durch die Regierung auf dem Wege des verwaltungsrichterlichen Verfahrens durch Senatsentscheidung erledigt wurde, der Charakter der Sache selbst nicht geändert, insbesondere wird hiedurch nicht eine drittinstanzielle Zuständigkeit des Verwaltungsgerichtshofes begründet.

Eine Auslegung des Art. 31 Abs. 3 des Ges. findet sich in einem Erkenntnisse des Verwaltungsgerichtshofes (Bd. IX S. 227), worin zum Ausdrucke gebracht ist, daß die Zuständigkeit der verwaltungsrechtlichen Senate der Regierungen sich nur auf solche Ermessensfragen erstreckt, welche in einer bestrittenen Verwaltungsrechtssache zum Zwecke einer den Gesamtinhalt der Beschwerde umfassenden Sachentscheidung zu lösen sind, weil eine Beschränkung der Regierungssenate auf die mit einer Rechtsfrage in Zusammenhang stehenden Ermessensfragen, welche ohnehin in den nach den §§ 20, 21 der Reichsgewerbeordnung zu behandelnden Rekursfällen nicht unbedingt als durchführbar erschien, verschiedene Unzukömmlichkeiten herbeiführen könne. In diesem Sinne ist aber die Zuständigkeit der Senate auch dann gegeben, wenn im konkreten Falle zwar es sich um eine Angelegenheit des Art. 8 des Ges. handelt aber lediglich Ermessensfragen, keinerlei Rechtsfragen zu entscheiden sind. Das Verfahren ist das gleiche wie bei Verwaltungsrechtssachen.

(Die dem Bereiche des Stiftungswesens formationsmäßig den Regierungen, Kammern des Innern übertragenen Aufsichtsbefugnisse sind hienach der Competenz der Regierungssenate entzogen. (Eod. Bd. XI S. 166.))

3. Die Distriktsverwaltungsbehörden: es besteht keine gesetzliche Vorschrift, wonach allgemein die erstinstanzielle Zuständigkeit in Verwaltungsrechtssachen den Distriktsverwaltungsbehörden übertragen wäre, vielmehr ist auch hier an dem Grundsatz festzuhalten, daß an der bestehenden Zuständigkeit nichts geändert wurde. Die Distriktsverwaltungsbehörden sind berechtigt und in der Regel auch verpflichtet, bei Erlassung ihrer verwaltungsrechtlichen Bescheide auch die Ermessensfragen zu würdigen; sie können mit den genannten Bescheiden auch staatsaufsichtliche Beschlüsse verbinden; deshalb kann ein Beschluß derselben z. B. die Verpflichtung einer Person zur Leistung irgend eines Reichnisses verneinen und dabei zugleich den eine derartige Verpflichtung aussprechenden gemeindlichen Beschluß von Staatsaufsichtswegen aufheben. Freilich ist auch ins Auge zu fassen, daß häufig Verwaltungsrechtssachen, welche mit Verwaltungssachen in Verbindung stehen, präjudizieller Natur und daher vorab rechtskräftig zu entscheiden sind.

Anm. 1 Der Umstand, daß ein einer Kreisregierung unmittelbar untergeordneter Stadtmagistrat bezw. die betreffende Stadtgemeinde als Partei beteiligt ist, vermag die einmal gesetzlich begründete erstinstanzielle Zuständigkeit desselben nicht aufzuheben. (V.-G.-H.-E. Bd. II S. 667.)

Anm. 2 Gesuche um Verleihung von Apothekerkonzessionen sind keine Verwaltungsrechtssachen. M.-E. v. 12. Juli 1881, eod. Bd. III S. 669.

§ 7. Vorsorgliche Maßregeln.

Vorsorgliche Maßregeln sind Anordnungen, welche bei Gefahr auf Verzug zur Wahrung des öffentlichen Interesses vor rechtskräftiger Feststellung einer dem Gebiete der Verwaltung oder selbst der Civilrechtspflege (z. B. Kultusbauprovisorien) angehörigen Streitsache getroffen werden. Ob eine in einer

Verwaltungsrechtssache getroffene behördliche Verfügung sich als vorsorgliche Maßregel darstellt, dafür ist die Bezeichnung derselben an sich, wenn ihr nicht das Wesen der Sache entspricht, nicht maßgebend; entscheidend ist vielmehr stets das Verhältnis, in welchem nach den Umständen des gegebenen Falles die rechtliche Tragweite der fraglichen Maßregel zu der endgiltigen rechtlichen Entscheidung der Sache steht. (V.=G.=H.=E. Bd. III S. 405.)

Eine allgemeine Bestimmung, wodurch den Verwaltungsbehörden das Recht zur Erlassung von Provisorien allgemein zugestanden wäre, findet sich in keinem bayerischen Gesetze; ebensowenig findet sich eine gesetzliche Begriffsbestimmung in den einzelnen Spezialgesetzen, in welchen das Recht der Verwaltungsbehörden zum Erlasse von Provisorien zum gesetzlichen Ausdruck gelangt ist.

Unzweifelhaft steht den Verwaltungsbehörden die Berechtigung zur Erlassung vorsorglicher Maßregeln auch hinsichtlich jener Streitigkeiten zu, deren definitive Entscheidung in dem für Verwaltungsrechts- oder streitige Verwaltungssachen vorgeschriebenen Verfahren zu erfolgen hat.

Provisorien werden namentlich dann veranlaßt sein, wenn das öffentliche Interesse es nicht gestattet, die Entscheidung eines Rechtsverhältnisses abzuwarten.

Die Wirksamkeit einer provisorischen Verfügung kann bis zur endgiltigen Entscheidung einer Sache, sei es im Verwaltungswege oder im Wege des Civilprozesses ausgedehnt werden; begriffsgemäß kann und wird dieselbe auch vor beschrittener Rechtskraft eines Beschlusses in Vollzug gesetzt werden.

Nach ausdrücklicher Vorschrift des Art. 13 des Ges. erstreckt sich die Zuständigkeit des Verwaltungsgerichtshofes nicht auf vorsorgliche Maßregeln: über diese hat er also materiell gar nicht zu entscheiden, insbesondere also auch nicht zu prüfen, ob ein Provisorium statthaft oder sachlich gerechtfertigt erscheint; unbenommen bleibt ihm jedoch die Befugnis und die Pflicht, nach der Aktenlage zu prüfen, ob die getroffene Verfügung von der betreffenden Behörde als ein Provisorium aufgefaßt wurde oder nicht. Die Würdigung der Frage, ob in einem gegebenen

Falle zur Erlassung eines Provisoriums überhaupt ausreichende Gründe vorhanden sind, ob die getroffene Maßregel inhaltlich die richtige, die zweckentsprechende war, berührt nicht mehr den Präjudizialpunkt der prozessualen Eigenschaft eines Bescheides, sondern sie geht noch weiter darüber hinaus, indem sie den Bescheid als solchen, also schon die Sache selbst begreift. (Vgl. V.-G.-H.-E. Bd. I S. 27, 405, II S. 4, 189, III S. 408, 413, 416, 418, 169, XI S. 57, Seydel Bd. II S. 446.)

Aus der Spezialbestimmung des Art. 13 sowie aus der rechtlichen Stellung der Regierungssenate folgt, daß sich ihre Zuständigkeit auch auf vorsorgliche Maßregeln erstreckt.

Selbstverständlich hört mit der definitiven Entscheidung der Sache die Wirksamkeit des Provisoriums auf.

Anm. 1. Die Auferlegung einer Leistung unter dem Vorbehalte des Ersatzes für den Fall der Erlangung einer obsiegenden Rechtsentscheidung ist als vorsorgliche Maßregel auch dann anzusehen, wenn die provisorisch verfügte Maßregel den Streitgegenstand nach seinem ganzen Inhalt umfaßt. (Eod. Bd. III S. 405.)

Anm. 2. Hat eine Kreisregierung die Beseitigung eines die öffentliche Sicherheit bedrohenden Zustandes, sowie die provisorische Aufbringung des hiefür nötigen Kostenaufwandes beschlossen, so kann gegen diesen Beschluß nicht Beschwerde zum Verwaltungsgerichtshofe eingelegt werden. (Eod. Bd. I. S. 219).

Anm. 3. Ueber Bau-Prov.-Beschlüsse: eod. Bd. II S. 4, wegen Prov. in Bezug auf die Unterhaltung eines Gemeindeverbindungsweges. (Eod. Bd. II S. 189.)

§ 8. Ermessensfragen.

Ueber den Begriff „Ermessenssachen" enthält das Gesetz über den Verwaltungsgerichtshof keine Bestimmung.

Viel Licht bringt in diese Frage Seydel (Bd. II S. 441), welcher sich folgendermaßen äußert:

Es gibt ein Ermessen von zweierlei Art: das Ermessen, welches vom Gesetze freigelassen ist, wo es sich darum handelt, zwischen zwei Parteien das Recht festzustellen (z. B. quidquid paret dare facere oportere ex fide bona), ist ein richterliches Ermessen, es steht unter den Grundsätzen des Rechts und hat nicht darnach zu fragen, was dem öffentlichen Interesse frommt;

eine Frage des Ermessens der Verwaltung dagegen liegt nur da vor, wo die Aufgabe nicht lediglich die ist, festzustellen, was für die Partei Rechtens sein soll, sondern wo die Entscheidung n u r nach Rücksichten des öffentlichen Interesses zu treffen ist: dieses Ermessen hat aber nur insoweit Spielraum, als es durch kein gegenüberstehendes Recht eingeschränkt ist. Da jedoch das Ermessen der Verwaltung nirgends ein sachlich unbeschränktes ist, sondern stets innerhalb bestimmter sachlicher Grenzen sich bewegt, so ist auch in solchen Fällen die Möglichkeit eines Rechtsstreites nicht ausgeschlossen. Im Uebrigen, fährt Seydel fort, werden keine allgemeinen Erörterungen die Schwierigkeit zwischen Verwaltungs- und Verwaltungsrechtsfragen im einzelnen Falle beseitigen können und es wird zuweilen der Verwaltungsrichter für die Unzulänglichkeit des Gesetzes aufzukommen haben.

Die Motive (zu Art. 13 Ziff. 3) geben folgende Erläuterung:

Der Einfluß, welchen die Gesetze den Verwaltungsbehörden einräumen, ist derart, daß denselben entweder das freie Bewilligungsrecht in Bezug auf die Entstehung oder Fortdauer bestimmter Verhältnisse zukommt, oder die Befugnis übertragen werden konnte, im öffentlichen Interesse Verfügungen zu treffen und hienach insbesondere Leistungen aufzuerlegen oder Handlungen zu verbieten oder endlich, daß den Behörden das freie Recht der Genehmigung bestimmter Akte der öffentlichen Korporationen vorbehalten wurde. In allen diesen Fällen kann von einem Rechte der Beteiligten insoweit nicht die Rede sein, als der Schwerpunkt der Gestaltung der Verhältnisse gesetzlich in den Willen der betreffenden Verwaltungsbehörde gelegt ist; wo das Gesetz einfach die Bewilligung oder Genehmigung vorsieht, werden sich erhebliche praktische Schwierigkeiten zur Beurteilung, ob eine Ermessensfrage vorhanden sei, nicht ergeben; anders liegt die Sache in jenen Fällen, in welchen für die Gestaltung der Verhältnisse im Gesetze einzelne allgemeine Richtpunkte angegeben sind, von welchen es zweifelhaft ist, ob sie nur als Direktiven für die an sich freie Beurteilung der

Behörden gedacht sind, oder ob sie eine allerdings erst durch Sachverständigen-Gutachten oder sonstige Behelfe festzustellende Unterlage von Rechten bilden sollen. In diesem Falle wird das Hauptaugenmerk darauf zu richten sein, ob sich das Gesetz mit Rücksicht auf die den Behörden obliegende Wahrung der öffentlichen Interessen oder bloß deßhalb einer unbestimmten Ausdrucksweise bedient hat, weil die Natur der fraglichen Verhältnisse eine positive Begrenzung unmöglich erscheinen läßt. In Fällen, in welchen die Unbestimmtheit auf die erstere Rücksicht zurückzuführen ist, kann kein Zweifel obwalten, daß eine Ermessenssache vorliegt.

Einen weiteren Beitrag zur Lösung der vorwürfigen Streitfrage liefert der Ausschußbericht des Abgeordn. Brater zu dem ersten 1868 vorgelegten Entwurfe eines Verwaltungsgerichtshofsgesetzes, der aber nicht zur Annahme gelangte:

„Es ist ein zweifaches Verhalten der die Verwaltungsthätigkeit regelnden Gesetzgebung möglich. Entweder das Gesetz überläßt es dem Ermessen der Behörden, nach Rücksichten der politischen und ökonomischen Zweckmäßigkeit die Freiheit der Einzelnen und der Körperschaften mehr oder weniger zu beschränken, ihnen größere oder geringere Leistungen für die Bedürfnisse der Gesammtheit aufzuerlegen, ihrer Mitwirkung an den öffentlichen Angelegenheiten engere oder weitere Grenzen zu ziehen. Soweit dieses administrative Ermessen reicht, sind Personen und Körperschaften rechtlos. Wo das Gesetz die Polizeibehörden ermächtigt, jeden Staatsangehörigen von seinem Aufenthaltsorte wegzuweisen, sobald dies im öffentlichen Interesse zweckmäßig erscheint, da kann der Ausgewiesene nicht über Rechtsverletzung klagen, denn er hat kein gesetzlich anerkanntes Recht des Aufenthalts. Wo das Gesetz die Staatsbehörden ermächtigt, nach ihrem Gutdünken Beschlüsse und Maßregeln der Gemeindeorgane außer Wirksamkeit zu setzen, da hat die Gemeinde keinen Grund zur Klage über die Beeinträchtigung ihrer gesetzlichen Freiheit, denn sie ist gesetzlich unfrei. — Oder das Gesetz stellt bestimmte thatsächliche Voraussetzungen auf, durch welche die öffentlichen Rechte und Pflichten bedingt und begrenzt werden, es macht z. B. die polizeiliche Ausweisung von einer vorhergegangenen Verurteilung wegen strafbarer Handlungen abhängig, oder beschränkt das Erfordernis kuratelamtlicher Genehmigung in Gemeindesachen auf eine Anzahl genau bezeichneter Fälle. Hier haben Gemeinden und Einzelne ein gesetzliches Recht und es liegt eine Rechtsverletzung vor, wenn die Bestimmungen des Gesetzes von der Verwaltungsbehörde nicht geachtet werden."

Das Gesetz über den Verwaltungsgerichtshof spricht einige Male von Fragen des Ermessens und schließt in Art. 13 die Zuständigkeit des Verwaltungsgerichtshofes für Angelegenheiten und Fragen aus, in welchen die Verwaltungsbehörden nach ihrem Ermessen zu verfügen berechtigt sind. Wie Seydel (s. oben) sagt, ist der Begriff der Ermessensfragen im Sinne der eben allegirten Gesetzesstelle schwer zu fassen, zum mindesten aber steht fest, daß unter Ermessenssachen solche zu verstehen sind, wo die Behörde nicht förmlich Recht zu sprechen hat, wo sie durch entgegenstehende Rechte nicht eingeschränkt ist, sondern nur nach Rücksichten der politischen und ökonomischen Zweckmäßigkeit innerhalb des ihr zugewiesenen Geschäftskreises die öffentlichen Interessen zu verfolgen hat.

Eine Trennung der Ermessensfragen von den Fragen verwaltungsrechtlicher Natur findet weder bei den Unterbehörden noch bei den Mittelstellen statt. Allerdings wird es sich häufig empfehlen, bei Vorhandensein beider Arten von Fragen die Rechtsfrage vorab zur Entscheidung zu bringen, namentlich da, wo das öffentliche Interesse durch Wahrung der Privatinteressen keine Einbuße erleidet, und es ist das um so leichter, als die Behörden berechtigt sind, im Notfalle vorsorgliche Anordnungen zu treffen. Hiermit steht der Grundsatz nicht im Widerspruch, daß reine Ermessenssachen nur von den Verwaltungsbehörden, reine Verwaltungsrechtssachen nur von den Verwaltungsgerichten zur Entscheidung zu bringen sind. Denn die Unterbehörden sind ohnedieß zugleich Verwaltungsgerichte; die Zuständigkeit der Regierungssenate aber erstreckt sich nach ausdrücklicher Gesetzesvorschrift auch auf Fragen des Ermessens, welche in einer

Verwaltungsrechtssache auftauchen. Handelt es sich also um eine Ermessenssache, welche nicht in einer Angelegenheit des Art. 8 zur Entscheidung zu kommen hat, so hat die Regierung im Bureauwege bezw. durch Collegialbeschluß zu entscheiden. Wenn dagegen in einem Falle des Art. 8 Ziff. 14 es sich beispielsweise nur um eine polizeiliche Bewilligung handelt, welche dem Ermessen der Behörden der aktiven Verwaltung anheimgestellt ist, so ist durch den Senat zu entscheiden und nicht etwa durch Bureauentschließung der Regierung.

Wo ein administratives Ermessen gegeben ist, da handelt es sich weniger um ein Urteilfinden, um ein Erkennen darüber, was Rechtens sei, als vielmehr um ein bestimmendes Eingreifen in die Verhältnisse, nicht um eine richterliche, sondern eine verwaltende Thätigkeit. Dies brachte auch Art. 13 des Gesetzes insofern zum Ausdruck, als er nicht von einem Urteilen, Entscheiden, Erkennen, sondern lediglich von einem Verfügen spricht.

Der Ausschluß der Zuständigkeit des Verwaltungsgerichtshofes erstreckt sich selbstverständlich nur auf die in Art. 13 des Gesetzes näher bezeichneten Ermessensfragen, nicht auf die Fragen des sogenannten richterlichen Ermessens. So hat z. B. der Gerichtshof auch über die Kosten des Verfahrens zu entscheiden und über etwaige Beschwerden im Kostenpunkte zu erkennen. Hier handelt es sich offenbar — wie Eingangs bemerkt — lediglich um ein richterliches Ermessen, um einen vom Gesetze gegebenen und beschränkten Spielraum und kann deßhalb auch Art. 13 nicht zur Anwendung gebracht werden. Zwei Fragen hinsichtlich der Ermessenssachen sind hier noch ins Auge zu fassen:

Hat der Verwaltungsgerichtshof zufolge Art. 9 Abs. 1 in 2. Instanz über Rechtsfragen zu entscheiden, so sind die etwaigen Ermessensfragen in 2. Instanz von der Kreisregierung, jedoch im verwaltungsrechtlichen Senate zu bescheiden.

Ergibt sich bei der Verhandlung einer Verwaltungsrechtssache vor dem verwaltungsrechtlichen Senate einer Kreisregierung, daß die Entscheidung der Sache nur von der Würdigung einer Ermessensfrage abhängt, so hat der verwaltungsrechtliche Senat der Regierung in der Sache Bescheid zu erlassen und dieselbe nicht etwa an die Regierung als Verwaltungsstelle zur Würdigung abzugeben. V.-G.-H.-E. Bd. IV S. 298.

Beschwerden gegen Regierungsbescheide, welche im verwaltungsrechtlichen Verfahren erlassen wurden, aber ausschließlich Ermessensfragen zum Gegenstande haben, sind nicht vom Verwaltungsgerichtshofe, sondern vom einschlägigen Staatsministerium zu entscheiden.

Es folgt dies hauptsächlich daraus, daß an der bestehenden Zuständigkeit nichts geändert werden sollte, sodann aus Art. 13, 8, 9, 31, Abs. 3. Diese Sätze sind auch bei der Beschwerdebelehrung ins Auge zu fassen. (Krais l. c. S. 439, Bl. f. adm. Pr. Bd. 38 S. 33.)

Vgl. auch § 15 m. Ausf.

§ 9. Vorbehalt der gerichtlichen Zuständigkeit.

Gemäß Art. 13 Ziff. 2 des Gesetzes erstreckt sich die Zuständigkeit des Verwaltungsgerichtshofes nicht auf administrative Aussprüche, welche unter dem gesetzlichen Vorbehalt und der Zuständigkeit der Gerichte erfolgen; denn bei diesem Verhältnisse sind die Beteiligten ohnedies durch die Gerichte geschützt, wenn sie glauben, in ihren Rechten irgendwie beeinträchtigt zu sein; auch ist nicht zu verkennen, daß die Autorität des Verwaltungsgerichtshofes leiden würde, wenn die Gerichte eine von diesem obersten Gerichtshofe wesentlich verschiedene Entscheidung treffen. (Beispiele finden sich in Art. 19 des Vereinsgesetzes und Art. 76 des Wasserbenutzungsgesetzes.)

Hiezu ist noch folgendes zu bemerken:

Als Grundsatz gilt, daß bei denjenigen Rechtsverhältnissen, bei welchen im Streitfall der Rechtsweg zulässig ist, die ordentlichen Gerichte auch zur vorläufigen Ordnung des streitigen Rechtsverhältnisses zuständig sind, wenn eine solche nicht bis zum endgültigen Austrag des Streites ausgesetzt werden kann; der ordentliche Richter kann aber da auch eine vorläufige

Verfügung nicht treffen, wo die Ordnung eines streitigen Verhältnisses, bezüglich dessen der Rechtsweg nicht zugelassen ist, in Frage steht. Die Reichscivilproceßordnung regelt diese Befugnisse zur Erlassung einstweiliger Verfügungen und eines Arrestes in den §§ 796 ff. Vielfach ist gesetzlich den Verwaltungsbehörden das Recht zur vorläufigen Regelung streitiger Privatrechtsverhältnisse vorbehaltlich des Civilrechtsweges eingeräumt, namentlich wo öffentliche Interessen solches erheischen. Diese Verfügungen und Aussprüche beabsichtigen jedoch nicht die Entscheidung über bestrittene Rechte, sondern nur die Herstellung eines thatsächlichen Zustandes, und deßhalb ist es dem Geiste des Gesetzes vollkommen entsprechend, hier die Zuständigkeit des Verwaltungsgerichtshofes auszuschließen. Nicht hieher gehören jene Fälle, in welchen ein für einen Civilrechtsstaat präjudizieller Streit endgiltig in einer für den Civilrichter bindenden Weise von einer Verwaltungsbehörde oder einem Verwaltungsgerichte entschieden wird (vgl. Art. 7 Abs. 2 des Ges.); ferner gehören jene Fälle nicht hieher, wo durch Entscheidungen von Verwaltungsbehörden privatrechtliche Verhältnisse thatsächlich beeinflußt werden (z. B. die Entscheidung über die Notwendigkeit einer Zwangsenteignung). Auch jene Verfügungen der Verwaltungsbehörden gehören nicht hieher, wo wegen eines in Mitte liegenden, dem Einzelinteresse vorgehenden öffentlichen Interesses die sofortige Vollziehbarkeit des Ausspruches dieser Behörden angeordnet wird.

Zu den unter gegenwärtigen Paragraphen fallenden Angelegenheiten zählt beispielsweise die vorläufige Festsetzung der Vergütung für Kriegsleistungen durch den Bundesrat, § 34 R.-Ges. v. 13. Juni 1873, ferner der Fall des § 25 des Postgesetzes v. 28. Oktober 1871, § 75 der Reichsgewerbeordnung.

§ 10. Staatsaufsicht (Curatel).

Die Ausübung der Staatsaufsicht und Kuratel ist eine den Staatsaufsichtsbehörden eingeräumte Thätigkeit, zur Ausübung derselben ist deßhalb prinzipiell der k. Verwaltungsgerichtshof ausgeschlossen, während er zuständig ist zur Entscheidung darüber, ob durch Bethätigung der Staatsaufsicht und Kuratel gewisse in Art. 10 näher bezeichnete Beteiligte oder Organe in ihren Rechten verletzt sind.

Die Staatsaufsicht und Oberaufsicht ressortiert zu den Behörden und Stellen der aktiven Verwaltung.

Weder dem Sprachgebrauche noch der Natur der Sache entspricht es, staatsaufsichtliche Verfügungen im Allgemeinen als Gegenstand des freien administrativen Ermessens zu bezeichnen, denn im Gebiete der Staatsaufsicht finden sich außer Verfügungen, welche in das Ermessen der Staatsaufsicht gelegt und zunächst durch Erwägungen der Zweckmäßigkeit bedingt sind, auch solche Anordnungen, welche entweder nur unter bestimmten gesetzlichen Voraussetzungen zulässig oder bei dem Vorhandensein gewisser Voraussetzungen unmittelbar geboten sind. Zu den Fällen der letzteren Art gehört vor allem die Beanstandung und eventuelle Aufhebung gesetzwidriger Gemeindebeschlüsse. Die Beurteilung der Gesetzwidrigkeit ist überwiegend rechtlicher Natur und die Beseitigung eines als gesetzwidrig erkannten Beschlusses der Gemeinde keineswegs dem freien Ermessen der Staatsaufsichtsbehörde anheimgestellt, welche vielmehr hiezu gegebenen Falles ebenso berechtigt als verpflichtet ist. (Vgl. V.-G.-H.-E. Bd. IX S. 227.)

Was die Kuratelbeschlüsse der Verwaltungsbehörden und Stellen der aktiven Verwaltung anlangt, so haben diese, selbst wenn sie ministeriell bestätigt worden sind, in der Regel mit der Entscheidung streitiger Rechtsansprüche und Verbindlichkeiten nichts zu schaffen, sondern erfolgen meist deßhalb, weil z. B. nach den Bestimmungen über die Stiftungskuratel der fragliche Kirchengemeindebeschluß zu seiner Rechtswirksamkeit der kuratelamtlichen oder oberkuratorischen Genehmigung bedarf; ein solcher oberkuratorisch genehmigter Beschluß hat gegenüber den Einzelnen, welche eine auf denselben gegründete Verpflichtung ablehnen, nur die Bedeutung eines von der vorgesetzten Kuratel gebilligten einseitigen Verwaltungsaktes und bildet daher keine Schranke für die richterliche Beurteilung der zur Entscheidung über streitige öffentlich rechtliche Ansprüche und Verbindlichkeiten berufenen Behörde. Hieran ändert auch der Umstand nichts, wenn der oberkuratorische Beschluß z. B. von dem Kultusministerium als zutreffend bestätigt wurde; maßgebend ist vielmehr stets, ob in einer solchen Ministerialentschließung in zuständiger Weise über streitige Rechte und Verbindlichkeiten eine Entscheidung getroffen wurde. So lange also eine solche Sache nur im Stadium der Kuratelthätigkeit sich bewegt und solange die Inanspruchnahme der einzelnen Pflichtigen nicht erfolgt ist, befinden sich dieselben auch nicht in der Lage, die Sache im verwaltungsrechtlichen Wege zum Austrag zu bringen. (Eod. Bd. VIII S. 196 und eine Entsch. dess. G.-H. v. 12. Dez. 1890.)

Die einzelnen Staatsaufsichtsbehörden und das Verfahren bei Staatsaufsichtssachen in Verbindung mit Verwaltungsrechtssachen betreffend, so steht nichts entgegen, daß die Distriktsverwaltungsbehörden durch e i n e n Bescheid eine Sache staatsaufsichtlich und verwaltungsrechtlich würdigen und erledigen; häufig aber wird es praktisch, vorab die verwaltungsrechtliche Frage zu entscheiden und die Staatsaufsicht erst nach eingetretener Rechtskraft thätig werden zu lassen. Hiebei ist noch zu bemerken, daß, wie eine Verwaltungsrechtssache ihres Charakters nicht deßhalb entkleidet wird, weil im einzelnen Falle ausschließlich oder doch neben Rechtsfragen auch Ermessensfragen bestritten sind, dies auch da nicht der Fall ist, wo sie staatsaufsichtlich oder als Incidentpunkt in einer Verwaltungssache behandelt werden; umgekehrt kann eine reine Verwaltungsangelegenheit durch irrtümliche Sachbehandlung auch nicht formell zu einer Verwaltungsrechtssache werden. Diese Unterscheidung ist besonders wichtig bei Beantwortung der Frage, ob der Beschluß einer Distriktsverwaltungsbehörde eventuell durch die Kreisregierung von Amtswegen auch außerhalb des Instanzenzuges durch Bureau- bezw. Kollegialentschließung, oder auf rechtzeitig erhobene Beschwerde durch den Regierungsenat aufzuheben ist.

Was die Kreisregierungen anlangt, so sind meines Erachtens die Senate derselben nicht zuständig, Staatsaufsichtsfragen zugleich mit Verwaltungsrechtsfragen zu erledigen; vielmehr wird, wenn ein Beschluß einer Distriktsverwaltungsbehörde, welcher eine Frage verwaltungsrichterlich und staatsaufsichtlich gewürdigt und entschieden hat, angefochten wird, die verwaltungsrichterliche Prüfung dem Senate, die staatsaufsichtliche Prüfung die Regierung als Stelle der aktiven Verwaltung zustehen und letzteren Falls im Bureau- oder Kollegial-Wege zu erledigen sein. Es folgt dies aus Art. 8, 16, 31 Abs. 2 und 3: Die Senate sind zuständig nur in den ihrem Wirkungskreise zugewiesenen Angelegenheiten: wo ihre Zuständigkeit also nicht gegeben ist, kann sie auch nicht erstreckt werden. Dem oben allegirten Erkenntnisse Bd. IX S. 227 zufolge kann man auch nicht, was übrigens selbstverständlich ist, „Ermessensfragen" mit „Staatsaufsicht" identifizieren.

Das Gesetz bestimmt in Art. 15, daß Beschlüsse in Angelegenheiten der Art. 8, 10, 11 nicht von Oberaufsichtswegen durch die Ministerien aufgehoben werden können, daß dagegen die Zuständigkeit der letzteren in Fragen des freien administrativen Ermessens hiedurch nicht berührt wird. Zu diesem Artikel bemerken die Motive: durch Art. 15 soll die Unabhängigkeit der Verwaltungsrechtspflege gesichert und etwaigen Kollissionen zwischen der Zuständigkeit des Verwaltungsgerichtshofes und der Oberaufsicht der Verwaltungsstellen vorgebeugt werden. In Angelegenheiten des Art. 8 — reinen Verwaltungsrechtssachen — ist das Oberaufsichtsrecht der Verwaltungsstellen ganz allgemein, also auch gegenüber den Beschlüssen der unteren Instanzen, jedoch unter Vorbehalt der Fragen des freien administrativen Ermessens ausgeschlossen; in den Fällen des Art. 8 ist das Oberaufsichtsrecht nur gegenüber den Beschlüssen des Verwaltungsgerichtshofes beschränkt; eine weitere Beschränkung dürfte hier aus dem Grunde nicht thunlich erscheinen, weil die Aufsichtsfragen des Art. 10 erst in dem Momente zu Verwaltungsrechtssachen werden, in dem eine Korporation behauptet, daß sie in ihren Rechten verletzt oder mit einer ihr nicht zukommenden Verbindlichkeit belastet worden sei.

Wo die Ministerien innerhalb ihrer Zuständigkeit von ihrem Oberaufsichtsrecht in Gegenständen des Art. 10 Gebrauch machen, ist eine Beschwerde gegen Oberaufsichtsverfügungen an den Verwaltungsgerichtshof unstatthaft.

Andererseits ist aber nicht ausgeschlossen, daß die Ministerien in Folge einer Beschwerde oder aus sonstigem Anlasse in Fällen des Art. 10 Beschlüsse der Kreisstellen aufheben und so etwaige Beschwerden zum Verwaltungsgerichtshofe brevissima manu gegenstandslos machen: dieses Recht ist durch Art. 15 des Gesetzes den Ministerien nicht entzogen. Nach alledem bezweckt der Art. 15 zwar die Unabhängigkeit des Verwaltungsgerichtshofes, will aber zugleich auch die Selbständigkeit der aktiven Verwaltung, insbesondere der obersten Verwaltungsstellen in dem diesen vorbehaltenen Gebiete gewahrt wissen. Es bleibt also das Aufsichts- und Oberaufsichtsrecht insoweit völlig aufrecht, als es nicht ausdrücklich beschränkt ist.

Artikel 15 bezieht sich zweifellos nicht bloß auf die Oberaufsichtsrechte der Ministerien, sondern auch auf jene der Kreisregierungen: diese können einen Beschluß in eigentlichen Verwaltungsrechtssachen nie von Amtswegen, sondern immer nur auf erhobene Beschwerde und nur als gesetzliche Beschwerdeinstanz aufheben oder abändern.

Mit Plenarerkenntnis v. 26. Okt. 1883 (V.-G.-H.-E. Bd. IV S. 608) hat der k. Verwaltungsgerichtshof das ministerielle Oberaufsichtsrecht in Gegenständen des Art. 10 u. 11 gegenüber Beschlüssen der Unter- und Mittelinstanzen anerkannt, zugleich aber den Kreisregierungen eine Befugnis, unterinstanzielle Beschlüsse auch außerhalb des Instanzenzuges aufzuheben oder abzuändern, nur für die Fälle des Art. 10 Ziff. 1—4 zugestanden, weil (cf. Krais S. 413) Ziff. 5 bis 31 des Art. 10 an und für sich Verwaltungsrechtssachen enthalten, welche nur aus Zweckmäßigkeitsgründen in den Art. 10 aus Art. 8 versetzt wurden.

Art. 10 Ziff. 2 des Gesetzes bestimmt beispielsweise, daß der Verwaltungsgerichtshof zuständig ist zur Bescheidung einer Beschwerde gegen einen Bescheid der Kreisregierung in Gegenständen der Staatsaufsicht über Gemeindeangelegenheiten, wenn von einer Gemeinde behauptet wird, daß durch solche Verfügungen das ihr gesetzlich zustehende Selbstverwaltungsrecht verletzt wird; (der k. Verwaltungsgerichtshof hat hier nebenbei die ohne Zweifel milde Anschauung ausgesprochen, es sei nicht erforderlich, daß in einer Beschwerde ausdrücklich eine Verletzung des gemeindlichen Selbstverwaltungsrechts behauptet sei, wenn sich nur überhaupt die Beschwerde unverkennbar gegen den Zwang, der von der Staatsaufsichtsbehörde gegen die Gemeinde geübt worden ist, richtet.) (Eod. Bd. IV S. 268, V S. 83.) Ist also keine Verletzung des Selbstverwaltungsrechtes behauptet, so bleibt der Beschwerdeweg zum k. Staatsministerium des Innern offen, welch letzteres wieder sein Oberaufsichtsrecht auch dann geltend machen kann, wenn keine Beschwerde erhoben ist, und welches auch an die Prüfung der Beschwerdeformalitäten, insbesondere der Beschwerdefrist nicht gebunden ist, jedoch nur bei Gesetzesverletzungen durch die Vorinstanzen.

Art. 10 des Gesetzes umfaßt eine Reihe von Angelegenheiten, bei welchen die Staatsaufsicht mehr oder weniger in den Vordergrund tritt, und Ermessensfragen nicht genau ausgeschieden werden können. In all diesen Fällen steht jedoch dem Verwaltungsgerichtshof eine Entscheidung nur gegenüber Beschlüssen und Verfügungen der Eingangs bezeichneten Behörden und Stellen zu; gegen bloße Direktiven, welche an Unterbehörden, insbesondere technische erlassen wurden, steht ihm ebensowenig eine Entscheidung zu, als gegenüber Beschlüssen der Unterbehörden jener Mittelstellen. Ferner ist derselbe stets auf die Feststellung bestrittener Rechte und Verbindlichkeiten beschränkt und hat z. B. die Frage, ob und in welchem Maße die Auferlegung einer Leistung, deren gesetzliche Zulässigkeit an sich feststeht, im öffentlichen Interesse auch notwendig sei, als Ermessensfrage den Organen der aktiven Verwaltung zu belassen (Motive).

Analoges gilt von dem Aufsichtsrechte der Regierungen. Auch diese können Beschlüsse der Distriktsverwaltungsbehörden von Amtswegen aufheben. Nach der Praxis wird jedoch von dem ministeriellen Oberaufsichtsrecht nur bei Verletzung bedeutender öffentlicher Interessen und nur in kassatorischer Form, nicht in der Form einer materiellen Entscheidung Gebrauch gemacht; es wird nur in einer Weise ausgeübt, welches die Anrufung des Verwaltungsgerichtshofes nicht aus formellen Gründen unmöglich macht. So wenig endlich die Thätigkeit der Ministerien gegen Entscheidungen des k. Verwaltungsgerichtshofes in den seiner Zuständigkeit überwiesenen Angelegenheiten angerufen werden kann, ebensowenig ist dies umgekehrt der Fall. Ergeben sich zwischen Ministerium und Verwaltungsgerichtshof etwaige Meinungsverschiedenheiten über die Zuständigkeit, so ist der Kompetenzkonflikt anzuregen. (Vgl. V.-G.-H.-E. Bd. IV S. 618, Seydel Bd. II S. 448).

§ 11. Mehrfache Zuständigkeit.

Ist die Zuständigkeit mehrerer Behörden in einer und derselben Sache begründet, so hat nicht etwa der Kläger, der Antragsteller die Wahl des Gerichtes, sondern die hier erforderliche Verfügung hat die vorgesetzte Verwaltungsbehörde zu treffen. Art. 17 Abs. 2 des Ges.

Derartige Verfügungen sind Sache der Dienstordnung und stehen zu:

1) der den mehreren beteiligten Distriktsverwaltungsbehörden gemeinsam vorgesetzten Kreisregierung, Kammer des Innern, wenn die ersteren in einem und demselben Regierungsbezirke liegen;
2) dem k. Staatsministerium des Innern, wenn entweder die Distriktsverwaltungsbehörden in mehreren Regierungsbezirken gelegen sind, oder wenn die Zuständigkeit mehrerer Kreisregierungen in Frage steht. § 2 Instr. Hiedurch ist jedoch ein Benehmen des genannten Ministeriums mit dem etwa in Frage stehenden Ressortministerium selbstverständlich nicht ausgeschlossen.

Der Antrag auf Zuständigkeitsentscheidung kann sowohl von den Parteien, als auch von den beteiligten Behörden gestellt werden.

Ist jedoch durch Einzelgesetze (vgl. z. B. Art. 49 des Gesetzes vom 28. Mai 1852 über die Ausübung des Weiderechtes) die Zuständigkeit der mehreren Behörden nach sachlichen Rücksichten abgegrenzt, so bleiben die Bestimmungen dieser Einzelgesetze in Kraft.

In den in seine Zuständigkeit fallenden Angelegenheiten erkennt der Verwaltungsgerichtshof auch über die Zuständigkeit der unteren Instanzen und zwar sowohl über die örtliche als auch die sachliche, und verweist erforderlichen Falles die Sache an die zuständige Verwaltungsbehörde, und zwar auch dann, wenn in einer Sache Ermessens- und Rechtsfragen zusammentreffen. Art. 14 des Ges.

Gegen vermeintliche Übergriffe desselben haben die Ministerien das Recht, den Kompetenzkonflikt anzuregen; was aber die Gerichte anlangt, so sind dieselben durch eine Entscheidung des Verwaltungsgerichtshofes nicht gehindert, sich mit der gleichen Sache zu befassen; ihren Entscheidungen gegenüber steht aber den Verwaltungsbehörden wiederum das Recht zu, den Kompetenzkonflikt anzuregen.

Hat der Verwaltungsgerichtshof in einer Hauptentscheidung gegenüber der aktiven Verwaltung seine Zuständigkeit ausgesprochen, so hat es hiebei sein Bewenden; hat er seine Zuständigkeit abgelehnt, dagegen jene der Verwaltungsbehörden anerkannt, so können letztere ihre Zuständigkeit dem Verwaltungsgerichtshofe gegenüber nicht mehr bestreiten. Hat letzterer eine Sache zugleich an die Unterbehörden verwiesen, so ist diese Unterbehörde hienach gebunden und auch mit der Würdigung etwaiger Ermessensfragen befaßt; erachtet er sich selbst für unzuständig, so hat die etwaige Verweisung an irgend eine Behörde an sich keine Wirkung für die letztere. (Krais, l. c. S. 412.)

Die Frage, welche von mehreren Behörden in einer Sache ausschließlich zuständig ist, ist eine Rechtsfrage; der Ausspruch hierüber steht also immer nur denjenigen Behörden zu, welche in dem für die betreffende Sache vorgeschriebenen Instanzenzuge die höhere Instanz sind, also in dem Falle des Art. 9 Abs. 1 dem Verwaltungsgerichtshof; ebenso entscheidet nicht das

Ministerium, sondern der ebengenannte Gerichtshof, wenn es sich fragt, welche Kreisregierung die ausschließliche erstinstanzielle Zuständigkeit in einer Verwaltungsrechtssache besitzt. (Krais S. 168.)

§ 12. Vertragsmäßig begründete Zuständigkeit.

Dem Verwaltungsrechte ist eine Begründung der Zuständigkeit durch Vertrag, Vereinbarung, Anerkenntnis ferne; es gibt nur eine gesetzliche oder nach Maßgabe der Gesetze unter mehreren zuständigen Behörden von der höheren Behörde bestimmte Zuständigkeit; denn, hat es der Gesetzgeber im Interesse des öffentlichen Wohles für angemessen erachtet, irgend einen Gegenstand zum Wirkungskreise der Verwaltungsbehörden zu verweisen, so kann es der Natur der Sache nach nicht den Gesetzesuntergebenen überlassen sein, diese Zuständigkeit mittels Vertragsabschlusses oder der Uebung innerhalb rechtsverjährender Zeit eigenmächtig zu verändern und die Gerichte kompetent zu machen. (Erk. d. Komp.-Konfl.-Sen. v. 16. Jan. 1865 Reg.-Bl. S. 160.) Auch durch Anerkenntnis eines Anspruches seitens eines Beteiligten wird die Judikatur über die Modalitäten dieses Anspruches und dessen Verwirklichung nicht geändert, sondern bleibt bei der Behörde, welcher sie nach der Natur des geltend gemachten Rechtsverhältnisses den Gesetzen zufolge zukommt. (Erk. dess. v. 9. Dez. 1859 Reg.-Bl. 1837.)

§ 13. Die Wirkung der Connexität auf die Zuständigkeit.

Zunächst ist denkbar, daß ein Streit über ein subjektives Recht privatrechtlicher Natur mit einer Verwaltungsrechtssache oder Verwaltungssache in innerem oder äußerem Zusammenhange steht.

Nach dem Grundsatze des deutschen Rechts, daß über die Zuständigkeit des Civilrichters die Natur des Rechtes entscheidet, welches festgestellt werden soll, hat der Civilrichter, wenn ein Privatrecht den Streitgegenstand bildet, alle die Entscheidung bedingenden Fragen zu beurteilen; er hat also in seinen Entscheidungsgründen auch Fragen des öffentlichen Rechtes zur

Entscheidung zu bringen, während er nicht berechtigt ist, ein Streitverhältnis, welches dem öffentlichen Rechte angehört, zu entscheiden. Durch die Entscheidung einer öffentlich rechtlichen Vorfrage nämlich, die in den Entscheidungsgründen sich befindet, wird der späteren Entscheidung dieser Frage durch das zuständige Organ nicht präjudiziert. Dies ergibt sich auch aus § 293 R.=C.=P.=O. Wenn also z. B. die Frage nach der Staatsangehörigkeit auf die Entscheidung der Frage von Einfluß ist, welches Gesetz in einer Civilrechtssache anzuwenden ist, so hat der Civilrichter auch diese öffentlich rechtliche Frage in seinen Gründen zu würdigen. Die vorstehenden Grundsätze gelten analog auch für die Verwaltungsgerichte; die Zuständigkeit derselben wird nicht dadurch beeinflußt, daß das Bestehen eines Privatrechts nur ein Moment in den Entscheidungsgründen derselben bildet. Der Verwaltungsrichter hat selbständig alle einen Streit über ein öffentliches Recht bedingenden Fragen zu lösen.

In manchen Fällen kann durch eine Entscheidung sowohl des Verwaltungsrichters als des Civilrichters geholfen werden. Erachtet sich z. B. jemand durch die mit der Überleitung schädlicher Stoffe auf sein Grundstück verbundene Einrichtung einer Fabrik für verletzt, so kann er ein privatrechtliches Einspruchrecht (vgl. jedoch auch § 26 R.=G.=O.) bei dem Civilrichter verfolgen. Wird er abgewiesen, so ist immer noch polizeiliches Einschreiten auf Grund des § 51 der R.=G.=O. möglich.

Besondere Beachtung erheischen noch die sogenannten Präjudizialverhältnisse. Entscheidend für die Frage, ob ein Punkt präjudiziell ist, ist die Beantwortung der Frage, ob der in den Entscheidungsgründen gewürdigte Punkt thatsächlich einem anderen Staatsorgan, einem Verwaltungsgericht oder einer Verwaltungsbehörde mit der Wirkung zur Entscheidung unterbreitet werden kann, daß diese Entscheidung das Rechtsverhältnis der Beteiligten endgültig bestimmt, was die Entscheidung in den Gründen nicht bewirkt, und ob hiedurch das Urteil des Gerichts in dem Maße beeinflußt wird, daß es neben jener Entscheidung seine Wirkung verliert, ohne formell aufgehoben zu sein. (Sarwey

S. 656.) Was das Verfahren hiebei bei den Civilgerichten betrifft, so hat hier § 139 R.-C.-P.-O. Vorsorge getroffen.

Was aber das öffentlich-rechtliche Verfahren anlangt, so kann z. B. in dem Verfahren über die Erteilung einer Bauerlaubnis das Eigentum des Baulustigen im Streite sein, oder es kann die Entscheidung des Verwaltungsgerichts durch eine Entscheidung der Verwaltungsbehörde präjudiziert sein (z. B. bei der Frage der Unterhaltungspflicht eines öffentlichen Weges). In diesen Fällen kann vielfach das Verwaltungsgericht unter Prüfung der formell-rechtlichen Giltigkeit einschlägiger Bestimmungen entscheiden oder vorerst das Urteil des Civilgerichts bezw. die Verfügung der Verwaltungsbehörde abwarten.

Wenn jedoch die Entscheidung über den Streitgegenstand sachlich den präjudiziellen Punkt, soweit derselbe unter den Parteien streitig ist, mit entscheidet, so gilt die Regel, daß jedes Gericht hierüber in eigener Zuständigkeit zu entscheiden hat. (Vgl. über das Gesagte Ausführl. bei Sarwey S. 648 ff., insbesondere auch über den Einfluß der Parteibehauptungen auf die Zuständigkeit S. 661 daselbst.)

Jedenfalls gilt endlich noch so viel, daß der zufällige Umstand, daß in ein und denselben Akten verschiedene Angelegenheiten behandelt, welche ohne diesen zufälligen Umstand in verschiedenartigem Verfahren zu behandeln wären (z. B. Gegenstände des Art. 8 und des Art. 10), ohne Einfluß auf die gesetzliche Zuständigkeit ist. Das Gesetz sagt in Art. 13 Abs. 2:

„Steht ein zur Zuständigkeit des Verwaltungsgerichtshofes nicht gehöriger Gegenstand mit einem bei dem Gerichtshofe anhängigen im Zusammenhang, so wird dadurch die Befugnis des Gerichtshofs, seine Zuständigkeit auf den ersteren Gegenstand auszudehnen, nicht begründet, auch wenn dieser in denselben Akten behandelt ist."

§ 14. Oertliche Zuständigkeit.

Auch hinsichtlich der örtlichen Zuständigkeit beschränkt sich das Gesetz in Art. 17 darauf, für diese auf die bestehenden, von Fall zu Fall zu prüfenden Bestimmungen zu erweisen.

Wie die Zuständigkeit der Verwaltungsbehörden ist auch jene der Verwaltungsgerichte auf einen bestimmten geographisch abgegrenzten Bezirk (territorial) beschränkt. Im allgemeinen gilt hier als Grundsatz über die örtliche Zuständigkeit der Verwaltungsbehörden und Stellen: wo dieselben als Behörden der aktiven Verwaltung zuständig sind, wenn die Sache im Verwaltungswege an sie gekommen wäre, da sind sie auch als Verwaltungsgerichte zuständig. In der Regel wird diejenige Behörde, in deren Sprengel der Beklagte seinen Wohnsitz hat, (das persönliche Moment) oder wo das Grundstück gelegen ist, das im Streite befangen ist, (das dingliche Moment, forum rei sitae) entscheidend sein.

Maßgebend sind sowohl die in den Spezialgesetzen gegebenen Normen als auch die bestehenden allgemeinen Bestimmungen z. B. die k. Vdg. v. 17. Dezember 1825 über die Formation ꝛc. der obersten Verwaltungsstellen. Bezüglich der Beurteilung der örtlichen Zuständigkeit der Verwaltungsgerichte, soweit eine öffentliche Behörde als Gegenpartei des Klägers zu erachten ist, sind noch folgende Entscheidungen des Verwaltungsgerichtshofes hier zu erwähnen:

Bei Streitigkeiten über Leistungen aus einem öffentlich rechtlichen Verbande hat grundsätzlich ohne Rücksicht auf den Wohnort des Pflichtigen jene Behörde zu entscheiden, welche die dem öffentlichen Verbande vorgesetzte ist; (V.-G.-H.-E. Bd. IV S. 276); bei jener Gattung von Streitigkeiten, in welcher sich die Verwaltungsjurisdiktion allmählich aus der kuratelamtlichen oder aufsichtlichen Stellung der Verwaltungsbehörden gegenüber gewissen öffentlichen Verbänden oder Stiftungen entwickelt hat, wird im allgemeinen die örtliche Zuständigkeit auch durch die genannte Stellung bestimmt. (Bd. X S. 129.)

§ 15. Instanzenzug.

Erste Instanz ist die zur Behandlung des gegebenen Falles gesetzlich zunächst berufene Verwaltungsbehörde oder Stelle; den höheren Instanzen dagegen gebührt die Prüfung und Entscheidung über die Beschwerden gegen die Amtsthätigkeit der ihnen untergeordneten Behörden.

Grundsätzlich ist der Instanzenzug strenge einzuhalten, jede Ueberspringung einer Instanz ist unzulässig. So hat beispielsweise die Kreisregierung in 2. Instanz auch dann zu entscheiden, wenn eine Beschwerde gegen den Beschluß einer Distriktsverwaltungsbehörde irrtümlich unmittelbar an den Verwaltungsgerichtshof gerichtet ist, obwohl dieser im gegebenen Falle die 3. Instanz zu bilden hat.

Allgemeine Grundsätze bestehen hinsichtlich des Instanzenzuges nicht. Nur bestimmt Art. 9 des Gesetzes, daß in gewissen, näher bezeichneten Fällen die Beschwerde gegen Beschlüsse der Distriktsverwaltungsbehörden statt an die Regierung unmittelbar an den Verwaltungsgerichtshof zu richten sei; dies sind Fälle minder bedeutender Natur, wo zwei Instanzen als genügend erachtet wurden und jene, in welchen die Bezirksämter die 2. Instanz sind. Im Uebrigen ist jedoch durch Art. 9 an der bestehenden Zuständigkeit der Distriktsverwaltungsbehörden und an der erstinstanziellen Zuständigkeit der Regierungen nichts geändert, vielmehr in den hier bezeichneten Fällen die jeweilige Zuständigkeit vorausgesetzt worden.

Durch Art. 7 Abs. 1 des Gesetzes wurde die oberstrichterliche Instanz des Verwaltungsgerichtshofes gebildet. Dieser ist die oberste Instanz bei Streitigkeiten der Art. 8, 10, 11 auch dann, wenn die Einzelgesetze von einer letztinstanziellen Zuständigkeit der Regierungen sprechen, falls nicht etwa reichsgesetzliche Bestimmungen entgegenstehen.

Im Einzelnen ist über den Instanzenzug folgendes zu bemerken:

a) Die Gemeindebehörden.

Hinsichtlich dieser enthält der Bericht des bes. Aussch. d. K. d. Abg. (Beil. Bd. II S. 163) nachstehende Stelle:

Die mit der Verwaltungsgerichtsbarkeit betrauten Behörden sind a) die Gemeindebehörden bezüglich der in den Gesetzen, insbesondere in der Gemeindeordnung, im Gesetze über Armen- und Krankenpflege ihnen übertragenen Entscheidungen.

Der Verwaltungsgerichtshof legt indes nur in den Fällen der Art. 86, 109 und 176 (105) Abs. V der Gemeindeordnungen den Beschlüssen der Gemeindebehörden die Bedeutung von Instanzbeschlüssen bei.

Weiterhin bemerkt Art. 23 des Ges.-Entwurfes: die Beschwerde gegen **zweit**instanzielle Beschlüsse der Distriktsverwaltungsbehörden in Bezug auf die Feststellung der Liste der Wahlstimmberechtigten für Gemeinde- und Kirchenverwaltungswahlen geht unmittelbar an den Verwaltungsgerichtshof, (um einen 4fachen Instanzenzug zu vermeiden, wie sich die Motive ausdrücken).

Eine Ministerial-Entschließung vom 29. Januar 1886 besagt:

In den Fällen des Art. $\frac{176}{105} \frac{\text{Abs. } 5}{\text{,,} \quad 5}$ der Gemeindeordnung und Art. 7 Abs. 4 der Instruktion für die Vornahme der Kirchenverwaltungswahlen vom 25. August 1869 beschließen die Gemeindeverwaltungen als I. Instanz. (Vgl. auch Art. 8 Ziff. 33 u. 37, Art. 9 des Ges. v. 8. August 1878.) Beschlüsse von Gemeinden in eigentlichen Gemeindeangelegenheiten sind keine erstinstanziellen verwaltungsrichterlichen Beschlüsse, sondern bloße Verwaltungsbeschlüsse, bei welchen der Rechtsweg erst beginnt, wenn sie angefochten sind. Bei ihren Beschlußfassungen in korporativen Angelegenheiten erscheinen die Gemeindeverwaltungen gegenüber den einzelnen dissentierenden Gemeindebürgern nur als Vertreter der Gemeinden. Diese letzteren sind daher in einem durch eine solche Beschlußfassung hervorgerufenen Verwaltungsrechtsstreit in Bezug auf den Kostenpunkt denselben Bestimmungen unterworfen, wie jede andere Partei. Kahr l. c. S. 127, Seydel Bd. II S. 479, V.-G.-H.-E. Bd. IV S. 252.

Je nachdem die Gemeinde eine unmittelbare oder mittelbare ist, bildet entweder die vorgesetzte Kreisregierung oder das

Bezirksamt die 2. Instanz, während der Verwaltungsgerichtshof immer als letzte Instanz eintritt, weshalb bei jenen Gegenständen, in welchen das Bezirksamt 2. Instanz ist, die Beschwerde sofort an den Verwaltungsgerichtshof durch Art. 9 Abs. 1 des Gesetzes verwiesen wurde, um 4 Instanzen zu vermeiden; handelt es sich also beispielsweise um Beschwerden gegen Verwaltungsbeschlüsse der unmittelbaren Magistrate in eigentlichen Gemeindeangelegenheiten, so werden dieselben von der Regierung in erster Instanz verbeschieden, auch wenn sie zu den Fällen des Art. 9 gehören.

b) Die Distriktsverwaltungsbehörden.

Hiezu gehören die k. Polizeidirektion München, die Bezirksämter, die Lokalbaukommission München, die unmittelbaren Stadtmagistrate. Diese sind in den meisten Fällen die erste Instanz, bezw. die Bezirksämter in gewissen Fällen zweite Instanz (s. oben sub a). Die erstinstanzielle verwaltungsrichterliche Zuständigkeit der unmittelbaren Magistrate ist auch dann gegeben, wenn die betreffende Stadtgemeinde an der zu entscheidenden Sache selbst beteiligt ist.

In den Fällen des Art. 9 geht die Beschwerde gegen Beschlüsse der Distriktsverwaltungsbehörden unter Ueberspringung einer Mittelinstanz unmittelbar an den Verwaltungsgerichtshof; bei den Beschlüssen der unmittelbaren Stadtmagistrate findet eine Ueberspringung der Regierungsinstanz jedoch nur statt, wenn der Magistrat als Distriktsverwaltungsbehörde, nicht wenn er als Gemeindebehörde entschieden hat, weil er im letzteren Falle keine Instanz ist.

c) Die Senate der Kreisregierungen, Kammern des Innern und der Finanzen.

Diese entscheiden in manchen Fällen in erster Instanz, die Senate der Kammern des Innern außerdem auch als Beschwerde- (2. Instanz). Sie bilden keine eigenen von den Kreisregierungen wesentlich verschiedene Behörden, sondern sind mit denselben enge verbunden. Ueber ihre Zuständigkeit siehe insbes. die §§ 6, 8, 10 m. Ausf.

d) Der k. Verwaltungsgerichtshof

bildet stets die oberste und letzte Instanz in Verwaltungsrechtssachen; gegen seine Entscheidungen gibt es kein ordentliches Rechtsmittel und es können dieselben auch nicht von Oberaufsichtswegen aufgehoben werden. Vgl. hieher besonders § 10 m. Ausf. In den Fällen des Art. 7 Abs. 2 und des Art. 10 ist er die einzige verwaltungsrichterliche Instanz. Seinem Wesen nach ist er nicht Kassationshof, auch nicht Revisionsgericht im Sinne der Reichszivilprozeßordnung, sondern wirkliches Instanzgericht, nur mit der formellen Einschränkung, daß eine Beweisaufnahme vor demselben nicht stattzufinden hat, sondern diese erforderlichen Falles auf seine Anordnung von den Unterinstanzen zu pflegen ist (V.-G.-H.-E. Bd. II S. 282). Ein Verwaltungsgerichtshof mit bloß kassatorischen Befugnissen wäre kaum in der Lage (Motive), den Erwartungen hinsichtlich der Verbesserung der Verwaltungsrechtspflege zu genügen: eine derartige Regelung würde überdies keinenfalls zur Abkürzung oder Vereinfachung des Verfahrens dienen; er hat vielmehr in der Sache selbst zu entscheiden, wenn er findet, daß die Rechtsnorm auf das festgestellte Sachverhältnis nicht richtig angewendet ist und er hat gegebenen Falles auch bezüglich der Zuständigkeit den erforderlichen Ausspruch zu erlassen.

Bezüglich Feststellung des Sachverhaltes gelten folgende Normen:

Derselbe ist durch die Unterinstanzen festzustellen, insbesondere sind durch sie die Beweise zu erheben und die Zeugen zu vernehmen. Dieses hat aber nicht die Bedeutung, als ob der Verwaltungsgerichtshof von vorneherein an den Sachverhalt gebunden wäre, wie er zur Zeit der vorinstanziellen Beschlüsse erhoben war. Es können nicht blos durch das Verfahren nach Art. 41 des Gesetzes Ergänzungen des Sachverhaltes, ehe die Sache in die öffentliche Sitzung kommt, angeordnet werden, sondern es kann auch jeder Senat, wenn ihm der Sachverhalt noch nicht genügend klar gestellt scheint, von der Befugnis des Art. 36 Abs. III Gebrauch machen, insbesondere dann, wenn in der öffentlichen Sitzung neue thatsächliche Momente vorgebracht werden, welche für das Urteil von wesentlichem Einfluß erscheinen. Es können deshalb auch bei ganz mangelhafter Instruktion Referent und Staatsanwalt die Sache ohne Vorerhebungen in die öffentliche Sitzung mit dem staatsanwaltlichen Antrag bringen, die vorinstanziellen Entscheide aufzuheben und neuerliche Instruktion und Bescheidung anzuordnen. Die besonderen Mängel der Instruktion werden dabei bezeichnet.

Die Zuständigkeit des Verwaltungsgerichtshofes erstreckt sich auch auf Incidentpunkte, welche in den von ihm zur Entscheidung zu bringenden Angelegenheiten vorkommen: z. B. wenn einem Mitgliede eines Distriktsrates diese Berechtigung abgesprochen wurde, weil es das Indigenat nicht besitzt und nicht gemeindewahlfähig ist.

In vielen Fällen des Art. 8 ist der Verwaltungsgerichtshof zweite, in vielen aber auch dritte Instanz. In den in Art. 9 Abs. 1 nicht speziell aufgeführten Fällen kann er nur gegenüber Entscheidungen der Regierungen angerufen werden. Ueber deren Behandlung vgl. § 8 m. Ausf.

Es wirft sich nun aber die Frage auf, wie zu verfahren sei, wenn in einer Angelegenheit des Art. 8, die gemäß Art. 9 zweitinstanziell zum Verwaltungsgerichtshofe ressortiert, Ermessensfragen bestritten und zum Gegenstand einer Beschwerde gemacht weroen sollen. Der Verwaltungsgerichtshof kann über die Ermessensfragen gesetzlicher Vorschrift gemäß nicht entscheiden, es wäre also der Beschwerdeweg in solchen Fällen geradezu ausgeschlossen, obwohl das Gesetz an der bestehenden Zuständigkeit grundsätzlich nichts ändern und insbesondere den Beschwerdeweg durch Art. 9 nicht wesentlich beschränken wollte. Es ist deshalb dahin zu entscheiden, daß der bisherige Instanzenzug beibehalten und in solchen Fällen die Zuständigkeit der Regierung zur ausschließlichen Beurteilung der Ermessensfragen gegeben sei. Gemäß Art. 8 und 31 Abs. 3 des Ges. wird jedoch die Regierung ihre Entscheidung auch in solchen Fällen auf Grund öffentlicher, mündlicher Verhandlung, ev. in geheimer Sitzung, des Senates zu treffen haben. (Ebenso Kahr l. c. S. 127.)

Wo der Verwaltungsgerichtshof einzige verwaltungsrichterliche Instanz ist, (Art. 7 Abs. 2 und 10 des Gesetzes) haben die Mittelstellen und die Behörden auch sachlich nicht die Eigenschaft von Verwaltungsgerichten, was sich namentlich durch das Oberaufsichtsrecht der Ministerien äußert (s. § 10 m. Ausf.).

Ist er in einer Angelegenheit sachlich unzuständig, so kann er auch formelle Rechtsfragen nicht prüfen, insbesondere nicht die Gesetzmäßigkeit des Verfahrens der Vorinstanz. (V.-G.-H.-E. Bd. II S. 295, III S. 99, 434, 654.)

Anm. 1. Der Verwaltungsgerichtshof ist den Mittelstellen übergeordnet, dieselben haben sich daher der Berichtsform und der Bezeichnung „Ehrerbietigst gehorsamst“ zu bedienen.

Anm. 2. Ueber das Beschwerde-, Antrags- und Anklagerecht des Landtags und sein Verhältnis zum k. Verwaltungsgerichtshof s. Kahr S. 62.

§ 16. Verbot der Ueberschreitung der Zuständigkeitsgrenzen. Umfang und Ausübung der Zuständigkeit.

Der Mangel der erforderlichen sachlichen und örtlichen Zuständigkeit bewirkt die Nichtigkeit des Verfahrens, denn außerhalb des ihm zugewiesenen Geschäftskreises ist auch der Verwaltungsrichter nur eine Privatperson; diese Nichtigkeit wird auch durch eine Vereinbarung der Parteien nicht geheilt, da solche Vereinbarungen dem jus publicum fremd sind.

Jedes Gericht hat in allen Fällen im vollsten Umfange zu prüfen, ob seine Zuständigkeit gegeben ist und hat verneinenden Falles etwaige Anträge oder Beschwerden wegen Unzuständigkeit zurückzuweisen; die Prüfung der Zuständigkeit hat von Amtswegen zu erfolgen und ist deshalb auch da nicht erlassen, wo eine Bemängelung seitens eines Beteiligten nicht stattgefunden hat. (Eod. Bd. IV S. 89 u. 620.) Ein Beschluß, der von einer Behörde erlassen wurde, ohne daß ihre

Zuständigkeit feststand, ist auf erhobene Beschwerde als verfrüht außer Wirksamkeit zu setzen. (V.-G.-H.-E. Bd. III S. 396.)

Die höheren Instanzen haben zunächst ihre eigene und sodann die Zuständigkeit der Vorinstanzen zu prüfen. Findet ein Gericht, daß es zur materiellen Entscheidung inkompetent ist, so darf es auch in die rechtliche Prüfung und Bescheidung eines angefochtenen Beschlusses nicht eingehen, gleichviel, ob nur die formelle oder auch die materielle Seite eines Beschlusses angefochten ist. (Eod. Bd. III S. 654, IV S. 111.)

Vgl. hieher auch die §§ 8, 11, 13 u. 15 m. Ausf.

Die Zuständigkeit für einen bestimmten Rechtsstreit enthält die Ermächtigung des Gerichts, alle zur Erledigung dieses Streites erforderlichen Streitfragen zu erörtern und festzustellen. Ueber Präjudizial-Incidentfragen vgl. hier namentlich § 13 m. Ausf.

Bei Prüfung seiner Zuständigkeit sieht der Verwaltungsgerichtshof nur darauf, ob die vor sein Forum gebrachte Streitsache materiell unter eine Gesetzesvorschrift fällt, durch welche seine Zuständigkeit begründet erscheint, wobei für ihn der Umstand gleichgültig ist, ob die Sache in den Unterinstanzen als Verwaltungs- oder Verwaltungsrechtssache behandelt wurde.

Die demselben hinsichtlich seiner Zuständigkeit im allgemeinen durch das Gesetz vom 8. August 1878 gezogenen Grenzen haben nicht nur für die durch das bezeichnete Gesetz dem Verwaltungsgerichtshofe überwiesenen, sondern auch für jene Fälle zu gelten, welche später diesem Gerichtshofe durch Spezialgesetze überwiesen wurden, es wäre denn, daß die Spezialgesetze ausdrücklich ein anderes bestimmen. (Eod. Bd. IV S. 529.)

Die Einhaltung der Grenzen der administrativen Zuständigkeit gegenüber den Behörden anderer Dienstzweige, namentlich gegenüber den Gerichten ist sehr wichtig. Wie insbesondere die Verwaltungsbehörden sich jeden Uebergriffs auf das Gebiet des Privatrechts zu enthalten haben, so haben sie auch ihre Zuständigkeit entschieden zu wahren und unter Umständen den Kompetenz-Konflikt anzuregen. (Ges. v. 18. Aug. 1879, die Entscheidung der Komp. Konfl. ꝛc. betr. G.- u. V.Bl. S. 991.)

Der Kompetenzkonflikt kann, wenn in einer bei einem Gerichte anhängigen Sache der Rechtsweg von der Verwaltungsbehörde für unzulässig erachtet wird, so lange erhoben werden, als noch nicht die Zulässigkeit des Rechtsweges durch rechtskräftiges Urteil des Gerichts feststeht; eine bloß vorsorgliche Anregung des Komp. Konfliktes ist ausgeschlossen.

B. Die Personen im Verwaltungsrechtsprozesse.

1. Die Gerichtspersonen.

§ 17. Die Verwaltungsrichter.

Der Richter bildet den Hauptbestandteil des Gerichtes; er übt den ganzen Inhalt der Gerichtsgewalt teils selbst teils durch die Leitung der übrigen Gerichtspersonen aus. Seine Hauptfunktion besteht in der Aburteilung der vor ihn gebrachten Streitsachen, in der Prozeßleitung, Prozeßdisziplin und großenteils auch in der Mitwirkung bei der Zwangsvollstreckung. Abgesehen von jenen am k. Verwaltungsgerichtshofe bestehen die Verwaltungs-Richter aus den Beamten der inneren und der Finanzverwaltung; sie sind zwar nicht mit den den Civilrichtern zustehenden persönlichen Sicherungen umgeben, in sachlicher Hinsicht aber genießt ihre Rechtsprechung volle Unabhängigkeit: ihre Entscheidungen können zwar auf erhobene Beschwerde von der höheren Instanz aufgehoben bezw. abgeändert werden, niemals aber kann, so lange es sich um reine Verwaltungsrechtssachen (Art. 8 des Ges.) handelt, der Beschluß eines Verwaltungsrichters von Staatsaufsichtswegen aufgehoben oder modifiziert werden.

Die Richter stehen bezüglich ihrer richterlichen Thätigkeit unter der Dienstaufsicht ihrer vorgesetzten Stellen; etwaige Beschwerden über Verweigerung oder Verzögerung der Rechtspflege sind deshalb vor diesen im Wege der Verwaltungsbeschwerde, keineswegs ohne weiteres vor dem Verwaltungsgerichtshofe geltend zu machen. (V.-G.-H.-E. Bd. III S. 437, Seydel Bd. II S. 420.)

In den Fällen des Art. 10 des Ges. sind dagegen die Behörden und Mittelinstanzen auch sachlich keine „Gerichte“ im technischen Sinne des Wortes, die Beamten derselben sind also in dieser Beziehung auch keine Richter, ihren Entscheidungen gegenüber ist das ministerielle Oberaufsichtsrecht nicht ausgeschlossen; in den Fällen des Art. 11 entscheiden sie dagegen als Schiedsrichter.

Die Verwaltungsbeamten der unteren und mittleren Instanzen haben zwar verwaltungsrichterliche Thätigkeit zu entwickeln, die persönlichen Richtereigenschaften indes kommen ihnen wie gesagt nicht zu; die Richterbeamten des k. Verwaltungsgerichtshofes aber genießen die den Richtern zustehenden Rechte und haben gleichen Rang und Gehalt mit dem Präsidenten bezw. den Senatspräsidenten und Räten des obersten Landgerichts. Sie können während der Dauer ihres Richteramtes im Verwaltungsdienste nicht verwendet werden; (Art. 2 des Ges.); mit dieser Bestimmung wollte verhütet werden, daß die Richter des Verwaltungsgerichtshofes zu der aktiven Verwaltung in ein Abhängigkeitsverhältnis geraten, welches auf ihre Amtsführung Einfluß äußern könnte; hienach ist die Uebernahme von ständigen Verwaltungsfunktionen, namentlich von solchen, mit welchen ein Gehalt oder eine regelmäßige Remuneration verbunden ist, nicht statthaft, jedoch die vorübergehende Mitwirkung zur Lösung einzelner Verwaltungsaufgaben z. B. die Abgabe von Gutachten über Gesetzgebungsfragen nicht ausgeschlossen. (Motive.) Die Ernennung zum Richter des Verwaltungsgerichtshofes ist bedingt durch den Nachweis der Befähigung zum Richteramte (Art. 3 des Ges.). Maßgebend sind also die Bestimmungen des § 2 ff. des Reichsger.Verf.Ges. und des § 22 des Einf.Ges. hiezu nebst dem bayerischen Staatsexamen. Der Präsident, der in seinen Präsidialgeschäften und Präsidialbefugnissen durch den älteren, bezw. jüngeren Direktor, event. den ältesten Rat vertreten wird, der Direktor, die Räte und die Staatsanwälte werden auf Vorschlag des Gesamtministeriums vom Könige ernannt. (§ 3 Vollz.Vorschr. v. 31. Aug. 1879.) So oft eine Ratsstelle — nicht die Stelle des Präsidenten oder eines Direktors oder Staatsanwaltes — zu besetzen ist, wird der Gerichtshof mit seinem Gutachten gehört (Art. 3 des Ges.), weil es dem Gerichtshofe aus dem vor ihn gebrachten Aktenmaterial möglich ist, die Fähigkeit und das positive Wissen eines Beamten zu erkennen. An dieses Gutachten ist jedoch die Staatsregierung nicht gebunden.

Auch den Richtern des Verwaltungsgerichtshofes kommt die Inamovibilität zu; sie können während einer Reichsverwesung nicht provisorisch angestellt werden, auf sie hat das Disziplinargesetz für richterliche Beamte vom 26. März 1881 Anwendung zu finden, sie behalten in Quiescenzfällen ihren Gesamtgehalt. Die dienstliche Aufsicht über den Verwaltungsgerichtshof und seine Mitglieder steht dem Ministerium des Innern in derselben Weise zu, wie dem Staatsministerium der Justiz die Aufsicht über das oberste Landesgericht und seine Mitglieder. (Art. 5 des Ges.) Der Begriff der dienstlichen Aufsicht umfaßt nicht bloß die eigentliche Disziplin, sondern bezeichnet überhaupt die Zugehörigkeit des Gerichtshofes zum Ressort des Staatsministeriums des Innern mit der Verpflichtung des letzteren, für die Instandsetzung und bauliche Unterhaltung der erforderlichen Lokalitäten, für die Beschaffung der sonstigen äußeren Bedürfnisse und Mittel, für die Aufstellung der Etats und Staatsbudget &c. Sorge zu tragen. (Kahr S. 31.)

Anmerk. Vgl. über den zu leistenden Diensteid § 16 Vollz.Vdg. v. 31. Aug. 1879, über die Ausübung der Dienstaufsicht § 14 eod., über die Amtskleidung § 8 eod., über die Qualifikation § 20, über die Urlaubserteilung § 21 eod. —

§ 18. Die Gerichtsschreiber (Protokollführer, Schriftführer).

Der Satz des Zivilprozesses, daß zum ordentlichen Gerichte auch Gerichtsschreiber (Protokollführer) gehören, gilt im allgemeinen für die Untergerichte nicht, wohl aber ist bei den Regierungssenaten und dem k. Verwaltungsgerichtshof die Zuziehung eines Protokollführers vorgeschrieben. Der k. Verwaltungsgerichtshof hat ein Sekretariat. (Art. 36, 38, 41 des Ges. § 11, 17, 25 Instr.)

Die Sekretäre des k. Verwaltungsgerichtshofes unterliegen den allgemeinen Bestimmungen über die Verhältnisse der ein Richteramt nicht bekleidenden pragmatischen Staatsdiener. (§ 5 Vollz.Vdg. v. 31. August 1879.) Über Titel und Gehalt ders. § 7 eod., über ihren Rang s. Min.=Bktmchg. vom 8. November 1882. G.= u. V.Bl. S. 568, über ihre Amtskleidung § 8 d. V.V. v. 31. Aug. 1879.

Den Sekretären am k. Verwaltungsgerichtshofe obliegt die Führung der Sitzungsprotokolle, die Besorgung des Expeditions= und Registraturdienstes, des Gebührenwesens, der Regie= und Kassenverwaltung, des Etats= und Rechnungswesens, die Leitung der Kanzleigeschäfte. § 11 eod.

Ueber das Diener= und Schreiberpersonal: § 12 eod.

Die dienstliche Aufsicht über die Sekretäre wird zunächst von dem Präsidenten geübt, in wichtigeren Angelegenheiten durch das Präsidium; im Uebrigen sind dieselben der dienstlichen Aufsicht des Staatsministeriums des Innern unterstellt. Ueber eidliche Verpflichtung und Qualifikation derselben s. § 17 ff. d. Vollz.Vdg. v. 31. August 1879.

Bei den Regierungssenaten ist zu jeder Sitzung ein beeidigter Schriftführer als Protokollführer beizuziehen; als solche können auch die bei der Kreisregierung zu ihrer Ausbildung beschäftigten Accessisten und Praktikanten verwendet werden. (§ 24 u. § 25 Vollz.Vorschr. v. 1. Sept. 1879.)

Bei den Unterbehörden ist die Anwesenheit eines Protokollführers in der Regel nicht erforderlich; nur zur Abnahme des Eides oder der Beteuerung an Eidesstatt, sowie zur Vernehmung von Zeugen und Sachverständigen, insoweit die letzteren ihr Gutachten nicht schriftlich abgeben, ist ein Protokollführer beizuziehen. (§ 9 u. 11 eod.)

§ 19. Die Gerichtsdiener (Gerichtsvollzieher und Boten).

Die Aufgabe der Gerichtsvollzieher ist die Ausführung der gerichtlichen Zwangsgewalt. Ihre Thätigkeit ist auf dem Gebiete des Verwaltungsprozesses eine sehr beschränkte; sie er=

streckt sich ausschließlich nur auf das Gebiet der Zwangsvollstreckung, denn zivilprozessuale Bestimmungen, welche in besonderen dem Zivilprozesse eigentümlichen Formen des Verfahrens wurzeln, (z. B. Zustellung durch Gerichtsvollzieher), sind auf das Gebiet der Verwaltung nicht übertragbar.

Gemäß Art. 46 des Ges. vom 8. August 1878 obliegt die Zwangsvollstreckung den Distriktsverwaltungsbehörden, welche sich hiebei sowohl ihrer eigenen Vollzugsorgane als auch der Gerichtsvollzieher bedienen können: ein allgemeiner Zwang, sich der letzteren im Vollstreckungsverfahren zu bedienen, besteht hienach nicht und bleibt deshalb deren Thätigkeit eine sehr minimale.

In Verwaltungsrechtssachen können aber die Parteien den Gerichtsvollzieher nicht beauftragen, sondern müssen ihre Anträge auf Vollstreckung an die Distriktsverwaltungsbehörden bringen.

Den Amtsdienern (Boten) obliegt die Zustellung amtlicher Dekrete am Sitze des Amtes, nach auswärts erfolgt Zustellung durch die Post, während die Boten das Posteinlieferungsbuch zu führen haben.

In Bezug auf ihre Stellung vgl. namentlich die §§ 9, 10, 12, 13 d. Vdg. v. 31. Aug. 1879 und Min.Entschl. v. 26. Febr. 1886, M.A.Bl. S. 55. Die Boten werden in der Regel der Reihe der Militäranwärter entnommen.

§ 20. Ausschließung und Ablehnung der Gerichtspersonen.

Es gilt als allgemeiner Grundsatz, daß alle zuständigen Richter zur Entscheidung eines Rechtsstreites gleichmäßig berechtigt sind, und daß die Beteiligten kein Recht auf bestimmte Richterpersonen haben.

Nichtsdestoweniger können Beamte, welche zur Mitwirkung bei der Handhabung der Verwaltungsrechtsprechung berufen sind, unter Umständen von der amtlichen Thätigkeit entweder kraft des Gesetzes ausgeschlossen sein oder durch den Ablehnungsantrag einer Partei ausgeschlossen werden.

Dieser Satz ist jedoch auf die Richterbeamten beschränkt, erstreckt sich also nicht auf die Staatsanwälte oder Protokollführer.

Gemäß Art. 18 des Ges. haben die in den §§ 41 ff. der Reichszivilprozeßordnung enthaltenen Bestimmungen über den Ausschluß und die Ablehnung eines Richters entsprechende Anwendung zu finden; besondere entgegenstehende gesetzliche Bestimmungen bleiben jedoch aufrecht z. B. Art. 103 d. Gemeindeordnung u. Art. 50 des Weidegesetzes v. 28. Mai 1852.

Hinsichtlich der Voraussetzungen des gesetzlichen Ausschlusses eines Richters bestimmt § 41 R.-Z.-P.-O. folgendes:

Ein Richter ist von der Ausübung des Richteramts kraft Gesetzes ausgeschlossen:

1. in Sachen, in welchen er selbst Partei ist, oder in Ansehung welcher er zu einer Partei in dem Verhältnisse eines Mitberechtigten, Mitverpflichteten oder Regreßpflichtigen steht;
2. in Sachen seiner Ehefrau, auch wenn die Ehe nicht mehr besteht;
3. in Sachen einer Person, mit welcher er in gerader Linie verwandt, verschwägert oder durch Adoption verbunden, in der Seitenlinie bis zum dritten Grade verwandt oder bis zum zweiten Grade verschwägert ist, auch wenn die Ehe, durch welche die Schwägerschaft begründet ist, nicht mehr besteht; der Grad der Verwandtschaft und Schwägerschaft ist nach den Regeln des bürgerlichen Rechts (Civilkomputation) zu berechnen;
4. in Sachen, in welchen er als Prozeßbevollmächtigter oder Beistand einer Partei bestellt oder als gesetzlicher Vertreter einer Partei aufzutreten berechtigt ist oder gewesen ist;
5. in Sachen, in welchen er als Zeuge oder Sachverständiger vernommen ist;
6. in Sachen, in welchen er in einer früheren Instanz oder im schiedsrichterlichen Verfahren bei der Erlassung der angefochtenen Entscheidung mitgewirkt hat, sofern es sich

nicht um die Thätigkeit eines beauftragten oder ersuchten Richters handelt.

Gemäß § 42 R.-Z.-P.-O. kann ein Richter auch dann abgelehnt werden, wenn ein Grund vorliegt, welcher geeignet ist, Mißtrauen gegen die Unparteilichkeit eines Richters zu rechtfertigen, wo also die Besorgnis der Befangenheit obwaltet; auch in diesem Falle kann der Richter von der Ausübung seines Amtes auf Antrag einer Partei ausgeschlossen sein, insolange dieselbe nicht etwa trotz Kenntnis des Ablehnungsrechts vor ihm sich in eine Verhandlung eingelassen hat; macht sie glaubhaft, daß der Ablehnungsgrund erst später entstanden oder erst nachträglich ihr bekannt geworden ist, so schadet ihr solches nicht und kann in solchem Falle auch einem nachträglichen Ablehnungsantrag Folge gegeben werden.

Wenn ein verwaltungsrechtlicher Bescheid wegen Mitwirkung eines Richters in Fällen, wo derselbe gesetzlich von der Mitwirkung ausgeschlossen ist, aufgehoben wird, so steht gegen den aufhebenden Beschluß dem ausgeschlossenen Richter kein Beschwerderecht zu (V.-G.-H.-E. Bd. III S. 371).

Ein Richter kann nicht deshalb abgelehnt werden, weil er in seiner früheren staatsanwaltschaftlichen Stellung beim Verwaltungsgerichtshofe bei der Verhandlung einer Sache gutachtliche Aeußerungen abgegeben hat. (Krais S. 418.)

Das Ablehnungsgesuch, welches übrigens jede Partei stellen kann, ist stets bei dem Verwaltungsgerichte anzubringen, welchem der abzulehnende Richter angehört und zwar unter Glaubhaftmachung des Ablehnungsgrundes; zu dieser Glaubhaftmachung können mit Ausnahme des Parteieneides alle Beweismittel benutzt, auch auf das Zeugnis des abzulehnenden Richters selbst Bezug genommen werden; letzterer hat sich ohnedies für alle Fälle dienstlich über den Ablehnungsgrund zu äußern.

Eine Beweisaufnahme, die nicht sofort erfolgen kann, ist unzulässig: es müssen also z. B. etwaige Urkunden gleichzeitig vorgelegt werden.

Dasjenige Gericht, bei welchem das Ablehnungsgesuch angebracht wurde, ist auch in der Regel zur Verbescheidung desselben berufen; über die Ablehnung bezirksamtlicher Nebenbeamten beschließt der Amtsvorstand, über jene von Magistratsmitgliedern (s. Art. 103 Gemd.-Ordg.) das Magistratskollegium, über die Ablehnung eines Mitgliedes der Regierung das Plenum der jeweiligen Kammer (des Innern oder der Finanzen), über jene eines Mitgliedes des Verwaltungsgerichtshofes das Plenum desselben.

Ablehnungsgesuche gegen Bezirksamtsvorstände werden, wenn der letztere nicht selbst das Gesuch für begründet hält, von der vorgesetzten Kreisregierung, Kammer des Innern, in ihrem Plenum verbeschieden.

(Vgl. § 42, 43, 44 R.-Z.-P.-O., Kahr S. 186, 189.)

Die den Kreisregierungen eingeräumte Befugnis über Ablehnungen zu erkennen tritt auch dann ein, wenn die Beschwerde von den Entscheidungen der Distriktsverwaltungsbehörde sofort an den Verwaltungsgerichtshof geht, weil die Gründe der Ablehnung eines Beamten mit der materiellen Entscheidung der Sache nichts zu thun haben und die Kreisregierungen im allgemeinen die vorgesetzte Stelle der Distriktsverwaltungsbehörden sind. (Ber. d. bes. Aussch. d. K. d. Abg.)

Oeffentlich mündliche Verhandlung ist in Richterablehnungssachen nicht vorgeschrieben. Die Regierungen und der Verwaltungsgerichtshof entscheiden in geheimer Sitzung. (Art. 18, 32, 33, 42 des Ges., § 46 R.-Z.-P.-O., Seydel Bd. II S. 429, Kahr S. 189).

Der Beschluß, welcher das Ablehnungsgesuch abweist, muß mit Entscheidungsgründen versehen sein, nicht aber jener, welcher dasselbe für begründet erklärt. Weder die antragstellende noch die gegnerische Partei noch der Abgelehnte haben ein Beschwerderecht, wenn das Gesuch für begründet erklärt wird. Dagegen sind die auf einen Ablehnungsantrag ergehenden abweislichen Beschlüsse der Unter- und Mittelinstanz Zwischenbescheide, gegen welche von den Beteiligten selbständig Beschwerde erhoben werden kann. Etwaige Beschwerden werden in dem für Verwaltungsrechtssachen vorgeschriebenen Instanzenzug entschieden, die Regierungen haben also auf jeden Fall Senatsentscheidung zu treffen, sie sowie der Verwaltungsgerichtshof entscheiden aber in geheimer Sitzung. (Art. 32 und 41 des Ges.)

Eine Eröffnung des Beschlusses (Zustellung desselben) findet nur an die an der Sache beteiligten Parteien statt, dem abgelehnten Richter braucht der Beschluß nicht einmal zugestellt zu werden. (Ber. d. bes. Aussch. d. K. d. Abg.)

Das für die Erledigung eines Ablehnungsgesuches zuständige Verwaltungsgericht hat auch dann zu entscheiden, wenn ein solches Gesuch nicht angebracht ist, ein Verwaltungsrichter aber von einem Verhältnisse Anzeige macht, welches seine Ablehnung rechtfertigen könnte oder wenn aus anderer Veranlassung Zweifel darüber entstehen, ob ein Richter kraft Gesetzes ausgeschlossen sei; § 48 R.-C.-P.-O.

Die Mitwirkung einer kraft des Gesetzes ausgeschlossenen Person bei einem verwaltungsrechtlichen Beschluß zählt zu den wesentlichen Mängeln des Verfahrens, welche ohne Rücksicht auf den Kausalzusammenhang, in welchem sie zu dem Urteil steht, als Gesetzesverletzung anzusehen ist; gleichwohl ist die höhere Instanz nicht unbedingt genötigt, einen solchen Beschluß, welcher unter Verletzung des Gesetzes erlassen wurde, aufzuheben, vielmehr ist nach Lage der Sache zu erwägen, ob innere Gründe vorliegen, aus welchen die Aufhebung des durch den Mangel betroffenen Verfahrens angezeigt erscheint, oder ob ungeachtet des Mangels ohne wirkliche Schädigung der prozessualen Rechte der Beteiligten sofort materiell entschieden werden kann. (V.-G.-H.-E. Bd. II S. 105.)

Ein gesetzlich ausgeschlossener oder abgelehnter Richter darf nur solche Handlungen vornehmen, welche ohne Gefahr auf Verzug nicht aufgeschoben werden können.

Durch Ausschließung oder Ablehnung wird möglicherweise das ganze Verwaltungsgericht beschlußunfähig; in solchem Falle hat die nächstvorgesetzte Verwaltungsstelle das Erforderliche zu verfügen, und zwar entweder die Regierung, oder das Staatsministerium des Innern, bezw. das Finanzministerium, weil es sich hier um einen Gegenstand der Dienstordnung, nicht der Entscheidung handelt. Dem Verwaltungsgerichtshofe steht eine solche Verfügung nicht zu.

Wird der Verwaltungsgerichtshof selbst beschlußunfähig, so werden zur Ergänzung desselben Mitglieder des obersten Landesgerichts beigezogen und zwar auf Anregung des Präsidenten des Verwaltungsgerichtshofes durch den Präsidenten des obersten Landesgerichts. (Art. 1 und 18 des Ges.)

Anm. Das Gesagte gilt entsprechend auch da, wenn Nebenbeamte eines Bezirksamtes bloß bei Vorbereitung der Entscheidung und bei der Sachinstruktion mitgewirkt haben.

2. Anwälte.

§ 21. Staatsanwälte.

Der Staat hat nicht bloß ein Interesse daran, daß das Gesetz im einzelnen Falle richtig angewendet wird, sondern auch daran, daß die Judikatur eine gleichmäßige, von Schwankungen und Widersprüchen freie ist. Letzteres Interesse kann aber nur durch einen bei dem Gerichte ständig thätigen, mit allen zur Verhandlung kommenden Sachen vertrauten Beamten, nicht durch einen vorübergehend Delegierten wahrgenommen werden (Motive). Es ist deshalb bei dem Verwaltungsgerichtshofe zur Vertretung der öffentlichen Interessen ein Staatsanwalt (Oberstaatsanwalt) mit der erforderlichen Zahl von Nebenbeamten aufgestellt; dieser kann von dem gerade beteiligten Staatsministerium Instruktionen erholen und erhalten, welche er zu befolgen verpflichtet ist. (Art. 4 des Ges.)

Der Staatsanwalt hat die Aufgabe, das öffentliche Interesse an einer richtigen und gleichmäßigen Rechtsprechung zu wahren, auf Durchführung eines geregelten Geschäftsganges hinzuwirken und insbesondere zur Klarstellung des Sachverhältnisses beizutragen; er ist in keinem Falle Vertreter einer Partei, auch nicht des Fiskus; wenn letzterer z. B. an einem Streite über die Umlagenpflicht des Ärars beteiligt ist, so kann die Finanzverwaltung ebenso wie jede andere Partei einen Vertreter der speziellen Interessen des Ärars aufstellen, dem Staatsanwalte aber kommt eine Wahrnehmung dieser Interessen nicht zu. Selbstverständliche Voraussetzung für die Ernennung zum Staatsanwalte ist die Redegewandtheit.

Unter den obenbezeichneten Ministerialinstruktionen sind nicht bloß allgemeine Anweisungen, sondern auch solche Verfügungen zu verstehen, welche die Behandlung einer einzelnen Sache betreffen. (Kahr S. 30.)

Die Nebenbeamten des Staatsanwalts handeln als seine Vertreter; sie sind, wenn sie für ihn auftreten, zu allen Amtsverrichtungen desselben ohne den Nachweis eines besonderen Auftrages berechtigt; sie haben den Weisungen des ersten Staatsanwalts zu entsprechen. Ein Wechsel in der Person des Staatsanwalts bei Verhandlungen in einer und derselben Sache ist zwar nicht ausgeschlossen, soll aber thunlichst vermieden werden. (§ 38 Instr.)

Die Ernennung der Staatsanwälte erfolgt auf Vorschlag des Gesamtministeriums durch den König; sie stehen unter der dienstlichen Aufsicht des Staatsministeriums des Innern. (Art. 5 des Ges.)

Dem Präsidenten des Verwaltungsgerichtshofes kommt keinerlei dienstliche Aufsicht über die Staatsanwälte zu (§ 14 Vollz.-Vdg. v. 31. Aug. 1879); sie unterliegen den allgemeinen Bestimmungen über die Verhältnisse der ein Richteramt nicht bekleidenden pragmatischen Staatsdiener; der Staatsanwalt am k. Verwaltungsgerichtshofe führt den Titel „Oberstaatsanwalt“, seine Nebenbeamten den Titel II., III. ꝛc. Staatsanwalt.

(Vgl. die §§ 5, 6, 8, 14, 22 d. Vollz.-Vorschr. vom 31. August 1879.) Über die Dienstkleidung s. § 8 eod., über den Rang: Min.-Bektmchg. v. 8. Nov. 1882, G.- u. V.Bl. S. 568.

Nach Art. 211 des Gebührengesetzes hat den Sitzungen der Senate der Regierungsfinanzkammern ein Vertreter des Ärars als Staatsanwalt beizuwohnen, welcher vor der Beschlußfassung mit seinen Erinnerungen und Anträgen zu hören ist; hiedurch soll dem Erfordernis einer einheitlichen Gesetzesanwendung und gleichmäßigen Besteuerung in den verschiedenen Landesteilen Rechnung getragen werden. Eine gleiche Bestimmung trifft Art. 37 des Erbschaftssteuergesetzes.

Über die Rechte und Pflichten der Staatsanwälte im Einzelnen siehe später die einschlägigen Paragraphen über das Verfahren vor den einzelnen Verwaltungsgerichten.

§ 22. Rechtsanwälte.

Die Beteiligten können den Prozeß allein, unter Verbeistandung und durch Prozeßbevollmächtigte führen. Art. 19 des Gesetzes lautet hiebei:

Den Beteiligten und ihren gesetzlichen Stellvertretern ist gestattet, sich bei den Verhandlungen durch Bevollmächtigte vertreten zu lassen.

Das Gesetz über den Verwaltungsgerichtshof kennt also weder den Anwaltszwang, noch die sogenannte Lokalisierung der anwaltschaftlichen Vertretung, hat aber in Art. 19 Abs. 4 der Staatsregierung es vorbehalten, die Befugnisse zur Übernahme einer Vertretung zu regeln und hiebei vor den verschiedenen Instanzen unterschiedlich zu verfahren.

Eine Regelung der Vertretung durch Anwälte hat § 45 Instr. getroffen:

Als Vertreter oder Beistand der Beteiligten bei den Verhandlungen des Kompetenzsenates des Verwaltungsgerichtshofes (Art. 29 Ziff. 3 und 4 des Gesetzes vom 18. August 1879, die Entscheidung der Kompetenzkonflikt rc. betr.) sind nur Rechtsanwälte sowie der k. Fiskus zugelassen.

Der Art. 29 l. c. trat an Stelle des Art. 50 des Gesetzes über den Verwaltungsgerichtshof und ergänzt die hier getroffene Bestimmung.

Da kein Anwaltszwang besteht und auch die anwaltschaftliche Vertretung nicht lokalisiert ist, so besteht vollkommen freie Wahl unter den Anwälten; jeder Anwalt kann vor jedem Verwaltungsgericht thätig werden. Es folgt aber hieraus auch, daß es eine Beigabe von sogenannten Armenanwälten nicht gibt.

Weiterhin bestimmt § 4 Instr., daß zu Bevollmächtigten und Beiständen nur prozeßfähige Personen (§ 50 R.-C.-P.-O.) bestellt werden können. Das Übrige s. später in meiner Abhandlung über die Bevollmächtigten: § 29.

Ueber die Zulassung zur Rechtsanwaltschaft entscheidet die Rechtsanwaltsordnung vom $\frac{\text{1. Juli 1878.}}{\text{1. Oktober 1879.}}$

Die in einzelnen Gesetzen vorgesehene Zulassung von Rechtsanwälten bleibt aufrecht erhalten (z. B. Uferschutzgesetz vom 28. Mai 1852).

Jeder Rechtsanwalt hat seine Bevollmächtigung durch eine schriftliche, auch protokollarische Vollmacht nachzuweisen und diese zu den Akten zu bringen. Privaturkunden müssen durch öffentliche Behörden beglaubigt sein (notarielle Beglaubigung ist nicht vorgeschrieben, es genügt die Beglaubigung durch die Gemeindebehörde).

Hinsichtlich der Vertretungskosten s. später unter „Kosten".

Art. 254 des revid. Geb.-Ges. bestimmt: In allen Fällen, in welchen für die Partei ein Rechtsanwalt handelt, ist für die Entrichtung der Gebühren- und Auslagen-Vorschüsse nicht der Anwalt, sondern die von ihm vertretene Partei verpflichtet, wenn nicht der Anwalt die Zahlung ausdrücklich für die Partei übernommen hat. — Diese Vergünstigung erstreckt sich jedoch nicht auf andere Bevollmächtigte.

Die Gebühren der Rechtsanwälte bestimmen sich nach der Advokatengebührenordnung vom 15. Dezember 1852 (Reg.-Bl. S. 1231) und nach der k. Vdg. v. 23. Dezember 1875, die Advok.-Geb.-Ordg. f. d. Landesteile diesseits des Rheines betr. (G.- u. V.Bl. S. 865).

Für die Rheinpfalz besteht für Gegenstände des Gesetzes vom 8. August 1878 keine Rechtsanwaltgebührenordnung.

§ 23.

C. Der Gerichtsdienst.

Die Gerichtsthätigkeit hat unter Beobachtung der gesetzlichen Vorschriften über die Besetzung, den Ort, die Zeit und die Sprache der Gerichte alle Geschäfte in gehöriger Reihenfolge zu erledigen.

1. Die Besetzung der Gerichte.

a) Die Bezirksämter behalten auch für die Behandlung der Verwaltungsrechtssachen ihre bureaukratische Verfassung; wenn auch die Behandlung der Geschäfte vielfach durch einen Nebenbeamten erfolgt, so geschieht dies doch nach Anweisung und unter Verantwortlichkeit des Amtsvorstandes.

b) Die unmittelbaren Magistrate entscheiden auch als Distriktsverwaltungsbehörden in Sitzungen über alle zur kollegialen Beratung geeigneten Gegenstände (Art. 102 d. Gem.-Ordg. diesſ. d. Rh.). Wo der Magistrat im Gesetze als beschlußfassende Behörde bezeichnet ist, hat in der Regel kollegiale Beratung einzutreten. Maßgebend sind die Art. 102 ff. der Gem.-Ordg.

Die für die Beschlußfassung erforderlichen vorbereitenden Verhandlungen sind, soweit thunlich, durch ein rechtskundiges Mitglied zu pflegen, ebenso hat bei der Beschlußfassung ein rechtskundiges Magistratsmitglied Vortrag zu erstatten.

Gemäß Art. 102 Gem.-Ordg. sind alle der Zustimmung der Gemeindebevollmächtigten, der Bürgerschaft oder der Staatsaufsichtsbehörde unterliegenden Beschlüsse in Plenarsitzungen zu fassen. Zur Erledigung anderer Angelegenheiten können in Städten von 10000 Seelen und darüber Senate gebildet werden, deren Besetzung durch Plenarbeschluß erfolgt. Zur Gültigkeit eines solchen Senatsbeschlusses ist erforderlich, daß alle im Gemeindebezirke anwesenden Senatsmitglieder, soferne die Sitzungstage nicht vorausbestimmt sind, besonders eingeladen wurden, daß mindestens fünf Mitglieder an der Beratung und Abstimmung teilgenommen haben und daß die Mehrheit der Abstimmenden sich für dieselbe Meinung ausgesprochen hat; Art. 102 Abs. 4 der Gem.-Ordg. Aus dieser Bestimmung folgt, daß hier Senate mit mindestens 5 Mitgliedern vorgesehen sind.

Zur Bildung von Senaten ist die Zustimmung der Gemeindebevollmächtigen vorausgesetzt (Art. 107 Abs. 1 der Gem.-Ordg.).

Vorstehende Bestimmungen haben durch Art. 30 des Ges. v. 8. August 1878 insoferne eine Erweiterung erfahren, als in Verwaltungsrechtssachen, also nicht in Angelegenheiten des Art. 10, die Beschlußfassung durch Senate, welche aus mindestens 5 Mitgliedern einschließlich des Vorsitzenden bestehen, auch in solchen unmittelbaren Städten erfolgen kann, welche weniger als 10000 Seelen haben. Die Verhandlungen der Senate sind öffentlich.

Im übrigen bleiben die Art. 101—107 der Gemeinde-Ordnung unberührt. Über die Berechnung der Seelenzahl siehe Art. 203 daselbst. Auch die Art der Zusammensetzung der Senate hat sich nach der Gemeinde-Ordnung zu richten.

c) Die Kreisregierungen beider Kammern entscheiden in Senaten, welche einschließlich des Vorsitzenden aus drei Mitgliedern bestehen. Rechtlich sind dieselben keine selbstständigen Stellen; sie haben also auch im Namen der Kreisregierung zu beschließen, unter deren Fertigung insbesondere auch ihre Entscheidungen ergehen. Die Senatsbildung erfolgt im Benehmen mit dem Regierungsdirektor durch den Regierungspräsidenten, der zu gleicher Zeit auch die ständigen Mitglieder des oder der Senate, sowie ihre Stellvertreter bestimmt, wobei er darauf Bedacht zu nehmen hat, daß je nach dem Gegenstande der Verhandlung der durch die allgemeine Geschäftsordnung bezeichnete Sachreferent dem betreffenden Senate angehört.

Ist die Bildung mehrerer Senate veranlaßt, so ist deren Geschäftskreis in der Regel nach dem Betreffe der Gegenstände auszuscheiden; ausnahmsweise kann bezüglich einzelner Gattungen von Streitsachen die Verteilung nach Verwaltungsbezirken erfolgen.

Bei Bezeichnung der Senatsvorstände und ihrer Stellvertreter entscheidet zunächst der Rang, eventuell das Dienstalter, subeventuell das Lebensalter. Die Bestellung der Referenten für die einzelnen Gegenstände erfolgt durch den Senatsvorstand, der auch sich selbst als Referenten bezeichnen kann. Am zweckmäßigsten geschieht die Senatsbildung in der Weise, daß als drittes Senatsmitglied der jeweilige Sachreferent einzutreten hat. (§ 12 Instr.) Bei Verhandlungen von längerer Dauer kann der Senatsvorstand bei der Regierung durch Vermittelung des Präsidenten Ergänzungsrichter zuziehen, welche der Verhandlung beizuwohnen und im Falle der Verhinderung eines Richters für denselben einzutreten haben. (Art. 37 u. 41 des Ges. u. § 194 R.-Ger.-Verf.-Ges.) Gleiches gilt vor dem Verwaltungsgerichtshofe.

d. Der Verwaltungsgerichtshof entscheidet in Senaten von fünf Mitgliedern einschließlich des Vorsitzenden. Die Bildung der Senate und die Aufstellung der regelmäßigen Stellvertreter der Senatsmitglieder geschieht nach Maßgabe des Art. 6 des Ges. durch den Präsidenten unter Zuziehung der Direktoren und des ältesten Rates (Präsidium) alljährlich vor Beginn eines neuen Kalenderjahres auf die Dauer desselben. (Art. 6 des Gesetzes, § 30 Instr.) Zweck vorstehender Bestimmung ist die Verhütung etwaiger willkürlicher oder tendenziöser Zusammensetzung des Gerichts und darum Verlust des Vertrauens seitens der Rechtsuchenden.

Durch einen Wechsel im Personal des Verwaltungsgerichtshofes und durch länger andauernde Verhinderung einzelner Mitglieder kann sich die Notwendigkeit einer Änderung der Senatseinteilung ergeben: ist eine solche veranlaßt, so erfolgt die Senatsbildung wie die sonst regelmäßige. Wenn ferner eine vor Schluß des Jahres gepflogene Verhandlung vertagt wurde und der neuerliche

Verhandlungstermin erst im folgenden Jahre stattfindet, so bleibt für diesen Fall dieselbe Besetzung des Gerichtshofes, da nach dem Grundsatze über die Mündlichkeit des Verfahrens keine neuen Richter eintreten dürfen, indem entgegengesetzten Falles die Verhandlung so gepflogen werden müßte, als ob noch kein Termin stattgefunden hätte; hienach kann sich die Senatsbildung auch über die Dauer eines Jahres hinaus erstrecken.

Mit der Senatsbildung bestimmt das Präsidium zugleich die Senatsvorstände und ihre Stellvertreter, wobei der Rang, bei gleichem Rang das Dienstalter, eventuell das Lebensalter entscheidet. (§ 30 Instr.)

Jedes Mitglied des Gerichtshofes kann mehreren Senaten angehören; der Direktor kann dem Senate, dessen Vorstand der Präsident ist, als Mitglied zugeteilt werden. Im Falle der Verhinderung des regelmäßigen Vertreters eines Mitgliedes wird ein zeitweiliger Vertreter aus den Mitgliedern des Gerichtshofes durch den Präsidenten bestellt. Ist die genügende Anzahl von Mitgliedern nicht mehr vorhanden, so können zur Ergänzung auf Anregung des Präsidenten des Verwaltungsgerichtshofes durch den Präsidenten des obersten Landesgerichts Mitglieder des letzteren Gerichts abgeordnet werden. (Art. 1 und 6 des Ges., § 32 Instr.) Die Präsidenten beider höchster Gerichtshöfe haben ihren dienstlich vorgesetzten Ministerien hievon jedesmal Anzeige zu erstatten. Gleichzeitig mit der Bildung der Senate verteilt das Präsidium die Geschäfte unter die Senate, unbeschadet der etwa im Laufe des Jahres infolge von Geschäftsüberbürdung oder aus anderen Ursachen notwendig werdenden Änderungen. Die Verteilung der Geschäfte erfolgt in der Regel nach Gattungen, ausnahmsweise nach Verwaltungsbezirken hinsichtlich einzelner Gattungen von Streitsachen.

Die Bestellung der Referenten für die einzelnen Sachen aus der Mitte der einem Senate angehörigen Mitglieder geschieht durch den jeweiligen Senatsvorstand, welcher auch sich selbst als Referenten bezeichnen kann. (§ 31 Instr.)

In gewissen Fällen entscheidet der Verwaltungsgerichtshof im Plenum. Der eine Fall ist behandelt in Art. 43: Will ein Senat in einer Rechtsfrage von einer früheren Entscheidung des Verwaltungsgerichtshofes (d. i. des Plenums desselben) oder eines Senates desselben abweichen, so hat er die Verhandlung und Entscheidung der Sache vor das Plenum zu verweisen.

Eine Plenarentscheidung ist also veranlaßt, wenn ein Senat von einer früheren Plenarentscheidung oder wenn er von der Entscheidung desselben Senates oder von jener eines anderen Senates abweichen will; ebenso verhält es sich, wenn, was kaum vorkommen wird, einige sich widerstreitende Senatsentscheidungen vorausgegangen sind: denn mindestens von einer der widersprechenden Senatsentscheidungen wird Anlaß gegeben sein abzuweichen.

Die Plenarentscheidungen bilden, wie sich aus dem Gesetze selbst ergibt, kein bindendes Präjudiz für alle Zukunft. Eine Nichtigkeit kann aus der Unterlassung der Bescheidung einer Sache im Plenum nicht abgeleitet werden; die Parteien haben hierauf keinen Anspruch, es ist dies vielmehr der Gewissenhaftigkeit des Gerichtshofes überlassen.

Plenarentscheidungen werden ferner erlassen, wenn es sich um die Ablehnung eines Mitgliedes des Verwaltungsgerichtshofes handelt. (Art. 18 des Ges., § 29 Instr.)

Zur Fassung einer Plenarentscheidung ist die Teilnahme von mindestens zwei Dritteilen aller, also auch der abwesenden und kranken Mitglieder des Gerichtshofes erforderlich. Alle nicht gesetzlich verhinderten Mitglieder sind zur Teilnahme und Abstimmung verpflichtet; bei Stimmengleichheit gibt die Stimme des Vorsitzenden, der sich in jedem Falle an der Abstimmung zu beteiligen hat, den Ausschlag. (Art. 44 des Ges.)

Anm. 1. Art. 43 des Gesetzes zu vergleichen mit § 137 des R.-Ger.-Verf.-Ges. (Plenarerkenntnisse des Reichsgerichts betr.)

Anm. 2. Vgl. bayer. Ges. v. 17. November 1837, die Verhütung ungleichförmiger Erkenntnisse bei dem obersten Gerichtshofe betr.

Anm. 3. Gemäß Art. 3 u. 16 des Ges. ist das Plenum auch mit gutachtlicher Aeußerung bei Besetzung der Ratsstellen und bei Erlaß ministerieller Vollzugsvorschriften über das verwaltungsgerichtliche Verfahren zu hören. Aehnlich wie hinsichtlich der Justizverwaltungsangelegenheiten.

2. Gerichtsort.

Jedem Verwaltungsgericht ist ein Gerichtsbezirk zu seiner Thätigkeit angewiesen; dies hat zur Folge, daß es auch eines bestimmten Lokales, von wo aus seine Thätigkeit sich zu entfalten hat, bedarf: einer Gerichtsstätte.

Ausnahmsweise jedoch können Termine auch außerhalb der Gerichtsstelle abgehalten werden und es empfiehlt sich häufig für die Unterbehörden, um Zeit und Kosten zu ersparen, Vorerhebungen, Beweisaufnahmen, mündliche Verhandlungen mit Beteiligten etwa gelegentlich auswärtiger Amtstage abzuhalten; Augenscheins-Einnahmen werden ohnedies in der Regel an Ort und Stelle des einzusehenden Objekts abgehalten werden müssen. (Art. 27, 30 des Ges.)

Wo die Kreisregierungen, Kammern des Innern, zu entscheiden haben, müssen die erforderlichen Vorerhebungen durch die damit zu beauftragenden Distriktsverwaltungsbehörden gepflogen werden, soferne nicht durch besondere Gesetze etwas anders bestimmt ist, gleichgültig, ob die Regierungen in erster oder zweiter Instanz entscheiden. (Vgl. Art. 23 letzter Absatz des Gesetzes vom 28. Mai 1852 über die Bewässerungs- und Entwässerungsunternehmungen ꝛc.) Art. 31.

Gemäß Art. 40 des Gesetzes findet vor dem Verwaltungsgerichtshof eine Beweisaufnahme überhaupt nicht statt, etwaige Ergänzungen des Beweismateriales sind den Vorinstanzen, also namentlich wieder den Distriktsverwaltungsbehörden zu übertragen; hieraus folgt, daß eine Thätigkeit des genannten Gerichtshofes außerhalb der Gerichtsstätte überhaupt nicht veranlaßt ist.

3. Gerichtszeit.

Die Bestimmungen, daß zur Nachtzeit, an Sonn- und Feiertagen keine Zustellungen und Vollstreckungshandlungen und außer Fällen dringender Not auch keine Termine abgehalten werden dürfen, sind entsprechend auch für das Verfahren in Verwaltungsrechtssachen anwendbar.

Der Begriff „Gerichtsferien“ im Sinne der Civilprozeßordnung ist dem Gesetze über den Verwaltungsgerichtshof fremd, obwohl es nicht ausgeschlossen ist, daß auch dieser Ferien nimmt bezw. erhält. Die Anwendbarkeit der Bestimmungen über Fristenlauf, Feriensachen ist deshalb auch im Verwaltungsrechtsverfahren selbstverständlich ausgeschlossen.

4. Gerichtssprache.

Wie im Civilprozesse ist auch hier die Gerichtssprache die deutsche.

II. Buch.

Das Gerichtsverfahren.

I. Abschnitt: Grundsätze des Verfahrens.

§ 24.

1. Mündlichkeit des Verfahrens.

Nach dem Reichscivilprozeßrecht ist der frühere gemeinrechtliche Grundsatz der schriftlichen Aktenmäßigkeit (quod non est in actis, non est in mundo) dahin umgestaltet worden, daß vor jeder Entscheidung die Parteien in der Sitzung der erkennenden Gerichte gehört werden müssen, daß dabei der Streitstoff unmittelbar vorgeführt und dem Urteile nur jene Anträge, Erklärungen, Thatsachen und Beweise zu Grunde gelegt werden dürfen, welche in der mündlichen Verhandlung vorgebracht sind.

Die Grundsätze der Mündlichkeit des Verfahrens sind jedoch im Hinblick auf die besondere Art der in dem Verfahren über Verwaltungsrechtssachen zu erledigenden Sachen nicht mit jener Ausschließlichkeit wie in dem Civilprozesse durchgeführt; im Verwaltungsrechtsprozesse findet ja auch öfter eine Art vorbereitendes Verfahren durch Schriftenwechsel statt; auch die in letzterem Verfahren abgegebenen Erklärungen und Beweismittel müssen berücksichtigt werden, und zwar ebenso, wie wenn sie in der mündlichen Verhandlung aufgenommen worden wären. Außerdem findet abweichend von dem Civilprozesse eine Vorprüfung der Beschwerde statt: diese kann ohne weiteres Verfahren abgewiesen werden, wenn die Frist zur Einlegung derselben versäumt worden ist. Endlich findet — von Ausnahmefällen wieder abgesehen — obligatorische öffentlich-mündliche

Verhandlung nur vor den Senaten der Regierungen und des Verwaltungsgerichtshofes und in des letzteren Plenarverhandlungen statt, während vor den Unterbehörden dieselbe obligatorisch nur unter gewissen Voraussetzungen einzutreten hat, nämlich nur dann, wenn entweder besondere Gesetze solche vorschreiben (z. B. Art. 74 des Wasserbenutzungsgesetzes, Art. 13 des Ges. über die Zwangsabtretung, Art. 31 des Bewäss.- u. Entwäss.-Ges., Art. 62 des Weidegeſ.) oder mehrere Prozeßparteien vorhanden sind und übereinstimmend einen derartigen Antrag stellen. Wo nur eine Partei vorhanden ist, hat dieselbe keinen Anspruch auf eine mündliche Verhandlung vor den Unterbehörden; wo mehrere Beteiligte vorhanden sind, begründet der Antrag eines oder einzelner Beteiligten noch nicht die Notwendigkeit einer Schlußverhandlung, soferne solche nicht aus einem anderen Grunde einzutreten hat, unbeschadet jedoch der Befugnis der Behörde, gleichwohl eine mündliche Verhandlung anzuordnen. Vor den Verwaltungsbehörden erster Instanz ist auch über zweifelhaftes Beweismaterial oder wenn zur Klarstellung der Sache ein Augenschein notwendig ist, mit den Beteiligten eine mündliche Verhandlung ohne Zulassung von Schriftenwechsel zu pflegen. Zu dieser Verhandlung sind die Beteiligten oder ihre Bevollmächtigten vorbehaltlich des Rechts der Behörden unter Umständen das persönliche Erscheinen der Beteiligten anzuordnen und unbeschadet der in einzelnen Gesetzen (z. B. den sogenannten Wassergesetzen) vorgeschriebenen besonderen Rechtsnachteile mit dem Eröffnen von Amtswegen zu laden, daß im Falle ihres Nichterscheinens nach Lage der Sache erkannt werden würde. (Art. 27 des Ges.)

Aufgabe dieser mündlichen Verhandlung ist sodann, die streitige Sache sowohl was den Thatbestand als was die rechtlichen Beziehungen anlangt, vollkommen klar zu legen und dabei den Beteiligten Gelegenheit zu geben, sich hierüber auf dem kürzesten Wege gegenseitig auszusprechen; (Kahr S. 217); den Beteiligten ist jedoch hiebei nicht gestattet, schriftliche Rezesse oder Ausführungen einzureichen oder zu Protokoll einzulegen oder zu diktieren. Es ist praktisch, dieser mündlichen Verhandlung Erhebungen im Sinne des Art. 27 Abs. 1 des Ges. vorausgehen zu lassen und die mündliche Verhandlung als Schlußverhandlung folgen zu lassen.

Das wesentliche Ergebnis der mündlichen Verhandlung ist von dem leitenden Beamten zu Protokoll zu nehmen, letzteres von den Beteiligten seinem Inhalte nach anerkennen und daher thunlichst unterschreiben zu lassen; hiebei ist auszuscheiden, was von den Beteiligten als feststehend anerkannt wird und was sie bestreiten, unter Angabe von Gründen und Beweismitteln. (Art. 29 des Ges., § 9 Instr., s. m. Ausf. weiter unten unter „Protokolle".)

Die Außerachtlassung der bezeichneten Vorschriften bedingt noch keineswegs die Nichtigkeit des Verfahrens; da im Unterlassungsfalle jedoch möglicherweise die Sachinstruktion mangelhaft wird, so kann das Verfahren und die Entscheidung der Unterbehörde auf erhobene Beschwerde von einer der höheren Instanzen aufgehoben werden; die Aufhebung des Verfahrens wird jedoch da nicht angezeigt sein, wo die Sachinstruktion durch nachträgliche Beweiserhebung auf einfachem Wege ergänzt werden kann, ist aber da am Platze, wo durch endgiltige Sachwürdigung den Beteiligten eine Instanz entzogen wurde. Eine etwaige Nichtigkeit des Verfahrens ist auch von Amtswegen auszusprechen.

Besondere Formen sind für die Einvernahme der Beteiligten durch die Distriktverwaltungsbehörden nicht vorgeschrieben; letztere sind auch nicht gehindert, da eine mündliche Verhandlung anzuberaumen, wo kein Antrag vorliegt, und wo die mündliche Verhandlung nicht gesetzlich geboten ist, namentlich wenn dies zur Klärung der Sache oder zur Vereinfachung des Verfahrens oder auch zur gütlichen Beilegung des Streites dienlich erscheint. (Art. 27 des Ges. § 8 Instr.)

Die Distriktsverwaltungsbehörden sind nicht unbedingt genötigt, die Verhandlungen am Amtssitze vorzunehmen, sondern es ist ihnen anheimgegeben, die Gegenüberstellung der Parteien in der für diese am wenigsten lästigen Weise zu bethätigen (Motive), insbesondere kann solches behufs Kostenersparung am

Wohnorte der Parteien selbst geschehen. Bei notwendiger Augenscheinseinnahme soll mit dieser die Sachverhandlung verbunden werden. Vor den Regierungssenaten und dem Verwaltungsgerichtshofe ist die mündliche Verhandlung grundsätzlich vorgeschrieben; Ausnahmen sind im Gesetze genau fixiert; wo nicht spezielle Ausnahmen gemacht sind (s. hierüber den folgenden Paragraphen), da hat die Mündlichkeit bei Meidung der Nichtigkeit und Aufhebung des Verfahrens der Senate auf erhobene Beschwerde hin einzutreten. Es ist jedoch an dieser Stelle besonders zu betonen, daß öffentlich mündliche Verhandlung der Regierungssenate nur in Verwaltungsrechtssachen d. i. in den im Art. 8 bezeichneten Angelegenheiten einzutreten hat. Man begegnet häufig Beschwerden, in welchen Nichtigkeit des Verfahrens deshalb behauptet wird, weil eine Regierung in Angelegenheiten des Art. 10 im Bureauwege entschieden habe, obwohl doch das Verfahren in sämtlichen im Gesetze vom 8. August 1878 bezeichneten Fällen ein öffentlich-mündliches Verfahren kenne. Diese selbst von Juristen als Beschwerdeführer vertretene Anschauung beruht auf Unkenntnis des Begriffes der Verwaltungsrechtssachen, wonach als solche nur die Fälle, die oben bezeichnet wurden, zu erachten sind, während die in Art. 10 aufgeführten Angelegenheiten erst dann zum Verwaltungsrechtsverfahren und zwar nur vor dem Verwaltungsgerichtshofe gelangen, wenn die Entscheidung desselben gegen Beschlüsse der im Eingang des Art. 10 bezeichneten Stellen provoziert wird.

Im allgemeinen hat die Mündlichkeit des Verfahrens nur die Bedeutung, daß die Parteien erscheinen können und dann gehört werden müssen, nicht aber die, daß sie erscheinen müssen. Die analoge Anwendbarkeit der Reichscivilprozeßordnung hinsichtlich des Versäumnisverfahrens (§ 295 ff.) ist ausgeschlossen. Bleibt die eine oder andere Partei im Termine aus, so wird nach Lage der Sache, nach dem Stande der Akten entschieden.

Gemäß Art. 19 Abs. 2 des Gesetzes sind jedoch die Behörden, denen die Entscheidung des Streites obliegt (V.-G.-H.-E. Bd. VII S. 51), befugt, das persönliche Erscheinen der Beteiligten zum

Zwecke der Feststellung des Sachverhaltes anzuordnen, wenn dasselbe nach Lage der Sache als notwendig erscheint, selbst in dem Falle, daß die Partei ordnungsmäßig einen Bevollmächtigten aufgestellt hatte. Gleichwohl können die Beteiligten einen Beistand mitbringen; nur wenn der letztere anstatt der Partei, diese selbst aber nicht erscheint, ist er zurückzuweisen.

Der Verwaltungsgerichtshof wird selten in die Lage kommen, das persönliche Erscheinen der Parteien anzuordnen, da er sich mit der unmittelbaren Erhebung des Sachverhalts nicht zu befassen hat; immerhin kann es vorkommen, daß es ihm wünschenswert erscheint, über einen dunklen Punkt des Sachverhaltes die Parteien selbst zu hören. Ein Rechtsnachteil, welcher auf das Nichterscheinen trotz Anordnung des persönlichen Erscheinens gesetzt wäre, ist im Gesetze selbst nicht angedroht; hienach bleibt es dem Ermessen der Behörde anheimgestellt, mit welchen Mitteln erforderlichen Falles diese Verpflichtung der Parteien zu verwirklichen ist. Liegt der Weiterbetrieb der Sache im öffentlichen Interesse, so kann sich die Verwaltungsbehörde der ihr im allgemeinen zustehenden Zwangsmittel, also der Realcitation (Vorführung durch Gendarmerie) und der Ordnungsstrafen bedienen. (Vgl. Krais, Handbuch der inneren Verwaltung, 3. Aufl. S. 89.) Liegt der Fortgang des Verfahrens nur im Interesse des Vorzuladenden, so erfolgt die Vorladung unter Androhung des Rechtsnachteils, daß die weitere Instruktion die Sache von dem persönlichen Erscheinen des Geladenen abhängig gemacht und bei Ausbleiben das Verfahren als beruhend erklärt werde; hält im letzteren Falle die Behörde eine kontradiktorische Verhandlung für unentbehrlich, so kann der Rechtsnachteil angedroht und nachmals auch ausgesprochen werden, daß dem Ausbleibenden die durch den vereitelten Termin entstandenen Kosten überbürdet werden.

§ 25.

2. Öffentlichkeit des Verfahrens.

Der Grundsatz der Öffentlichkeit des Verfahrens erstreckt sich im Allgemeinen nur auf die Verhandlung, nicht auch auf die Beratung und Abstimmung in Angelegenheiten des Art. 8 des Gesetzes. Vorgeschrieben ist die Öffentlichkeit für das Verfahren vor den Kollegialgerichten, zugelassen ist sie bei den Bezirksämtern.

Bezüglich der unmittelbaren Magistrate als Distriktsverwaltungsbehörden gilt der Art. 105 der Gemeindeordnung, wonach alle Plenar- und Senatssitzungen des Magistrats grundsätzlich öffentlich sind: öffentlich kann jedoch eine solche Sitzung nur dann genannt werden, wenn Tag und Stunde derselben sowie die Beratungsgegenstände vorher öffentlich bekannt gegeben waren. (V.-G.-H.-E. Bd. I S. 372.) Was die Bezirksämter anlangt, so liegt es im Ermessen des betreffenden Beamten, bei den mündlichen Verhandlungen die Öffentlichkeit zuzulassen (vgl. den vorausg. §), soferne die Wahrung der Sittlichkeit oder des öffentlichen Wohles nicht entgegensteht (Art. 28 des Ges.). Aus der Ausschließung der Öffentlichkeit kann deshalb auch kein Nichtigkeitsgrund abgeleitet werden.

Während im Civilprozesse die Verletzung der Vorschriften über die Oeffentlichkeit des Verfahrens keine Nichtigkeitsklage begründet, sondern nur das Rechtsmittel der Revision zulässig macht, bildet bei den Verwaltungsgerichten die Unterlassung einer öffentlich-mündlichen Verhandlung, wo solche vorgeschrieben ist, eine unheilbare Nichtigkeit; auf erhobene Beschwerde ist der fragliche Beschluß außer Wirksamkeit zu setzen und die Vorinstanz anzuweisen, die Beschwerde im ordnungsmäßigen Verfahren zu behandeln. (Eod. Bd. IV S. 88.) Beschränkungen der Oeffentlichkeit sind vorgesehen in folgenden Fällen:

1) Vorbehaltlich besonderer gesetzlicher Vorschriften kann die Oeffentlichkeit der Verhandlung durch Beschluß des Senates aus Rücksichten auf das öffentliche Wohl oder die Sittlichkeit beschränkt werden. Dies gilt gemäß Art. 34 für die Regierungssenate, und gemäß Art. 41 des Ges. für den Verwaltungsgerichtshof. Unter den hier ausgesprochenen gesetzlichen Vorbehalt fällt § 21 Ziffer 2 und 3 der Reichsgewerbeordnung: in der Regel bildet die kollegiale Behörde die zweite Instanz: diese muß

ihre Entscheidung in öffentlicher Sitzung erteilen; die Oeffentlichkeit der Sitzungen kann unter entsprechender Anwendung der §§ 173 bis 176 Reichsgerichtsverf.-Ges. ausgeschlossen oder beschränkt werden. Was die Gewerbeordnung anlangt, so hat dieselbe offenbar die Oeffentlichkeit des Verfahrens ausschließend geregelt, und ist deshalb mit Kahr S. 230 anzunehmen, daß § 21 cod. unter den Vorbehalt des Art. 34 des Ges. fällt. Dagegen Seydel Bd. II S. 487, welcher überhaupt annimmt, dieser Vorbehalt sei gegenstandslos. (Beim Brandversicherungsgesetze, dessen Artikel 94 man hieher beziehen könnte, ist beim Einspruchsverfahren durch Art. 8 Ziff. 40 und Art. 9 Abs. 1 des Gesetzes über den Verwaltungsgerichtshof die Competenz der Kreisregierungen weggefallen.)

Bei beschränkter Oeffentlichkeit hat jeder einzelne Beteiligte das Recht, drei Vertrauensmänner zur Verhandlung beizuziehen (Art. 34, 41), und selbstverständlich auch persönlich anwesend zu sein. Ueber die Beschränkung der Öffentlichkeit wird in geheimer Sitzung Beschluß gefaßt; der Beschluß, welcher die Oeffentlichkeit ausschließt, muß öffentlich verkündet werden.

2) Gemäß Art. 34 u. 41 des Ges. kann bei den Verhandlungen der Regierungssenate und des Verwaltungsgerichtshofes der Vorsitzende jeden entfernen lassen, welcher bei der Sitzung Zeichen des Beifalles oder des Mißfallens gibt oder sonst Störung verursacht. Diese Befugnis erstreckt sich jedoch nicht auf die Beteiligten, welche ein unentziehbares Recht auf Anwesenheit während der ganzen Dauer der Verhandlung haben; in der Richtung gegen die Beteiligten und ihre Vertreter kommen die Art. 7 und 102 Abs. 2 des Ausführungsgesetzes zur Reichsstrafprozeßordnung zur Anwendung, oder es wird die Sitzung auf Kosten des schuldhaften Teiles vertagt.

Die analoge Anwendung des § 144 R.-C.-P.-O. ist ausgeschlossen.

Beschränkungen bezw. ein Ausschluß der Oeffentlichkeit finden ferner in folgenden Fällen statt:

3) Beschwerden, welche nicht rechtzeitig erhoben wurden, können durch Senatsbeschluß in geheimer Sitzung ohne weiteres Verfahren zurückgewiesen werden. Art. 32 und 41 des Gesetzes. Handelt es sich jedoch um Beschwerden nach § 21 R.=Gew.=Ordg. (z. B. Wirthschaftsconcessionsgesuche) so muß bei den Regierungssenaten auch hiebei öffentlich=mündlich verhandelt werden: denn Reichsrecht bricht Landesrecht. Die Oeffentlichkeit ist hier nur ausgeschlossen in den Fällen des § 173 ff. R.=Ger.=Verf.=Ges. (V.=G.=H.=E. Bd. VIII S. 297). Der Verwaltungsgerichtshof kann aber auch solche verspätete Beschwerden in geheimer Sitzung abweisen, weil die Reichsgewerbeordnung nur eine Instanz mit öffentlich=mündlicher Verhandlung vorschreibt, welcher Vorschrift durch die Regierungssenate genügt ist. Ueber die Rechtzeitigkeit der Beschwerdeerhebung siehe das Nähere im Abschnitte über die Beschwerdefristen.

4) Beschwerden, welche wegen eingetretener Rechtskraft offenbar unzulässig sind, können durch Senatsbeschluß in geheimer Sitzung ohne weiteres Verfahren zurückgewiesen werden. Wenn also die Unzulässigkeit nicht „offenbar" ist, wenn insbes. fraglich ist, ob z. B. eine Zustellung vorschriftsmäßig erfolgte, dann ist öffentliche Sitzung anzuberaumen (Art. 32 des Ges.).

Der Unterschied zwischen Beschwerden sub 3 und 4 wurde gezogen, um das prozessuale Verhältnis der Fristversäumnis gegenüber der Rechtskraft aus anderen Gründen deutlicher hervorzuheben. (Ber. d. bes. Aussch.) Eine rechtzeitig beim Verwaltungsgerichtshof eingelegte Beschwerde gegen Abweisung wegen Fristversäumnis durch Regierungssenate ist öffentlich mündlich zu verhandeln.

Der Gesetzentwurf zu dem nunmehrigen Artikel 32 hatte gelautet: Beschwerden, welche nicht rechtzeitig erhoben wurden, desgleichen Beschwerden oder Anträge, welche nicht genügend verständlich oder wegen eingetretener Rechtskraft offenbar unzulässig sind, oder grobe Verstöße gegen den öffentlichen Anstand enthalten, können durch Senatsbeschluß ohne weiteres Verfahren zurückgewiesen werden. In dieser Weise fand der Entwurf keine Annahme. Es wurde von der Anschauung ausgegangen, daß, sobald ein Rechtsakt, um den es sich handelt, genau bezeichnet ist, die Beschwerde doch insoweit verständlich sei, daß Beschwerdeführer eine Entscheidung nach Lage der Sache beantrage (Ber. d. bes. Aussch.). Ist sie aber völlig unverständlich d. h. entspricht ihr Inhalt den ohnedies minimalen Anforderungen nicht, so ist sie eben nicht formgerecht eingelegt. Ueber Beschwerden, welche den öffentlichen Anstand verletzen, siehe weiter unten.

5) Beschwerden in Bezug auf die Ablehnung oder Ausschließung eines Beamten müssen von dem Senate der Regierung oder vom Verwaltungsgerichtshofe in geheimer Sitzung verbeschieden werden. (Art. 32 u. 41 des Ges.) S. auch § 20 m. Ausf. Ablehnungsanträge fallen natürlich nicht unter Art. 32.

6) Beschwerden in Bezug auf die Zwangsvollstreckung müssen gleichfalls in geheimer Sitzung behandelt werden. Art. 32 u. 41 des Ges. Unter diese Vorschrift fallen jedoch nur diejenigen, welche die Rechtsförmlichkeiten der Zwangsvollstreckung (den ordo et modus derselben) betreffen, sobald ein rechtskräftiger Bescheid vorliegt, nicht auch jene Einwendungen, welche die Auslegung eines Bescheides in Bezug auf Inhalt und Umfang der an sich rechtskräftig festgestellten Verpflichtung oder die Rechtmäßigkeit des Verfahrens gegen eine bestimmte Person betreffen. So lange die Verpflichtung, wegen welcher vollstreckt werden soll, noch gar nicht festgestellt oder noch bestritten ist, kann es sich auch nicht um eine Beschwerde gegen eine Zwangsvollstreckung im Sinne des Art. 32 des Gesetzes handeln.

7) Wenn sich bei dem Verwaltungsgerichtshofe der Sachreferent und der Staatsanwalt über die Notwendigkeit einer Ergänzung des Sachverhalts oder des Beweismaterials nicht einigen können, so muß der zuständige Senat in geheimer Sitzung über das Erfordernis einer Ergänzung beschließen Art. 41 des Ges.

Abgesehen von den voraufgeführten Fällen hat prinzipiell öffentlich-mündliche Verhandlung zu erfolgen. Etwaige Analogien und Ausnahmen können bei Meidung der Nichtigkeit des Verfahrens nicht Platz greifen.

Für die Behandlung der Fälle sub 5 u. 6 sind die Art. 35 Abs. 2 u. 36 des Ges. entsprechend anwendbar.

Gegen die sub 3, 4, 5, 6 erwähnten Entscheidungen findet weitere Beschwerde an den k. Verwaltungsgerichtshof statt, welcher wieder in geheimer Sitzung entscheidet (Art. 32 des Ges.).

Anm. 1. Da Wiedereinsetzungsgesuche niemals in geheimer Sitzung verbeschieden werden dürfen, so muß, wenn ein Beteiligter ein Gesuch um Wiedereinsetzung mit seiner nach Ablauf der Beschwerdefrist erhobenen Beschwerde verbunden wissen will, öffentlich-mündliche Verhandlung auch über die Beschwerde selbst gepflogen werden. (V.-G.-H.-E. Bd. VI S. 278, ausführl. bei Krais S. 440.) Wenn gegen einen Beschluß von einem Beschwerdeberechtigten verspätet, von einem zur Beschwerdeführung aktiv nicht legitimierten rechtzeitig Beschwerde erhoben wurde, so muß, wenn nicht zwei gesonderte Entscheidungen gefällt werden wollen, wobei erstere Beschwerde in geheimer, letztere in öffentlicher Sitzung behandelt wird, über beide Beschwerden in öffentlicher Sitzung entschieden werden, denn die Frage nach der Zulässigkeit einer Beschwerde im allgemeinen kann nicht auf Grund geheimer Sitzung entschieden werden.

Anm. 2. Das Princip der Oeffentlichkeit macht es erforderlich, daß die einzelnen Verhandlungsgegenstände vorher wenigstens durch Anschlag an der Amtstafel bekannt gegeben werden (§ 18 u. 35 Instr.).

Anm. 3. Ueber öffentlich-mündliche Verhandlungen der Senate der Regierungen s. auch Bl. f. adm. Pr. Bd. 32 S. 17.

§ 26.

3. Grundsatz des rechtlichen Gehörs.

Das Gericht darf nicht auf einseitiges Vorbringen der einen Partei eine Entscheidung zu Ungunsten der anderen erlassen, sondern nur, nachdem ihr Gelegenheit zur Verteidigung gegeben war; nach diesem Grundsatz fordert auch das Gesetz unbedingt die Ladung sämtlicher Beteiligter zu den mündlichen Verhandlungen. Hinsichtlich des Begriffes „Beteiligte“ enthält das Gesetz selbst keine Bestimmung; nach der Rechtsprechung des Verwaltungsgerichtshofes (Eod. Bd. VIII S. 98) ist § 63 d. R.-C.-P.-O. hiebei analog anwendbar. § 63 lautet: Wer ein rechtliches Interesse daran hat, daß in einem zwischen anderen Personen anhängigen Rechtsstreite die eine Partei obsiege, kann dieser Partei zum Zwecke ihrer Unterstützung beitreten. Es handelt sich also vor allem darum, ob irgend ein rechtliches Interesse vorliegt oder nicht, wo kein „rechtliches“ Interesse berührt wird, handelt es sich auch nicht um eine Beteiligung im vorgedachten Sinne. Maßgebend ist hienach, ob durch den Ausgang des Prozesses die Rechtsverhältnisse einer Person mittelbar oder unmittelbar alterirt werden können oder nicht.

Die Erhebung, welche Personen als beteiligt zu erachten sind, obliegt den Verwaltungsbehörden in den Angelegenheiten des Gesetzes vom 8. August 1878 schon im Instruktionsstadium. Anhaltspunkte ergeben sich hiebei teils aus der Natur des Streitgegenstandes, teils aus den hierüber bestehenden besonderen Vorschriften, z. B. aus Art. 27 des bayer. Heimatgesetzes.

Das rechtliche Gehör muß den Beteiligten gegenüber auch da gewährt werden, wo eine mündliche Verhandlung nicht ausdrücklich vorgesehen ist. (Abg. Aussch. Ber. S. 169.) Bei dem schriftlichen Verfahren vor den Distriktsverwaltungsbehörden kann von Wahrung des rechtlichen Gehörs nur da Umgang genommen werden, wo nur eine Prozeßpartei vorhanden ist und das Gericht ohnedies zu Gunsten der Partei erkennt.

Im Übrigen gilt über die Unterlassung der Vorschriften über die Wahrung des rechtlichen Gehörs, daß in der Regel unheilbare Nichtigkeit des Verfahrens eintritt. Diese Regel erleidet jedoch wie oben gesagt da eine Ausnahme, wo ohnedies nicht zu Ungunsten einer Partei, sondern völlig zu ihren

Gunsten entschieden wurde. Der Verwaltungsgerichtshof hat sich über diese Frage in konstanter Praxis wesentlich gleichmäßig ausgesprochen. So u. a.:

1) in einer Entscheidung in Bd. IV S. 453: Wenn eine Partei in einem gegen sie anhängigen verwaltungsrechtlichen Streitverfahren nicht nach Vorschrift des Gesetzes gehört wurde, so liegt hierin ein wesentlicher Mangel des Verfahrens, welcher, wenn zu Ungunsten der Partei entschieden wurde, auf Beschwerde derselben die Aufhebung des Verfahrens und des hierauf gebauten Bescheides insoweit zur Folge haben muß, als der Bescheid auf die beschwerdeführende Partei Bezug hat. — Gleichgiltig ist es, ob der Mangel des rechtlichen Gehörs von der Partei behauptet wurde oder nicht: die Ermittelung der Beteiligten ist ja Offizialsache;

2) in einer Entsch. in Bd. VII S. 48: Die Unterlassung der Ladung der Beteiligten gilt umsomehr als die Verletzung einer wesentlichen gesetzlichen Förmlichkeit, als dadurch in der Regel die Rechtsverteidigung gefährdet werden kann, es sich also um eine Verkürzung oder Schädigung ihrer Rechte handelt; wenn jedoch trotz des behaupteten Mangels des allseitigen rechtlichen Gehörs sofort ohne wirkliche Schädigung der prozessualen Rechte der Beteiligten materiell entschieden werden kann, so ist die Aufhebung des Verfahrens und Zurückverweisung der Sache an die Unterinstanz zur neuerlichen ordnungsmäßigen Beschlußfassung nicht nötig (eod. Bd. II S. 94);

3) in einer Entsch. in Bd. III S. 312: Hat die Vorinstanz es unterlassen, die sämtlichen Beteiligten einzuvernehmen, so ist dies nur dann von Bedeutung, wenn die höhere Instanz eine von der vorinstanziellen abweichende Anschauung gehabt haben sollte;

4) in einer Entsch. in Bd. X S. 377: Eine Aufhebung erfolgt dann nicht, wenn der Benachteiligte selbst ausdrücklich erklärt, daß er kein Interesse hatte, den Mangel des

rechtlichen Gehörs mit der Tendenz der Reassumierung der Verhandlungen geltend zu machen und demselben auch hieraus thatsächlich kein materieller Schaden erwächst.

Vgl. 5. noch V.-G.-H.-E. Bd. X S. 3 u. Bd. VII S. 48, worin u. a. gesagt ist: ..... auch in Beziehung auf die Rechtskraft des bezirksamtlichen Beschlusses kann die Unterlassung einer kontradiktorischen Verhandlung in I. Instanz zu einem Bedenken keinen Anlaß geben, nachdem dieser Mangel durch die Beiziehung der Gemeinde zu der Verhandlung vor dem k. Verwaltungsgerichtshofe als saniert angesehen werden muß. (In dieser Entscheidung hat der genannte Gerichtshof eine sehr milde Anschauung ausgesprochen, wonach unter Umständen noch in der obersten Instanz der Mangel des rechtlichen Gehörs saniert werden kann; in dem damals dem Gerichtshofe zur Entscheidung vorgelegenen Falle war das Verfahren zum Vorteile der Gemeinde anhängig gemacht, dieselbe hatte auch keinerlei Verkürzung oder Schädigung ihrer Rechte erfahren. In beiden Fällen war der Verwaltungsgerichtshof nach Art. 9 Abs. I des Gesetzes II. Instanz, und von dem Motive geleitet, daß dem Betroffenen sein Recht wurde.

Vorstehende Entscheidungen habe ich speziell deshalb einzeln aufgeführt, weil gerade aus ihnen die Stellung des höchsten Gerichtshofes zu unserer Frage wohl am besten erhellt.

Anm. Wenn ein Konzessionsgesuch, welches den Gegenstand schon vollständig erörtert hat, mit Umgangnahme von nochmaliger Einvernehmung des Antragstellers sofort beschlußmäßig zurückgewiesen wird, so liegt hierin keine Verletzung des rechtlichen Gehörs. (Krais S. 426 unten.)

§ 27.

4. Grundsatz des Offizialbetriebs der Verwaltungsbehörden.

Während der Zivilrichter nur auf Anrufen, auf Klage hin thätig zu werden braucht, hat der Verwaltungsrichter im gewissen Sinn selbst thätig zu werden. Wenn nämlich die Behörden der aktiven Verwaltung, welche zugleich Verwaltungsgerichte sind, auf Zweifel über ein Rechtsverhältnis stoßen, deren Beseitigung ihre amtliche Pflicht ist, die aber auf andere Weise als im Wege des Verwaltungsrechtsprozesses nicht gehoben werden können, so haben sie das verwaltungsgerichtliche Verfahren von Amtswegen einzuleiten, wenn sie auch nicht selbst als Prozeßparteien auftreten. Liegt ein solches öffentliches Interesse überhaupt nicht vor, erheischt das staatliche Interesse nicht die Einleitung des Prozesses, dann entscheiden auch die Verwaltungsuntergerichte nur auf Anrufen, auf Antrag, Klage der Beteiligten. Was die Beschwerdeinstanzen anlangt, so können diese stets nur auf Anregung der Beteiligten thätig werden. Nicht nur die Feststellung des Sachverhalts, die Beischaffung des Materiales im weitesten Umfange, überhaupt, sobald einmal die Thätigkeit der Verwaltung in Bewegung gesetzt ist, der ganze Prozeßbetrieb geschieht von Amtswegen, ohne daß es eines Antrages der Parteien bedarf, wenn auch, wie an den einschlägigen Stellen wird dargethan werden, die Parteibehauptungen und -Anträge nicht ganz ohne Einfluß in jedem Stadium des Verfahrens sind.

Was insbesondere die Feststellung des Sachverhalts betrifft, so erfolgt dieselbe nach dem Gesetze von Amtswegen; der Richter hat nämlich in Verwaltungsrechtssachen nicht bloß die Aufgabe formelles, sondern er muß materielles Recht sprechen: hieraus resultiert auch seine Pflicht, den Sachverhalt unabhängig von den Anträgen und Behauptungen der Parteien zu ermitteln. Während die Form des Verfahrens in Civilsachen die eines Rechtsstreites ist, in welchem die Beteiligten den zur Beurteilung des streitigen Rechtsverhältnisses nach ihrem Ermessen dienlichen Stoff dem Gerichte vorlegen, welches seinerseits ihre Thätigkeit nur überwacht, nicht ergänzt, sind die Verwaltungsgerichte nicht auf das von den Beteiligten gebotene Material beschränkt, sondern sie haben aus eigener Pflicht für die Klärung des Sachverhalts zu sorgen: sie haben ganz unabhängig von den Parteibehauptungen die rechtlichen Folgerungen aus dem gefundenen Sachverhalt zu ziehen und denselben gemäß zu erkennen. (Art. 27 des Ges.)

Für die richtige Ermittelung des Sachverhalts haben vor allem die Distriktsverwaltungsbehörden zu sorgen und zu diesem Behufe nicht bloß das von den Beteiligten gebotene, sondern auch das sonst zur Aufklärung dienende Material zu den Akten zu bringen, insbesondere aufschlußgebende Vorakten und Urkunden beizufügen, Zeugen und Sachverständige zu vernehmen und etwaige Nebenpunkte gleichzeitig mit der Hauptsache zu erheben. (Art. 27 des Ges.) Dabei ist auf vollständige und verlässige Erhebung aller für die rechtliche Beurteilung der Sache erheblichen thatsächlichen Verhältnisse Bedacht zu nehmen, im übrigen aber die möglichst einfache, die Beteiligten wenigst belästigende Behandlung der Sache anzustreben. (§ 7 Instr.)

Was den Einfluß der Parteibehauptungen anlangt, so schließt die Nichtabgabe einer zugelassenen oder eingeforderten Erklärung in dem schriftlichen Vorverfahren die Abgabe der Erklärung in der folgenden mündlichen Verhandlung der Regel nach nicht aus, äußert jedoch selbstverständlich dann, wenn keine mündliche Verhandlung erfolgt oder die Partei in der mündlichen Verhandlung nicht erscheint oder nicht verhandelt, seine Wirkung bei Fällung der Entscheidung. Es sind zwar alle Interessen zu berücksichtigen, die sich aus dem erhobenen Sachverhalt ergeben, es können aber Verhältnisse bestehen, welche von Einfluß auf das Urteil wären, wenn sie dem Verwaltungsrichter bekannt sein würden, deren Kenntnis ihm aber nur durch die Partei möglich gemacht werden kann. Für diesen Fall hat die ungehorsame Partei die hieraus ihr zugehenden Nachteile sich selbst zuzuschreiben, und, wenn sie auch in den höheren Instanzen das Versäumte noch nachholen kann, doch die dadurch entstehenden besonderen Kosten zu tragen.

Soweit die Parteien keine Gegenerklärungen abgeben oder das von den Verwaltungsgerichten gesammelte Material ergänzen, ist letzteres zu Grunde zu legen und auf Grund desselben unbedingt zu entscheiden.

Die Feststellung des Sachverhalts von Amtswegen schließt nicht die Supplierung solcher Einreden in sich, deren Geltendmachung für die Partei eine res merae facultatis ist, z. B.

unter Umständen die Einrede der Verjährung oder des Verzichts; ebenso ist es nötig, daß die Beteiligten der Behörde die Beweismittel, insbesondere für solche Thatsachen bezeichnen, welche individuelle Verhältnisse betreffen oder geeignet sind, Rechtsvermutungen zu entkräften. (V.-G.-H.-E. Bd. VIII S. 115, 152, Krais S. 420.)

Dem bisher Gesagten zufolge kommt auch das Recht der erschienenen Partei, die Vertagung der Verhandlung oder die Erlassung eines Versäumnisurteiles gegen die ausgebliebene Partei zu beantragen, in Fortfall. Ebensowenig hat wie etwa im Civilprozesse das Verfahren dann zu ruhen, wenn keine Partei erscheint, vielmehr hat das Verwaltungs-Gericht, soweit es die Sache für spruchreif erachtet, nach Lage der Akten zu erkennen. Dies gilt allgemein für die Beschwerdeinstanz: erscheint der Beschwerdeführer nicht, so wird auf Grund des von der Unterinstanz erhobenen Sachverhalts entschieden, eventuell eine etwaige Ergänzung desselben angeordnet, denn das in der Regel mitspielende öffentliche Interesse erfordert, daß eine einmal anhängige Klage auch ohne Verzug erledigt wird.

Was die Erlassung des Bescheides anlangt, so gilt im Civilprozesse in Consequenz der dort maßgebenden Verhandlungsmaxime der Satz: Iudex ne eat ultra petita partium. Gerade das Gegenteil gilt als Regel im verwaltungsgerichtlichen Prozesse; der Verwaltungsrichter hat das Recht, die Folgerungen aus dem gefundenen Sachverhalt unabhängig von dem Vorbringen der Parteien zu ziehen. Auch Seydel (Bd. II S. 490) läßt offenbar mit vollem Recht als Regel gelten: judex eat ultra petita partium, und als Ausnahme den Fall, „wo eine Prozeßpartei ihren Anspruch selbst unter das gesetzlich zulässige Maß beschränkt hat, wenn kein öffentliches Interesse dabei durch das Verwaltungsgericht wahrzunehmen ist.“ (S. auch V.-G.-H.-E. Bd. II S. 460.)

Geständnisse, Anerkenntnisse, Verzichtleistungen sind zwar in manchen Fällen nicht ohne Einfluß, es kommt ihnen aber keine eigentlich prozessuale Bedeutung zu, vielmehr haben die Verwaltungsgerichte unter Wahrung des öffentlichen Interesses auf die Würdigung derselben einzugehen z. B. trotz Vorhandenseins eines Anerkenntnisses können sie auf Grund der sonstigen etwa vorhandenen Thatsachen zu der Überzeugung gelangen, daß dasselbe der thatsächlichen Grundlage entbehre; aus dem gleichen Grunde ist auch dem Zugeständnisse einer Partei ein nur auf die zugestehende Person und den jeweils vorliegenden Gegenstand beschränkter Einfluß zuzuerkennen. Was die Entscheidungen selbst anlangt, so werden dieselben auf Grund des erhobenen Sachverhalts unter freier Beweiswürdigung getroffen, die Verwaltungs-Gerichte sind nicht auf die in der öffentlichen Sitzung gepflogenen Erhebungen beschränkt, die Beschwerdeinstanzen können nach ihrem Ermessen die von den Distriktsverwaltungsbehörden gepflogenen Beweiserhebungen in öffentlicher Sitzung wiederholen.

Das Recht, das die Parteien im Civilprozesse finden, ist nur formales Recht (jus, quod pro veritate accipitur), die Verwaltungsgerichte aber haben materielles Recht zu schaffen, ihre Entscheidung nach dem wirklichen Sachverhalte zu treffen, und kann insbesondere der Beschwerderichter — auch in Gegenständen des Art. 10 des Ges. — auch zum Nachteile des Beschwerdeführers erkennen, von sich aus unterinstanzielle Entscheidungen abändern und das Verfahren wegen wesentlicher Mängel unabhängig von dem Parteivorbringen von Amtswegen aufheben.

Anm. Über die Tragweite des Offizialprincips bei Wirtschaftsconcessionen vgl. namentlich V.-G.-H.E. Bd. IV S. 372.

II. Abschnitt: Die Parteien und ihre Vertretung.

§ 28. Allgemeines.

Parteien oder streitende Teile sind im Civilprozesse diejenigen, welche sich in einem Rechtsstreite als unmittelbar beteiligte Gegner, als Kläger und Beklagte gegenüberstehen.

Aufgabe des Civilprozesses ist es, neben dem Verhältnis der Parteien zu dem Richter stets auch das Verhältnis zweier einander gegenüberstehender Parteien zu regeln: kein Civilprozeß ohne das Vorhandensein von Prozeßparteien. Nicht ebenso im verwaltungsgerichtlichen Prozesse: vielmehr sind je nach der Natur der jeweils kollidierenden Interessen folgende Fälle zu unterscheiden:

1. Parteistreitigkeiten des öffentlichen Rechts: Streitigkeiten, in welchen Kläger und Beklagte einander förmlich gegenüberstehen und ihr Rechtsverhältnis als Prozeßparteien dem Verwaltungs-Richter zur Entscheidung unterbreiten; gleichgiltig ist hiebei, ob auf der einen oder anderen Seite ein oder mehrere Beteiligte auftreten: der verwaltungsgerichtliche Prozeß hat alle Beteiligten zu umfassen, er kennt nicht die Sonderstellung z. B. der Nebenintervenienten, der litis contestantes.

Parteistreitigkeiten im eigentlichen Sinne sind denkbar,

a) wenn jeder Teil sein Privatinteresse verfolgt, das in Frage stehende subjektive Recht jedoch seinen Grund in dem Genossenschaftsverhältnisse, insbesondere in einer Verleihung durch die Staatsgewalt hat und seine Ausübung unter der Einwirkung der letzteren bleibt. Ein Parteistreit dieser Art liegt z. B. vor, wenn Wasserwerksbesitzer über die Teilung ihrer auf einer Conzession beruhenden Nutzungsrechte an einem öffentlichen Wasser, Grundbesitzer über die Zusammenlegung von Grundstücken streiten.

In solchen Fällen steht jeder einzelne rechtlich der öffentlichen Gewalt gegenüber; er hat die letztere zunächst um den Schutz seines subjektiven Rechts gegen den angeblich rechtswidrigen Eingriff des Gegners anzugehen: erst dann wird diese Verwaltungssache zur Rechtssache, wenn irgend eine Verfügung der Verwaltung erfolgt ist.

b) Ferner nimmt jeder Streit, gleichviel, ob ein Teil sein Individualinteresse, der andere das öffentliche Interesse vertritt, oder ob beide Teile als Vertreter des öffentlichen Interesses einander gegenüberstehen, die Natur eines Parteistreites an, wenn das direkte Interesse beider Teile ein vermögensrechtliches ist. So z. B. wenn Ansprüche des Staates auf Abgaben oder wenn Ansprüche der einzelnen auf Gemeindenutzungen in Frage stehen. In solchen Fällen vertritt die öffentliche Gewalt, der Vertreter des Staates oder der bezüglichen öffentlichen Korporation nur das öffentliche Interesse: letzteres hat jedoch die Natur eines subjektiven Rechts, eines öffentlichen Vermögensrechts, da der Erfolg lediglich in der Wirkung auf das Vermögen der betreffenden Kasse besteht.

2. Rechtsbeschwerden: In allen übrigen der Verwaltungsrechtssprechung zuzuweisenden Streitigkeiten steht der einzelne, welcher sein subjektives Recht verfolgt, nur der öffentlichen Gewalt gegenüber, welche das öffentliche nicht in der Form des Vermögensinteresses sich äußernde Interesse vertritt.

Da „Partei" immer nur ein Rechtssubjekt sein kann, welches sein individuelles Interesse zur Geltung zu bringen sucht, und dessen Gegner ein gleichwertiges Interesse in Anspruch nimmt, so kann in diesen Fällen nicht von einem beiderseitigen Parteistandpunkt die Rede sein.

Bei vorstehenden Streitigkeiten handelt es sich stets um 3 Fragen:

a) ob die Thätigkeit oder Unthätigkeit eines Organes der öffentlichen Gewalt der Rechtsordnung entspricht;
b) ob das ideale oder vermögensrechtliche Interesse eines oder mehrerer Einzelnen durch das Verhalten des Organes der öffentlichen Gewalt verletzt ist oder im Falle des Ausbleibens einer Korrektur verletzt wurde und
c) ob das verletzte oder gefährdete Interesse in der Rechtsordnung geschützt ist, ob also eine Rechtsverletzung vorliegt. (Sarwey S. 88, 113 ff.)

§ 29. Prozeßparteien.

Die administrative Klage hat stets die Verfolgung eines rechtlich geschützten Individualinteresses, eines subjektiven Rechts gegen eine wirkliche oder doch drohende Verletzung zum Gegenstande.

Kläger ist also ein einzelner oder die Vertretung eines fingierten Vermögenssubjekts in Verfolgung eines Individualinteresses unter Berufung auf eine rechtliche Vorschrift, vermöge welcher die Verletzung oder Gefährdung des Individualinteresses als rechtsverletzend dargestellt wird. Aber nicht jedes subjektive Recht ist Gegenstand der Verwaltungsrechtsklage, sondern es ist nötig, daß der Kläger die Verletzung auf dem Gebiete des öffentlichen Rechts erlitten hat. Rechtsverletzungen auf dem Gebiet des Civilrechtes können nicht Gegenstand der Verwaltungsklage sein, wenn auch dem Verwaltungsrichter die Beurteilung zivilrechtlicher Verhältnisse als Incidentpunkte nicht genommen ist.

Siehe hieher noch Seydel Bd. II S. 483 über Verwaltungsklage und Verwaltungsbeschwerde. Beklagter ist derjenige, der das Vorhandensein eines rechtlich geschützten, im öffentlichen Rechte begründeten Individualinteresses bestreitet.

Während nun aber der Civilprozeß dadurch bedingt ist, daß Kläger und Beklagter einander gegenüberstehen, während also hier das eine ohne das andere gar nicht denkbar ist, ist ein Verwaltungsprozeß auch da möglich, ja sogar sehr häufig, wo ein Beklagter als Prozeßgegner gar nicht auftritt: dies ist da der Fall, wo der Staat sozusagen Beklagter ist; die Staatsgewalt will, kann und soll nur wollen den Sieg des materiellen Rechts: ihr liegt nicht daran, der Privatpartei gegenüber einen Sieg im Prozesse zu erringen, sondern nur daran, daß dem Berechtigten auch sein Recht zu teil werde. Da nun im bayerischen Verwaltungsprozeß das Prinzip der Ermittelung des Sachverhalts von Amtswegen, überhaupt das „Offizialprinzip" proklamiert ist, da es ein Versäumnisverfahren nach Art des Civilprozesses hier nicht gibt, so kann auch die Staatsgewalt darauf verzichten, förmlich als Prozeßpartei aufzutreten.

Wenn nun auch naheliegt, daß der Kläger, der die Staatsgewalt zur Gegnerin hat, Besorgnis des Mangels der erforderlichen Objektivität dadurch hat, daß die Rechtsprechung selbst den Organen seiner Gegnerin anvertraut ist, so ist doch diese

Besorgnis durch das Vorhandensein einer obersten verwaltungsrichterlichen Instanz, die lediglich Richterinstanz ist, gehoben und hat gerade dieser Punkt bisher eine befriedigende Lösung durch das Vorhandensein eines unabhängigen Verwaltungsgerichtshofes ohne Anwaltszwang bei Ansetzung minimaler Gebühren gefunden.

Es ist aber auch nicht zu verkennen, daß infolge der mangelnden Stellung als Prozeßpartei gerade der Staatsgewalt ein Nachteil insoferne erwachsen kann, daß sie ein Urteil über sich ergehen lassen muß, ohne — etwa wie im Strafprozesse — die Möglichkeit zu haben, irgend ein Rechtsmittel einzulegen, denn es können weder die unteren Behörden Urteile höherer Instanzen, noch Verwaltungsstellen die Urteile unterer Instanzen aufheben: aber auch hier bildet wieder das Offizialprinzip einen mächtigen Damm und es wird infolgedessen kaum eine wesentliche Beeinträchtigung des öffentlichen Interesses eintreten. Kommt das finanzielle Interesse in Frage, so ist ohnedies bei den Regierungsfinanzkammern durch das Vorhandensein eines Staatsanwalts als Vertreter des „Ärars“ Sorge getragen; rechtlich ist hier, wie Seydel zutreffend darthut (Bd. II S. 482), der Staatsanwalt Vertreter des Herrschers als Subjekt der Finanzhoheit, nicht aber Vertreter des Herrschers als Subjekt des Staatsvermögens.

Nicht jede Partei ist auch prozeßfähig, d. h. gerichtsstandsfähig, fähig vor Gericht zu stehen, fähig zu prozeßrechtlichen Willenserklärungen mit rechtlicher Wirkung. Da es sich um allgemeine Grundsätze handelt, ist in dieser Beziehung die Reichscivilprozeßordnung (§§ 50—55) zur analogen Anwendung zu bringen. (Vgl. Art. 19 Abs. 1 des Ges. § 4 Instr.)

Prozeßfähig ist eine Partei nur insoweit, als sie sich selbständig durch Verträge verpflichten kann: maßgebend sind hiebei wieder die Vorschriften des bürgerlichen Rechtes. Wo es sich also um einen nicht prozeßfähigen Beteiligten handelt, ist regelmäßig dessen gesetzlicher Stellvertreter zu einer etwaigen mündlichen Verhandlung zu laden und zu vernehmen, wenn auch das Offizialprinzip es mit sich bringt und rätlich er=

scheinen läßt, daß auch Personen, die nahe dem prozeßfähigen Alter stehen, gehört und geladen werden.

Die Prozeßunfähigkeit richtet sich wieder nach Civilrecht, wenn auch in bedeutend reduziertem Maße.

Im allgemeinen bleibt es den Parteien und ihren gesetzlichen Vertretern überlassen, ob sie vor den Organen der Verwaltungsrechtspflege persönlich handeln oder sich durch Bevollmächtigte, Beistände vertreten lassen wollen.

Der Mangel der Vollmacht ist von Amtswegen zu prüfen.

Ueber die Vertretung im Einzelnen ist noch zu bemerken:

1) Die Beteiligten können, auch wenn sie Finanzbehörden sind, Erklärungen mit Rechtswirksamkeit nur dann abgeben, wenn sie zur Wahrnehmung der beteiligten ärarialischen Interessen und zur Kundgabe hierüber zuständig sind. (V.=G.=H.=E. Bd. I S. 369.)

2) Der Fiskus repräsentiert in allen Staatsverwaltungszweigen, welche nach den organischen Bestimmungen die Rechte des Fiskus zu wahren und für die Erfüllung der Pflichten desselben zu sorgen haben, ein und dasselbe Rechtssubjekt. Ein Streit mehrerer Zweige der Staatsverwaltung über vermögensrechtliche Ansprüche kann daher niemals Gegenstand einer civil= oder verwaltungsrichterlichen Entscheidung, sondern immer nur eine Budgetfrage bilden, welche von dem vorgesetzten Staatsministerium, eventuell vom Staatsrat auszutragen ist; hiemit ist jedoch nicht unvereinbar, daß, wenn mehrere Zweige alternativ vor die Möglichkeit gestellt sind, für den Anspruch eines Dritten aufzukommen, dieselben zum Zwecke der Abwehr dieser Ansprüche als selbständig beteiligt erachtet und zur gesonderten Rechtsverteidigung zugelassen werden. (V.=G.=H.=E. Bd. III S. 671.)

3) Zur Vertretung des Aerars ist die Regierungsfinanzkammer zuständig: Die Möglichkeit der Uebertragung der Vertretung an äußere Aemter in Fällen, wo ein Anwaltszwang nicht besteht, also auch im verwaltungsrechtlichen Verfahren, ist jedem Zweifel entrückt: Die Vertretung

wird in der Regel thatsächlich ausgeübt durch die Regierungsfiskalate. (Fin.=M.=E. 22. Juni 1870.)

4) Die Vertretung des Fiskus in einer Streitsache, welche das staatliche Bauwesen betrifft, steht nicht dem Bauamte, sondern dem Fiskalate zu. (V.=G.=H.=E. Bd. III S. 284.)

5) Der Gemeindeausschuß (Stadtmagistrat) ist verpflichtet, jederzeit die Rechte und Interessen der Gemeinde als Korporation wahrzunehmen und ist nicht berechtigt, in einem Streite gemäß Art. 8 Ziff. 28 des Ges. die Stelle einer im entgegengesetzten Interesse beteiligten Partei zu übernehmen. (V.=G.=H.=E. Bd. IX S. 377.)

6) In einem auf die Organisation einer Schule nach Artikel 2 des Schulbedarfgesetzes bezüglichen Streitverfahren kann gegenüber der Gemeinde bezw. dem Schulsprengel nicht ein einzelner Bewohner als Partei auftreten. (V.=G.=H.=E. IX S. 255.)

7) Über die Vertretung des Fiskus siehe noch Vdg. vom 17/I 1809 Reg.=Bl. S. 1033, 27/XI 1825 § 7 (Reg.=Bl. S. 921), 17/XII 1825 § 87 u. 120 (Reg.=Bl. S. 1049) dann § 4 u. 45 Instr.

§ 30. Streitgenossen, Bevollmächtigte und Beistände.

Eine Streitgenossenschaft ist vorhanden, wenn mehrere Personen in Ansehung des Streitgegenstandes in Rechtsgemeinschaft stehen, oder wenn sie aus demselben thatsächlichen und rechtlichen Grunde berechtigt oder verpflichtet sind oder wenn gleichartige und auf einem im Wesentlichen gleichartigen thatsächlichen und rechtlichen Grunde beruhende Ansprüche oder Verbindlichkeiten den Gegenstand des Streites bilden. (§§ 56 u. 57 R.=C.=P.=O.) Hinsichtlich dieser Personen bestimmt nun Art. 19 Abs. 3 des Ges. v. 8. Aug. 1878, daß die Behörden berechtigt sind, im Falle der Streitgenossenschaft den mehreren Genossen die Bestellung eines gemeinsamen Bevollmächtigten aufzutragen und im Weigerungsfalle einen solchen von Amtswegen und zwar auf Kosten der Säumigen aufzustellen.

Gemeinschaftliche Bevollmächtigte haben die Eigenschaft von Prozeßbevollmächtigten; sie haben stets die Thatsache der Bevollmächtigung seitens der Parteien durch eine schriftliche oder protokollarische Vollmacht nachzuweisen und diese zu den Akten zu übergeben.

Während die Reichscivilprozeßordnung einen Zwang zur Aufstellung eines gemeinsamen Prozeßbevollmächtigten oder auch nur eines gemeinsamen Zustellungsbevollmächtigten nicht kennt, ist ein solcher Zwang im Verwaltungsprozesse zulässig auf Grund Art. 19 des Gesetzes.

Der Auftrag zur Aufstellung eines gemeinsamen Bevollmächtigten kann auch unter Vorsetzung einer Frist mit dem Beifügen erteilt werden, daß nach deren fruchtlosem Ablauf die Aufstellung desselben von Amtswegen erfolge. Ist der Auftrag unter diesem Präjudiz erteilt, so gilt der fruchtlose Ablauf der Frist als stillschweigende Weigerung.

Unter den in Art. 19 Abs. 3 bezeichneten Behörden sind stets nur die zur Entscheidung des Streites selbst berufenen Behörden verstanden; geschieht die Aufstellung durch andere Behörden, so ist sie rechtsungültig. (V.-G.-H.-E. Bd. VII S. 51.)

Die von Amtswegen ergehende Aufforderung zur Bestellung gemeinsamer Bevollmächtigter ist stets an bestimmte, namentlich zu bezeichnende Personen zu richten; da aber die Parteien auch wissen müssen, wer ihr Bevollmächtigter ist, um sich mit demselben ins geeignete Benehmen setzen zu können, so kann eine solche amtliche Aufstellung erst dann als rechtsgültig erfolgt angesehen werden, wenn die betreffende Partei in Kenntnis gesetzt worden ist. (V.-G.-H.-E. Bd. VII S. 53.)

In diesen Fällen hat (so V.-G.-H.-E. vom 30. Juni 1891) an Stelle der Privatvollmacht der amtliche Vollmachtsauftrag zu treten; letzterer hat hienach an sich die gleichen Wirkungen wie ein von der Partei selbst erteilter Auftrag: hieraus folgt, daß auch der amtliche Vollmachtsauftrag nicht unwiderruflich ist. Sowie die Partei das Recht hat, die von ihr selbst erteilte Prozeßvollmacht zu kündigen und an Stelle des bisherigen Prozeßbevollmächtigten einen anderen aufzustellen, ebenso ist es der Streitgenossenschaft unbenommen, den vom Amt aufgestellten durch eine Person nach ihrer eigenen Wahl zu ersetzen; während aber die Privatvollmacht schon durch die Anzeige von der Bestellung eines anderen Prozeßbevollmächtigten anstatt des bisherigen bei der Behörde hinfällig wird, kann der amtliche Vollmachtsauftrag seine Wirkung nur dann verlieren, wenn er von der Behörde, die ihn erteilt hat, bezw. von der vorgesetzten Behörde zurückgenommen wird; denn eine amtliche Verfügung, als welche sich ein derartiger Vollmachtsauftrag darstellt, kann naturgemäß nicht durch eine bloße Parteierklärung hinfällig werden. Zudem ist es ein allgemeiner Rechtsgrundsatz, daß nur der Auftraggeber selbst zur rechtswirksamen Zurücknahme des von ihm erteilten Auftrages befugt erscheint. Hienach hat die Streitgenossenschaft zwar das Recht, falls sie nach der Hand selbst einen Bevollmächtigten aufstellen will, die Zurücknahme des amtlichen Vollmachtsauftrages durch die Behörde zu verlangen; so lange sie aber einen diesbezüglichen Antrag nicht stellt und dieser Antrag von der Behörde, welcher die Prüfung des Vollmachtspunktes obliegt, nicht beschieden ist, bleiben die Wirkungen des amtlichen Vollmachtsauftrages aufrecht erhalten.

Über die Wirkung einer Streitgenossenschaft ist noch zu bemerken:

Wenn zwar nur von einzelnen von mehreren Streitgenossen gegen einen Beschluß rechtzeitig Beschwerde eingelegt wurde, während die anderen die Beschwerdefrist haben verstreichen lassen, das Streitverhältnis aber allen Streitgenossen gegenüber nur einheitlich festgestellt werden kann, so gelten die säumigen Streitgenossen als durch die nicht säumigen vertreten und steht ersteren also eventuell die materielle Rechtskraft eines Beschlusses nicht entgegen; in formeller Hinsicht dagegen tritt ihnen gegenüber die Rechtskraft insoferne ein, als sie nicht ihrerseits wieder gegen den zweitinstanziellen Bescheid, der ihre Interessen nicht mehr verletzt, als der erstinstanzielle, Beschwerde zur dritten Instanz einlegen können; wird aber durch den zweitinstanziellen Bescheid in höherem Maße zu ihren Ungunsten entschieden, so steht ihnen die Berufung zur dritten Instanz zu, da der Verzicht auf Geringeres nicht auch den auf Größeres in sich schließt. (Vgl. Krais S. 432, V.-G.-H.-E. Bd. V S. 178, Bd. IX S. 467.)

Gemäß Art. 19 des Gesetzes ist es den Beteiligten und ihren gesetzlichen Vertretern gestattet, sich bei den Verhandlungen vertreten zu lassen. Es können jedoch zu Bevollmächtigten und Beiständen nur prozeßfähige Personen bestellt werden. (Vgl. § 4 Instr., ferner § 50 ff. R.-C.-P.-O. und den vorausgehenden Paragraph.) Die Vertretung des Ärars richtet sich nach den hierüber bestehenden Vorschriften; (s. gleichfalls den vorausg. Paragr.)

Personen, welche, ohne Rechtsanwälte zu sein, die Vertretung oder Beistandsleistung vor Gerichten oder Verwaltungsbehörden geschäftsmäßig betreiben, kann die Zulassung als Vertreter oder Beistände auch bei den Verwaltungsgerichten versagt werden (§ 4 Instr.), ohne daß ihnen gegen eine solche Verfügung, die in das Ermessen des Gerichtes gestellt ist, ein Beschwerderecht zusteht. Abgesehen hievon und von § 45 Instr., wonach bei den Kompetenzkonfliktssenaten der Rechtsanwaltszwang besteht, hat die Staatsregierung von dem ihr durch Art. 19 des Ges. eingeräumten Rechte, die Übernahme einer Vertretung vor den einzelnen Instanzen näher zu regeln, keinen Gebrauch gemacht: die Wahl der Bevollmächtigten ist also unter den genannten Einschränkungen den Parteien völlig freigestellt, ein Anwaltszwang besteht nicht, § 74 ff. R.-C.-P.-O. und die Bestimmungen der Rechtsanw.-Ordg. sind nicht unbedingt anwendbar.

Gesetzliche Fristen für die Vollmachtserteilung bestehen nicht, nachträgliche Bereinigung des Vollmachtspunktes kann gestattet werden; beispielsweise kann eine rechtzeitig von einem Anwalte ohne Vollmacht eingelegte, sonst aber förmliche Beschwerde durch Ratihabition der Partei volle Wirksamkeit erlangen, auch wenn die Ratihabition nach Ablauf der Beschwerdefrist erfolgte. Ähnlich verhält es sich bei den von dem Bürgermeister oder einem Armenpflegschaftsrats- oder Kirchenverwaltungsvorstand für die von ihm vertretene Korporation vorsorglich eingelegten Beschwerden, falls das zuständige Organ nachträglich seine Genehmigung erteilt. Was die Form der Bevollmächtigung anlangt, so haben die Bevollmächtigten mit Ausnahme der k. Fiskale die Thatsache der Vollmachtserteilung durch eine schriftliche oder protokollarische Vollmacht nachzuweisen und diese zu den Akten zu übergeben; Privaturkunden müssen durch eine öffentliche Behörde — es genügt die Gemeindebehörde — beglaubigt sein; dies gilt auch von den Vollmachten für die Rechtsanwälte (§ 4 Instr.).

Der Tod des Vollmachtgebers, Änderungen in seiner Prozeßfähigkeit oder in seiner gesetzlichen Vertretung bewirken nicht ohne weiteres das Aufhören der Vollmacht: diese Frage ist von Fall zu Fall zu prüfen, sie richtet sich nach dem Sinn und Inhalt der Vollmacht und ist eine Auslegungsfrage: im allgemeinen wird ähnlich wie im Civilprozesse Fortdauer der Vollmacht anzunehmen sein (s. auch Seydel Bd. II S. 485). Die Kündigung derselben ist jederzeit zulässig, wird aber erst von dem Augenblicke an wirksam, wo sie bei der Behörde, bei welcher die Sache anhängig ist, angezeigt wird (V.-G.-H.-E. Bd. III S. 467). Wenn der Bevollmächtigte zwar die Vollmacht gekündet, aber die Anzeige hiervon an das Gericht unterlassen hat, so kann er noch bei Gericht auftreten; hieraus etwa entstehende Verbindlichkeiten sind aber civilrechtlicher Natur und gehören deshalb vor die Civilgerichte. Der Umfang der Prozeßvollmacht richtet sich in der Regel, wenn aus dem Inhalte derselben nichts entgegenstehendes erhellt, nach § 77 R.-C.-P.-O.

Das Prinzip der Offizialität des Verfahrens bringt es auch mit sich, daß thatsächliche Erklärungen von Bevollmächtigten stets auf ihre objektive Wahrheit zu prüfen sind: sollten sie sich als unrichtig herausstellen, so können sie den Vertretenen niemals schaden; andererseits ist z. B. eine von dem Bürgermeister einer Gemeinde im Namen derselben bei einer kontradiktorischen Verhandlung abgegebene Erklärung gegenüber der Gegenpartei auch dann rechtswirksam, wenn der Bürgermeister gegen den Sinn der von ihm vertretenen Gemeinde gehandelt hat; letzterer Umstand vermag indes eine Haftungsverbindlichkeit des Bürgermeisters gegenüber der Gemeinde zu begründen. (V.-G.-H.-E. Bd. II S. 557.)

Trotz Vorhandenseins eines Prozeßbevollmächtigten kann das persönliche Erscheinen der Parteien angeordnet werden; vgl. hierüber § 23 mein. Abhandl.

Zustellungsbevollmächtigte: Wohnt ein Beteiligter nicht innerhalb des Amtsbezirkes derjenigen Distriktsverwaltungsbehörde, welche in erster Instanz zuständig oder mit den Vorerhebungen beauftragt ist, weil eine Kreisregierung in erster Instanz zuständig ist, so kann demselben, sofern nicht ein innerhalb jenes Bezirkes wohnhafter Prozeßbevollmächtigter bestellt wurde, die Aufstellung eines daselbst wohnhaften Zustellungsbevollmächtigten aufgetragen werden mit der Warnung, daß, falls diesem Auftrage nicht rechtzeitig entsprochen würde, alle späteren Zustellungen in der Art bewirkt würden, daß die zuzustellenden Schriftstücke unter der Adresse des Beteiligten nach dessen Wohnort zur Post gegeben und mit der Aufgabe zur Post, selbst wenn die Sendung als unbestellbar zurückkommen sollte, als gehörig zugestellt angesehen würden; solche Postsendungen sind aber mit der Bezeichnung „Einschreiben" zu versehen. (§ 6 Instr.)

Postempfangsbevollmächtigte sind keine Zustellungsbevollmächtigte, letztere wiederum sind keine Prozeßbevollmächtigte oder gemeinschaftliche Bevollmächtigte im Sinne des Gesetzes.

III. Abschnitt: Zustellungen, Ladungen, Termine und Fristen.

§ 31.

a) Zustellungen.

Zustellung nennt man die gehörige Mitteilung eines Schriftstückes durch Übergabe (Behändigung) des Schriftstückes selbst oder einer — beglaubigten — Abschrift desselben.

Über wichtigere Zustellungen, namentlich über die Zustellung von Verfügungen, welche für die Adressaten Rechtsnachteile im Gefolge haben können, ist ein amtlicher Nachweis zu den Akten zu bringen. Solche Zustellungen sind in der Regel durch die Post gegen Zustellschein (Retour=Rezepisse) oder durch den betreffenden Bürgermeister zu bewerkstelligen. Handelt es sich um verwaltungsrechtliche Streitigkeiten, bei welchen eine Gemeinde Partei ist, so erscheint es zwar nicht angemessen, Zustellungen an die Gegenbeteiligten durch die Verwaltung dieser Gemeinde bezw. ihren Bürgermeister vermitteln zu lassen, eine positive Vorschrift jedoch, durch welche eine solche Zustellung ausgeschlossen oder als wirkungslos erklärt wäre, besteht nicht, sie ist also zulässig. (§ 6 Instr. V.=G.=H.=E. Bd. XII S. 154.)

Die Zustellung ist vollendet mit der Übergabe des den Beschluß oder die Verfügung enthaltenden Schriftstückes: die Unterzeichnung des Retourrezepisses hat nur den Zweck, den Nachweis der Zustellung zu sichern, welcher auch durch Zeugenaussagen erbracht werden kann; sie bildet jedoch keinen Teil des Zustellungsaktes; auch hat das Retourrezepisse nicht den Charakter einer Zustellungsurkunde im Sinne des § 173 R.=C.=P.=O. Letztere Bestimmung kommt überhaupt nicht zur analogen Anwendung und kann der Beweis der erfolgten Zustellung durch die ordentlichen Beweismittel jederzeit nachgeholt werden. (§ 6 Instr. V.=G.=H.=E. Bd. X S. 134.)

Im verwaltungsgerichtlichen Verfahren geschehen alle Zustellungen von Amtswegen und zwar durch dieselben Organe, deren sich die Verwaltungsbehörden als solche für diese Zwecke bedienen.

Hat ein Beteiligter einen Prozeßbevollmächtigten oder einen Zustellungsbevollmächtigten aufgestellt, so erfolgt die Zustellung an diesen; § 6 Instr.; an die Nichtbefolgung dieser Vorschrift ist jedoch nicht die Unwirksamkeit der Zustellung geknüpft, vielmehr kann letztere immerhin an die Partei selbst erfolgen. (V.=G.=H.=E. Bd. XII S. 154.)

Bei Zustellungen an den gemeinsamen Vertreter mehrerer Beteiligten genügt die Übergabe einer einzigen Ausfertigung oder Abschrift; andererseits sind einem bloßen Zustellungsbevollmächtigten mehrerer Beteiligten, falls nicht die letzteren mit einfacher Zustellung ausdrücklich sich zufrieden erklären und unbeschadet der etwa auf Grund des Art. 19 Abs. 3 des Ges. ergehenden Verfügung, so viele Ausfertigungen oder Abschriften zu übergeben, als Beteiligte vorhanden sind. Die freiwillige Aufstellung eines gemeinsamen Zustellungsbevollmächtigten ist nicht ausgeschlossen, wohl aber abgesehen von dem vorerwähnten Falle des § 6 Abs. 3 Instr. eine amtliche Aufforderung zur Bestellung eines solchen. Siehe über Zustellungsbevollmächtigte den vorausgeh. Paragraphen.

Die Bestimmungen über Ersatzzustellung (§ 166—170), dann §§ 182—189 R.=C.=P.=O., ferner die Vorschriften der Ziffer 1 der gemeinschaftlichen Bekanntmachung der k. Staatsministerien der Justiz und des Innern vom 16. August 1879, den Vollzug der §§ 167, 678, 679 R.=C.=P.=O. betr. (G.= u. V.Bl. Nr. 53) kommen, unbeschadet der aus Art. 35 Abs. 2 des Ges. vom 8. August 1878 sich ergebenden Abweichungen, entsprechend zur Anwendung. (§ 6 Instr.)

Über Ersatzzustellung kommt folgendes zu bemerken:

Wird die Person, welcher zugestellt werden soll, in ihrer Wohnung nicht angetroffen, so kann die Zustellung in der Wohnung an einen zu der Familie gehörenden erwachsenen Hausgenossen oder an eine in der Familie dienende erwachsene Person erfolgen (§ 166 R.=C.=P.=O.). Als „Familie" ist auch das Hauswesen unverheirateter Personen anzusehen. Hausgenosse ist ein mit der Familie im Hause wohnender. „Erwachsen" und „großjährig" brauchen sich nicht zu decken.

Wird eine solche Person nicht angetroffen, so kann die Zustellung an den in demselben Hause wohnenden Hauswirt oder Vermieter erfolgen, wenn diese zur Annahme des Schriftstückes bereit sind; ist hiernach die Zustellung nicht ausführbar, so kann sie dadurch erfolgen, daß das zu übergebende Schriftstück bei derjenigen Distriktsverwaltungsbehörde, in deren Bezirk der Ort der Zustellung gelegen ist, oder an diesem Orte bei der Postanstalt oder dem Gemeindevorsteher oder dem Polizeivorsteher niedergelegt und die Niederlegung sowohl durch eine an der Thüre der Wohnung zu befestigende schriftliche Anzeige als auch, soweit thunlich, durch mündliche Mitteilung an zwei in der Nachbarschaft wohnende Personen bekannt gemacht wird. Bei unbekanntem Aufenthalt ist stets nur § 186 ff. R.=C.=P.=O. anwendbar. (§ 167 R.=C.=P.=O. u. § 6 Instr.)

Die in § 167 R.=C.=P.=O. vorgeschriebene Niederlegung erfolgt im diesrheinischen Bayern bei dem Bürgermeister oder seinem Stellvertreter oder dem Distriktsvorsteher event. dem Ortsführer, in der Pfalz bei dem Bürgermeister oder seinem Stellvertreter, dem Adjunkten. (Art. 73 G.=O. s. d. Näh. Min.=Bektmchg. v. 16. Aug. 1879 G.= u. V.Bl. S. 1001.)

In Bezug auf Ersatzzustellung ist noch zu bemerken:

Im öffentlichen Dienste gilt es als Regel, daß die Dienstesthätigkeit eines Beamten, welcher in Benützung eines ihm von der zuständigen vorgesetzten Stelle bewilligten Dienstesurlaubs den Sitz seines Amtes verläßt, während der Urlaubsdauer eingestellt ist und daß, insofern eine Stellvertretung allgemein oder speziell angeordnet ist, während dieser Zeit die gesamte Amtsführung mit den daraus sich ergebenden Rechten und Pflichten von Rechtswegen auf den Stellvertreter übergeht. Erfolgt daher z. B. an den Vorstand des Armenpflegschaftsrates während seiner ordnungsmäßigen Beurlaubung eine Ersatzzustellung im Sinne der §§ 166 und 167 R.=C.=P.=O. etwa durch Übergabe des Schriftstückes an die Frau desselben, so wird die etwaige Beschwerdefrist wegen Ungültigkeit der Zustellung nicht in Lauf gesetzt. (V.=G.=H.=E. Bd. XII S. 169.) Für Gewerbetreibende, welche ein besonderes Geschäftslokal haben, kann, wenn sie in dem Geschäftslokale nicht angetroffen werden, die Zustellung an einen darin anwesenden Gewerbsgehilfen erfolgen; (§ 168 R.-C.-P.-O.); als Gewerbsgehilfen sind auch die technischen Leiter einer Fabrik zu erachten. (B.-G.-H.-E. Bd. XII S. 155.)

Wenn überhaupt Niemand im Geschäftslokale anwesend ist, ist § 167 nicht anwendbar.

Eine Zustellung im Hause des Gehilfen ist ebenso ungültig, als eine Ersatzzustellung im Geschäftslokal an eine nur mit häuslichen Diensten betraute Person.

„Gewerbetreibende" sind im weitesten Sinne zu nehmen:

Ärzte, Künstler; Notare zählen jedoch nicht hierher, wohl aber Fabrikanten. (B.-G.-H.-E. Bd. XII S. 155.)

Wird ein Rechtsanwalt, welchem zugestellt werden soll, in seinem Geschäftslokale nicht angetroffen, so kann die Zustellung an einen darin anwesenden Gehilfen oder Schreiber erfolgen (§ 168 R.-C.-P.-O.). Hier ist stets nur das am Wohnsitz des Rechtsanwalts befindliche Geschäftslokal gemeint: anderenfalls müßte die Ersatzzustellung an den etwaigen Zustellungsbevollmächtigten erfolgen. Anwaltsgehilfe ist jede in dauerndem Dienstverhältnisse eines Anwalts für Geschäfte des Anwaltsberufes (mit Ausnahme der Botendienste) stehende Person. Die Anwendung des § 168 wird auch dadurch nicht ausgeschlossen, daß der Rechtsanwalt die Postanstalt notifiziert, daß an gewisse seiner Schreiber oder an Schreiber überhaupt Zustellungen nicht erfolgen sollen. (B.-G.-H.-E. Bd. IV S. 422.) Die Zustellung an eine nicht prozeßfähige Partei geschieht durch Zustellung an ihren gesetzlichen Vertreter.

Wird der gesetzliche Vertreter oder der Vorsteher einer Behörde, einer Gemeinde oder Korporation während der gewöhnlichen Geschäftsstunden nicht angetroffen, so kann die Zustellung an einen anderen im Geschäftslokale anwesenden Beamten oder Bediensteten bewirkt werden. Wird er in seiner Wohnung nicht angetroffen, so finden die §§ 166 und 167 nur dann Anwendung, wenn ein besonderes Geschäftslokal nicht vorhanden ist (§ 169 R.-C.-P.-O.). Die Zustellungen für den Fiskus sollen in der Regel an die

Vorstände der betreffenden Regierungsfinanzkammern oder einschlägigen Centralstellen erfolgen, doch hat die Praxis unmittelbare Zustellungen an die Fiskale nicht beanstandet. (Krais S. 427.)

Zustellungen an Gemeinden geschehen durch Zustellung an den Bürgermeister; wenn der letztere die Entschließung, den Beschluß ꝛc. dem Gemeindeausschuß etwa zu spät bekannt gemacht oder sonst vorschriftswidrig gehandelt hat, so kann eine Haftung desselben begründet sein, die Folgen derselben, insbesondere der Fristenlauf, der Eintritt der Rechtskraft werden hiedurch aber nicht berührt, auch bildet die vorschriftswidrige Behandlung einer Zustellung durch den Bürgermeister keinen Grund zur Wiedereinsetzung in den vorigen Stand. (V.=G.=H.=E. Bd. I S. 89, 423, II S. 567, IX S. 53.)

Zustellungen an Ortsgemeinden, bei denen kein Ortsausschuß gebildet und auch die Verwaltung nicht den politischen Gemeinden übertragen ist, können nur an die „Ortsversammlung" erfolgen; ein als Gehilfe der örtlichen Polizeiverwaltung und als Kassier der Ortsgemeinde aufgestellter Ortsführer oder Ortspfleger ist zur Empfangnahme solcher Zustellungen nicht legitimiert, es kann die Zustellung nicht rechtswirksam an ihn als „Vertreter" der Ortsgemeinde geschehen, sondern sie gilt erst dann als bewirkt, wenn sie in der Ortsversammlung bekannt gegeben worden ist. (V.=G.=H.=E. Bd. III S. 18 und 21.) Verfügungen an eine Schulsprengelvertretung, welche dem Bürgermeister des Schulsitzes zugestellt wurden, sind als der Schulsprengelvertretung selbst zugestellt zu erachten; eine verspätete Bekanntgabe an die Mitglieder der Schulsprengelvertretung durch den Bürgermeister bildet keinen Restitutionsgrund, hemmt den Fristenlauf nicht, vermag jedoch wieder eine Haftungsverbindlichkeit des Bürgermeisters hervorzurufen. (V.=G.=H.=E. Bd. IX S. 53.)

Dem Distriktsausschusse zuzustellende Schriftstücke müssen die Adresse „an den Vorstand des Distriktsausschusses" tragen und sind stets dem Bezirksamtmann als Vorstand des Ausschusses zuzustellen. (Entsch. Bd. III S. 381.) Eine Zustellung an „das Bezirksamt" oder an „den königl. Bezirks=

amtmann" ist daher nicht als an den Vorstand des Distriktsausschusses und sonach an diesen letzteren selbst erfolgt zu erachten, auch dann nicht, wenn das zugestellte Schriftstück vom Vorstand des Bezirksamts mit dem Präsentatum versehen wurde. (Entsch. Bd. III S. 381.)

Wird die Annahme einer Zustellung ohne gesetzlichen Grund verweigert, so ist das zu übergebende Schriftstück am Orte der Zustellung zurückzulassen.

Eine im Auslande zu bewirkende Zustellung erfolgt mittels Ersuchens der zuständigen Behörde des fremden Staates oder des in diesem Staate residierenden Konsuls oder Gesandten des Reiches. § 182 R.-C.-P.-O.

Über Zustellungen an Deutsche mit dem Rechte der Exterritorialität s. § 183, über Zustellungen an auswärtige Truppenteile § 184.

Ist der Aufenthalt einer Partei unbekannt, so kann die Zustellung durch öffentliche Bekanntmachung erfolgen; § 186 R.-C.-P.-O. § 187 R.-C.-P.-O. erleidet selbstverständlich hierbei Modifikationen, da das Institut der Gerichtsschreiber bei den Verwaltungsgerichten nicht besteht, vielmehr ist hier Art. 35 Abs. 2 des Ges. v. 8. August 1878 zur Anwendung zu bringen.

Über Postzustellungsurkunden vgl. noch M.-E. v. 2. Aug. 1885, M.-A.-Bl. S. 211.

Anm. 1. § 6 der Instr. v. 1. Sept. 1879 bezieht sich zwar nur auf Verwaltungsrechtssachen; es unterliegt jedoch keinem Bedenken, dieselbe Bestimmung auch bei etwaigen Zustellungen in Streitigkeiten des Art. 10 als maßgebend zu erachten, da ausdrückliche Vorschriften für Fälle der letztgedachten Art fehlen. und daher der Natur der Sache nach erstere Bestimmung zu Hilfe genommen werden muß. (Entsch. Bd. X S. 137.)

Anm. 2. Die in Art. 45 Abs. 2 des Ges. vorgesehene einfache Eröffnung ist noch keine Zustellung. (Entsch. Bd. III S. 222.)

Anm. 3. Bei Zustellungen an Militärpersonen, sowie bei Ladung derselben als Zeugen 2c. sind die Vorschriften des Art. 20 des Ges. v. 23. Februar 1879 zur Ausf. d. Reichscivilprozeßordnung maßgebend. Hierüber siehe den folgenden Paragraphen m. Ausf.

§ 32.

b. **Ladungen.**

Ladungen sind Zustellungen, welche die Aufforderung an eine Person enthalten, in einem gewissen Termine zu einer gewissen Zeit vor Gericht zu erscheinen; dieselben können an die Prozeßparteien, an Zeugen und Sachverständige ergehen. Auch die Ladungen geschehen stets von Amtswegen, selbst jene der Zeugen; die Parteien sind nur zur Benennung von zu vernehmenden Zeugen berechtigt. (Aut. M.=Entschl. vom 7. Mai 1880 Nr. 6910.)

Zu den öffentlichen Verhandlungen sind die Beteiligten unbeschadet der in einzelnen Gesetzen etwa vorgesehenen besonderen Rechtsnachteile mit dem Eröffnen zu laden, daß auch im Falle ihres Nichterscheinens Beschluß nach Lage der Sache gefaßt würde. Art. 35 des Ges.

Zeugen und Sachverständige werden unter Androhung des Rechtsnachteiles geladen, daß, falls sie ohne genügende Entschuldigung ausbleiben, oder letztere zu spät zur Anzeige bringen, die durch ihr Nichterscheinen verursachten Kosten überbürdet erhalten.

Die Ladungsurkunden sind nach Maßgabe der Bestimmungen über die Zustellungen gegen Nachweis zu den Akten zuzustellen. Für die Ladungen der Kreisregierungen und des Verwaltungsgerichtshofes sind durch die §§ 16 und 35 der Instr. bestimmte Formulare vorgeschrieben. (Anlage A—C. der Instr.)

Die den Beteiligten zugestellte Ladung dient in der öffentlichen Sitzung zugleich als Identitätsnachweis des Inhabers der Ladungsurkunde (bezw. der Abschrift derselben) und ist deshalb in die Sitzung mitzubringen.

Gehen die Ladungen von der Kreisregierung oder dem Verwaltungsgerichtshofe aus, so werden sie regelmäßig mit Umgehung der Vermittelung der Bezirksämter unmittelbar zugestellt. (§ 16 Instr.) Dieselben erfolgen entweder durch die unmittelbaren Vollzugsorgane der Verwaltungsbehörden, oder durch

Vermittelung der Gemeindebehörden oder durch die Post. Eine Ladung durch die Gerichtsvollzieher ist ausgeschlossen. (M.-E. vom 2. August 1885 M.-A.-Bl. S. 211, betr. die Abgabe der Formulare zu Postzustellungsurkunden an die kgl. Bezirksämter, aut. M.-E. vom 7. Mai 1880 Nr. 6910.)

Wenn eine Gemeinde Prozeßpartei ist, so empfiehlt sich die Zustellung einer Ladung an die Gegenpartei durch Vermittelung der Gemeindebehörde nicht. (Siehe den vorausg. Paragr.)

Bei Zustellungen an Militärpersonen und bei Ladungen derselben als Zeugen oder Sachverständige findet eine Mitwirkung der Militärbehörden nur insoweit statt, als eine solche in bürgerlichen Rechtsstreitigkeiten vorgeschrieben ist. Soweit hienach eine Mitwirkung der Militärbehörden einzutreten hat, ist für Zustellungen die Bestimmung des § 158 R.-C.-P.-O., für Ladung von Militärpersonen als Zeugen und Sachverständige die Bestimmung des § 343 C.-P.-O. maßgebend; (Art. 20 Ausf.-Ges. z. R.-C.-P.-O., § 6 der Justr.).

Bei Ladungen von Militärbeamten findet, da diese nicht zu den Personen des Soldatenstandes gehören, eine Mitwirkung der Militärbehörde nicht statt; bei Vernehmung über Umstände, auf welche sich die Pflicht der Amtsverschwiegenheit bezieht, und zur Erklärung, daß die Vernehmung eines solchen Beamten als Sachverständigen den dienstlichen Interessen Nachteile bereiten würde oder nicht, ist die Genehmigung der vorgesetzten Stellen erforderlich (Min.-Bektchg. v. 7. Jan. 1882 G.- u. V.Bl. S. 40); soll ein öffentlicher Beamter oder Bediensteter als Zeuge oder Sachverständiger geladen werden, so ist der vorgesetzten Dienstbehörde von Amtswegen von der Ladung Mitteilung zu machen; letztere hat jedoch zu unterbleiben, wenn die Abgabe eines Gutachtens zu den Amtspflichten des als Sachverständiger zu ladenden öffentlichen Beamten oder Bediensteten gehört; die erwähnte Mitteilung obliegt der die Ladung anordnenden Behörde und hat gleichzeitig mit der Anordnung der Ladung zu erfolgen. (Vgl. §§ 1, 3, 4 d. k. Verordg. v. 25. Sept. 1879, die Ladung öffentlicher Beamten ꝛc. betr., G.= u. V.Bl. S. 1293.)

Beamte oder Bedienstete haben überdies um Urlaubsbewilligung bezw. Befreiung vom Bureaudienste einzukommen. (Min.=Bektmchg. gleichen Betr. v. 7. Jan. 1882 G.= u. V.Bl. S. 37.)

Anm. In den Streitfällen über religiöse Kindererziehung sind auch die Pfarrämter als sachlich Beteiligte zu erachten und daher zur mündlichen Verhandlung zu laden. Nach einer Entschließung des kgl. prot. Oberkonsistoriums vom 20. April 1881 sollen die Pfarrämter, um das zu oftmalige Erscheinen in der mündlichen Verhandlung thunlichst zu vermeiden, in solchen Fällen rechtzeitig Bericht an die vorgesetzte Stelle erstatten.

§ 33.

c. Termine.

Termin (Tagfahrt) ist ein Zeitpunkt, welcher von dem Gerichte für die Vornahme einer Handlung vor diesem Gerichte festgesetzt wird.

Die Terminsbestimmung geschieht durch den Vorstand des Gerichts, bei den Kollegialgerichten in der Regel durch den Präsidenten, ausnahmsweise, wenn nämlich die Verkündung eines Beschlusses nicht sofort erfolgen kann, durch den Senat oder das Plenum. (Art. 35, 36, 41 des Ges., §§ 16, 18, 35 der Instr.)

Die Regel, daß Termine an der Gerichtsstätte abzuhalten sind, erleidet auch bei den Verwaltungsuntergerichten insoferne eine Ausnahme, als dieselben auch bei Gelegenheit von Kommissionsreisen und auswärtigen Amtstagen abgehalten werden können und zwar auch in jenen Fällen, wo es sich nicht um die Einnahme eines Augenscheins, sondern um Zeugenvernehmungen handelt.

Eine Aufhebung des Termines durch Vereinbarung der Parteien gibt es im Verwaltungsgerichtsverfahren nicht, wohl aber kann eine solche durch richterliche Anordnung sowohl von Amtswegen als auf Antrag erfolgen.

Der Termin beginnt mit dem Aufrufe der Sache.

Die Termine der Kollegialgerichte sind regelmäßig an im Voraus ein für allemal zu bestimmenden und öffentlich bekannt zu gebenden Tagen der Woche oder des Monats abzuhalten, unbeschadet der Anberaumung etwa nötiger außerordentlicher Sitzungen.

Die jeweilige Tagesordnung ist durch Anschlag vor dem Sitzungssaale rechtzeitig zu veröffentlichen. Fällt an einem ordentlichen Sitzungstage die Sitzung aus, so ist solches gleichfalls durch Anschlag bekannt zu machen. Den Senatsmitgliedern bezw. auch dem Staatsanwalte ist ein Exemplar der Tagesordnung zuzustellen und die Einsichtnahme der Akten vor der Verhandlung zu gestatten. (§§ 18, 35, 36 der Instr.)

§ 34.

d. Fristen.

Die Frist ist ein Zeitraum, welcher zur Vornahme oder Vorbereitung einer gewissen Handlung freigelassen ist.

Die Fristen sind nur richterliche oder gesetzliche, je nachdem es dem richterlichen Ermessen überlassen ist, sie festzusetzen, oder ihre Dauer durch das Gesetz bestimmt ist, z. B. Beschwerdefristen sind immer gesetzliche.

Die Parteien können Fristen nicht im Wege der Vereinbarung ohne richterliche Anordnung verlängern oder verkürzen, ebensowenig kann der Richter gesetzliche Fristen von Amtswegen verlängern oder abkürzen; dagegen können auf Parteiantrag sogen. ausschließliche Fristen aus berücksichtigungswerten Gründen vom Verwaltungsrichter verlängert werden, nicht aber unerstreckliche oder Notfristen.

Wenn bei der Festsetzung einer richterlichen Frist nichts bestimmt ist, so beginnt ihr Lauf und zwar bei verkündeten Fristbestimmungen mit dem Tage der Verkündigung, bei nicht verkündeten mit dem Tage der Zustellung des die Fristfestsetzung enthaltenden Schriftstückes; der Lauf einer gesetzlichen Frist dagegen ist stets an ein bestimmtes prozessuales Ereignis, in der Regel an eine Zustellung geknüpft.

Die Fristen können nach Stunden, Tagen, Wochen, Monaten und Jahren bestimmt sein; bei Berechnung einer nach Tagen bestimmten Frist wird der Tag nicht gerechnet, auf welchen der Zeitpunkt oder das Ereignis fällt, nach welchem der Anfang der Frist sich richten soll. Eine Frist, welche nach Wochen oder Monaten bestimmt ist, endigt mit Ablauf desjenigen Tages der letzten Woche bezw. Monats, welcher durch seine Benennung oder Zahl dem Tage entspricht, an welchem die Frist begonnen hat; fehlt dieser Tag in dem letzten Monate, so endigt die Frist mit Ablauf des letzten Tages dieses Monats. Fällt das Ende einer Frist auf einen Sonntag oder allgemeinen Feiertag, so endigt die Frist mit Ablauf des nächstfolgenden Werktages. Im Falle der Verlängerung einer Frist wird die neue Frist von dem Momente des Ablaufes der letzten an gerechnet, wenn nicht im einzelnen Falle etwas anderes bestimmt ist. (§§ 199 ff. R.-C.-P.-O.)

Die Fristen zur Einlegung der Beschwerde sind Notfristen d. h. solche, welche weder verlängert noch verkürzt werden können; gegen die Versäumung derselben wird unter gewissen Voraussetzungen das Rechtsmittel der Wiedereinsetzung in den vorigen Stand gewährt, wovon weiter unten gehandelt werden wird.

§ 35.

IV. Abschnitt: Protokolle.

Der Ausdruck Protokoll ist gleichbedeutend mit Beurkundung, schriftliche Konstatierung.

Protokolle sind über jede mündliche Verhandlung aufzunehmen. Die Aufnahme der Protokolle geschieht bei den Sitzungen der Kollegialgerichte durch einen vereideten Schriftführer (Sekretär), § 24 der Instr.

Die bei der Kreisregierung zu ihrer Ausbildung beschäftigten Accessisten und Praktikanten sind zu den mündlichen Verhandlungen, sowie zu den Beratungen der Senate beizuziehen und können auch als Schriftführer verwendet werden (§ 25 der Instr.).

Bei den Verwaltungsuntergerichten kann das Protokoll in der Regel von dem Beamten persönlich sowie auch unter seiner Leitung von einem Protokollführer abgefaßt werden; zur Abnahme des Eides oder der Beteuerung an Eidesstatt sowie zur Vernehmung von Zeugen und Sachverständigen, insoweit letztere ihr Gutachten nicht schriftlich abgeben, ist stets ein Protokollführer beizuziehen.

Der Inhalt des Protokolls ist ein verschiedener, je nach dem Gerichte, über dessen Verhandlungen dasselbe aufzunehmen ist.

Über die Protokollführung bei den Unterbehörden gilt folgendes:

Das Protokoll soll keine nach der Zeitfolge fortlaufende Wiedergabe von Erklärungen und Gegenerklärungen sein, sondern außer dem äußeren Verlauf der Verhandlung eine möglichst bündige Darlegung des Ergebnisses desselben enthalten (Art. 29 d. Ges.: das Ergebnis der mündlichen Verhandlungen über den Sachverhalt ist zu Protokoll zu nehmen), insbesondere soll ersichtlich sein, was von den Parteien als feststehend anerkannt ist, und was sie bestreiten, nebst den desfalls vorgebrachten Gründen und Beweismitteln. Unstatthaft ist die Einlegung schriftlicher Ausführungen zu Protokoll, unstatthaft ist es auch Erklärungen zu Protokoll zu diktieren. (§ 9 der Instr.) Das Protokoll ist den Beteiligten vorzulesen oder zur Durchsicht vorzulegen und sodann von diesen, sowie von dem die Verhandlung leitenden Beamten und dem Protokollführer zu unterzeichnen. Können oder wollen die Parteien nicht unterschreiben, so ist dies unter Angabe der Gründe zu bemerken. Bei Schreibensunkunde wird das übliche Verfahren eingehalten. (Vgl. auch Krais S. 188 über die Bedeutung des Wortes „Protokoll" im Sinne des Art. 29 des Ges.)

Das über den Gang und die Ergebnisse der Verhandlungen der Kollegialgerichte aufzunehmende Protokoll hat zu enthalten:

Ort und Tag der Verhandlung, Benennung der Richter (bezw. auch des Staatsanwalts) und des Protokollführers, den Betreff der Verhandlung, die Namen der erschienenen Beteiligten, ihrer Vertreter, Bevollmächtigten und Beistände, die Angabe, ob öffentlich verhandelt wurde oder nicht, eventuell die Benennung der beigezogenen Vertrauensmänner, die Bezeichnung des Referenten, die Anerkenntnisse, Verzichte, Vergleiche und Anträge der Beteiligten, die Aussagen der Zeugen und Sachverständigen, eventuell etwaige Abweichungen von ihren früheren Aussagen, die Konstatierung der Abwesenheit des Protokollführers bei der Beratung und Abstimmung des Senats, unbeschadet der Bestimmung des § 195 Abs. 2 ält. Fass. des R.-G.-V.-G. (cf. Krais S. 198), die Angabe der Entscheidungsformel und den Vermerk der Verkündigung der Entscheidung (§§ 24, 34, 35 der Instr., Art. 36 u. 41 d. Ges.).

Das Protokoll ist von dem Senatsvorstande und dem Schriftführer zu unterzeichnen.

Der Protokollführer ist eidlich verpflichtet und steht unter Respizienz des Senatsvorstandes.

Eine Verlesung des Protokolls und die Anerkennung desselben durch die Beteiligten ist nicht vorgeschrieben.

Über die geheime Beratung und Abstimmung selbst wird kein Protokoll geführt.

Über die Kleidung der Protokollführer in öffentlicher Sitzung: § 17 Abs. 2 der Instr.

Anm. Über die bei Erledigung einzelner Verwaltungsrechtssachen erfolgten Entscheidungen zweifelhafter und wichtiger Rechtsfragen ist ein besonderes „Präjudizienbuch“ zu führen; s. d. Näh. § 27, 35 Instr; über ein weiteres, die Plenarentscheidungen des Verwaltungsgerichtshofes enthaltendes Präjudizienbuch s. § 39 Instr.

V. Abschnitt: Prozeßhandlungen.

§ 36.

a. Prozeßhandlungen der Parteien.

Im Civilprozesse bestimmt die Thätigkeit der Parteien den Anfang und Fortgang des Rechtsstreites sowie den Umfang des dem Richter vorzulegenden Streitmateriales; die Parteien legen den Stoff vor, auf grund dessen allein der Richter sein Urteil zu fällen hat; dieser ist insbesondere an die Sätze gebunden: judex ne eat ultra petita partium, judex ne procedat ex officio.

Ganz anders ist der Prozeßgang bei den Verwaltungsgerichten gestaltet; der hier vor allem maßgebende Grundsatz der Offizialität des Verfahrens bringt es mit sich, daß die Verwaltungsgerichte nicht nur nicht an die Anträge der Prozeßparteien gebunden sind, sondern über dieselben unter Umständen hinaus gehen können. Auch ohne förmliches Anrufen, ohne Erhebung einer förmlichen Klage sind sie zur Entscheidung berufen, wenn es sich um Meinungsverschiedenheiten zwischen einer Privatperson und den Behörden der aktiven Verwaltung handelt.

Die vorstehenden Sätze erleiden jedoch ihre Einschränkungen. Wo lediglich das individuelle Interesse des Einzelnen in Frage steht, da hat das Verwaltungsgericht keinen Anlaß, gleichsam wie ein Vormund über den Einzelnen ein Verfahren einzuleiten, überläßt es vielmehr diesem, sein Recht selbst zu wahren. Denn wenn z. B. ein einzelnes Gemeindeglied einem Lehrer die Verabreichung eines bisher nicht verweigerten Reichnisses z. B. eines Laibes Brot verweigert und der benachteiligte Lehrer auf die Weiterentrichtung nicht reflektiert, da hat auch, zunächst wenigstens die Verwaltungsbehörde, keinen Anlaß einzuschreiten. Desgleichen wird in solchen Fällen durch Verzichte der Beteiligten das Verfahren beendet; stets jedoch vorausgesetzt, daß nicht das öffentliche Interesse mitspielt.

Trotzdem bleibt der Spielraum für die Parteithätigkeit ein eng begrenzter. Durch Anträge und Beschwerden können die Beteiligten die Thätigkeit der Verwaltungsgerichte in Bewegung setzen und letztere sind auch verpflichtet, thätig zu werden: entweder materiell zu entscheiden oder die Entscheidung wegen Unzuständigkeit abzulehnen. Ingleichen können die Beteiligten durch Stellung etwaiger Beweisanträge auf die Entscheidung einwirken und so gewissermaßen als Wegweiser auf dem Wege der Urteilsfindung dienen.

Immerhin aber ist von dem Grundsatze auszugehen, daß, da die Verwaltungsgerichte nicht bloß formales, sondern materielles Recht zu schaffen haben, von einem reinen Parteibetrieb des Prozesses, also auch von einem Verzicht oder von Verabsäumung einzelner Rechtshandlungen, zu Nutz und Frommen der Beteiligten nur in äußerst beschränktem Maße die Rede sein kann; der Öffentlichkeit und Mündlichkeit kommt deshalb auch wegen der Offizialität des Verfahrens keine so hohe Bedeutung wie im Civilprozesse zu.

b. Prozeßhandlungen der Gerichte.

§ 37. Allgemeines.

Der wesentliche Inhalt der gerichtlichen Thätigkeit ist die Prozeßleitung und die Urteilsfällung.

Erstere ist der Inbegriff aller jener Anordnungen, welche zur zweckentsprechenden und gesetzmäßigen Entwickelung und Erledigung des Verfahrens erforderlich sind; hieher gehört u. a. die Anberaumung der Termine, die Ladung der Beteiligten, die Sitzungspolizei und vor allem die Sachinstruktion, welche die Vernehmung der Beteiligten und die Feststellung des Sachverhalts umfaßt.

Die Urteilsfällung besteht darin, daß der Richter nach Maßgabe des ihm vorliegenden, von ihm bezw. mit Hilfe der Beteiligten gesammelten Stoffes ausspricht, was in einer Sache Rechtens sein soll.

I. Prozeßleitung.

§ 38.

1. Sachinstruktion.

Der allgemeine Umfang der dem Verwaltungsrichter von Amtswegen zustehenden Sachinstruktion ist durch den Art. 27 des Gesetzes zum Ausdruck gekommen:

Die Distriktsverwaltungsbehörden haben vor allem für richtige Ermittelung des Sachverhalts zu sorgen und zu diesem Behufe nicht bloß das von den Beteiligten gebotene, sondern auch das sonst zur Aufklärung dienende Material zu den Akten zu bringen, insbesondere aufschlußgebende Vorakten und Urkunden beizufügen, Zeugen und Sachverständige zu vernehmen und etwaige Nebenpunkte gleichzeitig mit der Hauptsache zu erheben.

Die Akten sollen eine von jeder unnötigen Weitläufigkeit freie, aber doch vollständige Darstellung des Sachverhalts, des Ganges und Ergebnisses der gepflogenen Verhandlungen und Erhebungen enthalten, so daß auf Grund derselben auch in den höheren Instanzen in der Regel ohne umständliche Wiederholung der vorinstanziellen Verhandlungen und Beweiserhebungen entschieden werden kann. (Kahr, S. 217.)

Es ist stets auf vollständige und verlässige Erhebung aller für die rechtliche Beurteilung der Sache erheblichen thatsächlichen Verhältnisse Bedacht zu nehmen, jedoch — unter Beobachtung der durch Gesetz oder sonstige Vorschriften besonders gebotenen Formen — die möglichst einfache, die Beteiligten wenigst belästigende Behandlung der Sache anzustreben.

Da die Verweisung von Nebenpunkten in der Regel nur zur Verschleppung einer Sache führt, so sind auch die Nebenpunkte regelmäßig nach Thunlichkeit mit der Hauptsache zu erledigen; anders allerdings ist es, wo die Nebenpunkte Fragen betreffen, welche nicht in wirklichem oder wesentlichem Zusammenhange mit der Hauptsache stehen: hier sollen die Nebenpunkte nicht mit der letzteren verbunden werden, da auch hiedurch wieder lediglich Weitläufigkeiten und Verschleppungen eintreten.

Ohne gehörige Ermittelung des Sachverhalts ist im allgemeinen eine verwaltungsrechtliche Entscheidung nicht zu erlassen: ungenügende Sachverhalts-Ermittelung beeinflußt meistenteils auch die Entscheidung selbst und kann hiewegen ein gleichwohl erlassener Bescheid auf erhobene Beschwerde als verfrüht außer Wirksamkeit gesetzt werden: die den fraglichen auf mangelhafter Sachinstruktion beruhenden Bescheid veranlassende Behörde ist von der höheren Instanz von Amtswegen zur neuerlichen ordnungsmäßigen Instruktion und Beschlußfassung anzuhalten; ist jedoch die angefochtene Entscheidung zweifellos durch den fraglichen Mangel nicht wesentlich beeinflußt worden, und hat auch die dadurch betroffene Partei keinen Antrag auf Reassumirung der Verhandlungen gestellt, so ist auch ein etwa erlassener Beschluß nicht an die Vorinstanz zurückzuverweisen, sondern es ist in der Sache selbst zu erkennen.

Sachinstruktion und Beweisaufnahme geschieht im Interesse der Geschäftsvereinfachung und Kostenersparung auch da, wo die Kreisregierungen in I. Instanz entschieden haben, durch die Distriktsverwaltungsbehörden und zwar durch jene, in deren Bereich die im Streite befangene Angelegenheit nach den Normen über die örtliche Zuständigkeit fällt. Die Distriktsverwaltungsbehörden können in den zur erstinstanziellen Zuständigkeit der Kreisregiernngen gehörigen Fällen, soweit nicht besondere gesetzliche Bestimmungen entgegenstehen (vgl. Art. XIII des Ges. v. 17/XI 1837, die Zwangsabtr. von Grundeigentum betr., Art. 23 d. Ges. v. 28/V. 1852 über die Bewäss. u. Entwäss. Unternehm.), die erforderlichen Vorerhebungen hinsichtlich der bei ihnen anhängig gewordenen Angelegenheiten auch sofort ohne vorausgegangenen Auftrag pflegen und die hierüber erwachsenen Akten der Kreisregierung, Kammer des Innern, vorlegen: es erscheint hienach die mündliche Verhandlung vor der Kreisregierung mehr als eine das Ergebnis der Vorerhebungen zusammenfassende Schlußverhandlung; die Vorerhebungen können auch durch eigene Regierungskommissäre erfolgen. Eine förmliche Ausschließung der Übertragung der Vorerhebungen an die Distr.-Verw.-Behörden ist jedoch hierdurch nicht gegeben.

Für die Sachinstruktion und Beweiserhebung bei den Regierungsfinanzkammern bestehen keine gesetzlichen Vorschriften; dieselben werden deshalb die bei den Regierungen, Kammern des Innern, geltenden Bestimmungen entsprechend zur Anwendung zu bringen haben.

Die für die Beschlußfassung der Magistrate erforderlichen vorbereitenden Verhandlungen sind, soweit thunlich, durch ein rechtskundiges Mitglied des Magistrats zu pflegen (Art. 30 des Ges.).

Das verwaltungsrechtliche Verfahren kennt den Begriff einer eigentlichen Beweispflicht der Parteien nicht; wenn auch für die Prozeßparteien „Beweisanerbietungen" vorgesehen sind, so haben diese doch nur die Bedeutung, daß sie den Richter bei Erfüllung seiner Aufgabe, den Sachverhalt von sich aus zu ermitteln und festzustellen, nur unterstützen, während derselbe hierauf weder beschränkt, noch daran gebunden ist; wo er insbesondere überzeugt ist, daß die beantragten Beweiserhebungen auf die Sachentscheidung ohne Einfluß sind, oder daß sie zu keinem Ergebnisse führen, da kann er sie unberücksichtigt lassen; nur bezüglich gewisser rein prozessualer Fragen besteht eine Beweispflicht der Parteien, nämlich eine Pflicht zur Glaubhaftmachung bei Gesuchen um Wiedereinsetzung in den vorigen Stand (siehe daselbst), bei Ablehnung von Richtern und bei Ablehnung einer Zeugnisleistung.

Vor dem Verwaltungsgerichtshofe findet keine Beweisaufnahme statt, sondern dieser entscheidet auf Grund des von den Vorinstanzen erhobenen Sachverhalts, wobei ihm jedoch unbenommen bleibt, die Vervollständigung des Beweismateriales durch die Vorinstanzen zu veranlassen, technische Obergutachten zu erholen, und Sachverständige, welche dieselben verfaßt, oder bei ihrer Abfassung mitgewirkt haben, zur öffentlichen Sitzung beizuziehen; sind auf Grund besonderer gesetzlicher Bestimmungen die Erinnerungen anderer Behörden vor der Beschlußfassung zu erheben, so hat dies nach Anordnung des Präsidenten zu erfolgen. (Art. 40 des Ges.) Dies gilt auch in jenen Fällen, wo der Gerichtshof I. verwaltungsrichterliche Instanz ist. (Vgl. Art. 10 des Ges.)

Etwaige Vervollständigungen des Beweismaterials können auch vor der mündlichen Verhandlung im Bureauwege oder nach vorheriger Verhandlung der Sache durch Gerichtsbeschluß erfolgen.

§ 39.

2. **Prozeßleitende Verfügungen.**

Die Prozeßleitung steht bei den Untergerichten dem Einzelrichter, bei den unmittelbaren Magistraten jedoch in der Sitzung dem jeweiligen Vorsitzenden, im vorbereitenden Verfahren dem Amtsvorstande bezw. dem betr. Kommissär zu, der thunlichst ein rechtskundiger Magistratsrat sein soll. (Art. 30 d. Ges.)

Bei den Kreisregierungen erfolgen die nötigen Vorbereitungen zu den Sitzungen und die Anordnung der Sitzungen, die Anberaumung derselben und die erforderlichen Ladungen durch den Regierungspräsidenten, bezw. seinen Stellvertreter; ebenso werden die etwa für notwendig erachteten Vorerhebungen und Aktenergänzungen verfügt.

Der Regierungspräsident trifft auch die zum Vollzuge von End- oder Zwischenbescheiden erforderlichen Anordnungen.

Die Entwürfe solcher Verfügungen sind von den Referenten vor ihrer Vorlage an den Präsidenten dem Senatsvorstande zur Mitzeichnung oder Erinnerung mitzuteilen. (§ 15 Instr.)

Sobald eine Sache zur mündlichen Verhandlung vor dem Senate bereift ist, ist auf Vorschlag des Referenten und des Senatsvorstandes Tag und Stunde der öffentlichen Verhandlung anzuberaumen und die schriftliche Vorladung der Beteiligten, sowie der Zeugen und Sachverständigen unter Hinweis auf die Folgen des Nichterscheinens zu bethätigen (§ 16 Instr., § 32 mein. Ausf.).

Dem jeweiligen Senatsvorstande steht die Bestellung des Referenten für den Vortrag in öffentlicher Sitzung, die Leitung der letzteren und der geheimen Beratung und Abstimmung zu; in der Sitzung hat der Vorsitzende jedem der beisitzenden Mitglieder des Senats auf Verlangen zu gestatten, Fragen an die Beteiligten sowie an die Zeugen und Sachverständigen zu stellen; auch die Beteiligten uud Vertreter dürfen durch den Vorsitzenden oder mit seiner Bewilligung unmittelbar an die Zeugen und Sachverständigen Fragen richten.

Über Anstände, die sich bei der Prozeßleitung ergeben, z. B. wenn Zweifel über die Zulässigkeit einer Frage auftauchen, entscheidet der Senat nach vorgängiger geheimer Beratung (§ 20 Instr.). Das Gleiche gilt bezüglich der Anordnung einer Vervollständigung des Beweismateriales und bei der Frage der Beschränkung der Öffentlichkeit der Verhandlungen.

Vorstehendes gilt auch für das Verfahren vor dem Verwaltungsgerichtshofe. Prozeßleitende Verfügungen werden in der Regel im Namen des Verwaltungsgerichtshofes im Bureauwege durch den Präsidenten erlassen. Die Entwürfe derselben sind von den Referenten zunächst dem Senatspräsidenten zur Einsicht und Mitzeichnung oder Erinnerung vorzulegen. (§§ 28, 29 Instr.)

Alle unter der Adresse des Verwaltungsgerichtshofes eingehenden Sendungen läßt der Präsident öffnen und präsentieren; dieselben sind sodann dem Vorstande des einschlägigen Senats zur Ernennung des Referenten zu übermitteln. Über das weitere Verfahren siehe weiter unten.

§ 40.

3. Ordnungsstrafen.

Behufs Aufrechthaltung der Ordnung in und außerhalb der Sitzungen und Verhandlungen der Verwaltungsgerichte sind folgende Bestimmungen getroffen:

1) Wer ungeachtet erfolgter Warnung durch ungeziemendes Benehmen vor einer öffentlichen Stelle oder Behörde dieselbe in ihrer Dienstverrichtung stört oder die ihr gebührende Achtung verletzt, soll, soweit nicht eine anderweitige gesetzliche Bestimmung in Anwendung zu bringen

ist, mit Haft bis zu drei Tagen oder an Geld bis zu 15 ℳ bestraft werden. (Art. 7 des bayer. Ausf.-Ges. z. R.-Str.-Pr.-O. v. 18. Aug. 1879.)

Zu erwähnen ist auch Art. 102 Pol.-Str.-G.-B., welcher lautet: Die Behörden und Beamten des Polizei- und Sicherheitsdienstes sind berechtigt, bei allen strafbaren Handlungen denjenigen, welcher auf frischer That betreten wird, vorläufig festzunehmen, wenn die Festnahme notwendig ist, um die Fortsetzung der strafbaren Handlung zu verhüten; der Festgenommene ist unverzüglich dem Amtsrichter des Bezirkes, wo die Festnahme erfolgte, vorzuführen.

2) Der Vorsitzende eines Senates oder des Plenums des Verwaltungsgerichtshofes und der Vorsitzende eines Senates der Kreisregierung kann aus der öffentlichen Sitzung mit Ausnahme der Parteien, ihrer Vertreter und bezw. Vertrauensmänner, denen stets ein unentziehbares Recht auf Anwesenheit bei der mündlichen Verhandlung zukommt, jeden entfernen lassen, der Zeichen des Beifalls oder des Mißfallens gibt oder sonst Störung verursacht (Art. 34 u. 41 des Ges.). Aus der Fassung des Gesetzes erhellt, daß die Zeichen des Beifalls oder Mißfallens nur dann mit der angegebenen Strafe belegt werden können, wenn sie thatsächlich Störung verursachen.

Jede analoge Anwendung des § 178 R.-G.-V.-G. u. des § 144 R.-C.-P.-O. ist ausgeschlossen.

In der Richtung gegen die Beteiligten, ihre Vertreter und Vertrauensmänner erübrigt nur die Anwendung der oben sub 1 erwähnten Strafen und unter Umständen die Vertagung der Sache auf Kosten des die Vertagung veranlassenden Teiles. (Krais, S. 194.)

3) Enthält eine Beschwerde gegen einen instanziell ergangenen verwaltungsrechtlichen Bescheid einen groben Verstoß gegen den öffentlichen Anstand, so kann der Beschwerdeführer in eine Geldstrafe bis zu 200 ℳ verurteilt werden, welche für den Fall der Uneinbringlichkeit so-

fort, also sogleich mit dem Strafausspruche in entsprechende Haft nach Maßgabe der Bestimmungen des Strafgesetzbuches für das deutsche Reich über die Umwandlung der wegen Übertretungen zuerkannten Geldstrafen umzuwandeln ist. (Art. 25 des Ges., V.-G.-H.-E. Bd. IV S. 327.)

Der Strafausspruch erfolgt gleichzeitig mit der Entscheidung in der Hauptsache und ist selbständig anfechtbar und zwar auch dann, wenn sich der mit Strafe Belegte im übrigen bei dem Beschlusse beruhigte. (Kahr S. 213 u. Art. 25 Abs. 2 des Ges.) Bei Verhängung dieser Strafen ist jedoch stets vorausgesetzt, daß die Leidenschaftlichkeit des Beschwerdeführers in maßloser Weise zu Tage tritt; die vorstehende Strafbestimmung ist bei groben Verstößen in der mündlichen Verhandlung selbst unanwendbar, hier gilt vielmehr das sub 2 Gesagte.

Die ebenbezeichnete Strafe qualifiziert sich als reine Ordnungsstrafe: der Grundsatz „ne bis in idem" ist nicht anwendbar, es ist also z. B. der Antrag auf Einleitung des Strafverfahrens wegen Beleidigung ebensowenig ausgeschlossen, als eine etwaige Disziplinareinschreitung gegen Rechtsanwälte als Beschwerdeführer auf Grund des § 185 R.-Str.-G.-B.

Ursprünglich wollte man noch weiter gehen und Beschwerden, welche grobe Verstöße gegen den öffentlichen Anstand enthalten, ohne weiteres Verfahren zurückweisen; man ist aber davon abgekommen, und hat sich damit begnügt, Ordnungsstrafen zu verhängen.

4) Entscheidet der Verwaltungsgerichtshof in III. Instanz und wird die Beschwerde verworfen, so kann der Beschwerdeführer, wenn ihm Mutwille zur Last fällt, das Verfahren also nach freier Überzeugung der Richter durch offenbar unbegründete Anträge oder Beschwerden veranlaßt worden ist, insbesondere wenn der Beschwerdeführer von den Unterinstanzen ausdrücklich auf die Aussichtslosigkeit seiner Beschwerde aufmerksam gemacht worden

ist, in eine Geldstrafe bis zu 200 Mk. verurteilt werden, welcher Strafausspruch mit jenem über die Hauptsache zu verbinden ist (Art. 40 des Gesetzes). Diese Strafe hat die Natur einer Frivolitäts- nicht einer Sukkumbenzstrafe; eine Umwandlung der Geldstrafe in Haft findet jedoch in solchen Fällen nicht statt, und ist deshalb hier eine Milde gegen mittellose Prozeßsüchtige nicht zu verkennen.

Neben Art. 40 d. Ges. v. 8. August 1878 kann selbstverständlich noch von Art. 196 des revid. Gebührengesetzes ausgiebiger Gebrauch gemacht werden: Auch wenn die Voraussetzungen zur Verhängung einer Frivolitätsstrafe nicht gegeben sind, kann wegen mutwilliger Beschwerdeführung, wenn es sich also um offenbar unbegründete Anträge, Einwendungen oder Beschwerden handelt, von Amtswegen die Erhebung von Gebühren auch dann beschlossen werden, wenn nach den bestehenden Gesetzen oder Verordnungen das Verfahren gebührenfrei ist. Diese Bestimmung ist auf keine Instanz beschränkt, und wird deshalb häufig auch bei den Regierungssenaten, die eine Bestrafung wie sie in Art. 40 vorgesehen ist, nicht kennen, zur Anwendung kommen.

Anm. Art. 5 Abs. 3 des Einf.-Ges. zum Strafgesetzbuche vom 26. Dezember 1871 ist nicht anwendbar.

II. Die Urteilsfällung.

§ 41.

1. Allgemeines.

Den Kernpunkt der verwaltungsrichterlichen Thätigkeit bildet die Entscheidung d. i. der Ausspruch des Gerichts, durch welchen über einen materiellen bezw. prozessualen Streitpunkt erkannt oder sonst eine Anordnung getroffen wird.

Zunächst ist zwischen Entscheidungen im engeren Sinne (Urteile, Erkenntnisse, Beschlüsse, Bescheide, Zwischenbescheide), welche den Streit materiell ganz oder teilweise erledigen, oder, je nachdem die Anordnungen von einem Richterkollegium oder einem einzelnen Beamten erfolgen, Beschlüssen oder Verfügungen zu unterscheiden; (cf. Seydel Bd. II S. 503). Über die Entscheidungen im engeren Sinne hat das Gesetz selbst keine feste Ausdrucksweise; bald findet sich der Ausdruck Entscheidung, bald Beschluß, bald Bescheid, ja auch Verfügung, wo im Civilprozesse die Bezeichnung Urteil Platz greifen würde. Gebraucht hiernach ein und dieselbe Instanz hinsichtlich der nämlichen Entscheidung etwa aus euphonischen Rücksichten verschiedene Bezeichnungen, so kann dieser Umstand nicht wie es vorkommt Gegenstand der Kritik eines ironischen Beschwerdeführers sein: eine Kritik hierüber ist wertlos. (Anders im Civilprozesse.)

Im Gegensatze zum Civilprozesse sind Teilurteile, welche den Streit nur teilweise zum Abschlusse bringen, nach Thunlichkeit zu vermeiden.

Zwischenbescheide erledigen nie Vorfragen, sind aber häufig wie die Endbescheide selbständig mit Beschwerde anfechtbar.

Die Frage, ob ein Bescheid als ein Endbescheid oder als ein selbständig mit Beschwerde anfechtbarer Zwischenbescheid zu erachten sei, ist stets nach Lage des gegebenen Falles, insbes. mit Rücksicht auf die Folgen zu bemessen, welche sich bei seinem Vollzuge ergeben; so hat z. B. die Entscheidung über die Frage der Legitimation die Eigenschaft eines Endbescheides, da, wenn das Vorhandensein der Aktivlegitimation in einem konkreten Falle verneint werden muß, der Streit überhaupt beendigt ist. (V.=G.=H.=E. Bd. X S. 310.) Zu den auf grund einer besonderen gesetzlichen Bestimmung anfechtbaren Zwischenbescheiden gehören u. a. auch die in Art. 52 u. 55 des Weidegesetzes v. 28. Mai 1852 genannten Bescheide, ferner Bescheide, welche die Ablehnung von Richtern betreffen und die Bescheide auf Beschwerden über die Verpflichtung, sich als Zeuge oder Sachverständiger vernehmen zu lassen.

Verfügungen, wodurch die in der Hauptsache zuständige Behörde ein Gesuch um gebühren= und portofreie Behandlung einer letztinstanziell zur Zuständigkeit des Verwaltungsgerichtshofes gehörigen Angelegenheit im Laufe des Instruktionsverfahrens abweislich bescheidet, dann Aufforderungen, welche von der Staatsaufsichtsbehörde in einer Gemeindeangelegenheit auf

Grund des Art. 157 Abs. 5 der diesrhein. Gemeindeordnung an eine Gemeinde ergehen, ferner Instruktionsverfügungen, Revisionsentschließungen der Regierungsfinanzkammern sind niemals Zwischenbescheide, gegen welche selbständig Beschwerde eingelegt werden kann oder welche der Rechtskraft fähig sein können; wird in solchen Fällen gleichwohl Beschwerde eingelegt, so ist sie als verfrüht zurückzuweisen. (V.-G.-H.-E. Bd. VII S. 259.)

Unter den Erkenntnissen des Verwaltungsgerichtshofes sind noch besonders hervorzuheben die Plenarentscheidungen. Wann solche stattzufinden haben, und wie die Besetzung des Gerichts hierbei erfolgt, ist bereits früher (§ 23) besprochen worden, weshalb hier nur noch hinzugefügt wird:

Die Plenarerkenntnisse sind ihrer rechtlichen Natur nach ebenso Erkenntnisse, wie jene der Senate, mit dem Zwecke, ungleichförmige Erkenntnisse thunlichst zu verhüten; sie verschaffen sich durch ihr autoritatives Gewicht von selbst Geltung in der Praxis.

Strenge Vorschriften des Inhalts, daß, wo eine Plenarentscheidung gesetzlich vorgesehen ist, eine solche auch gefaßt werden muß, bestehen nicht; es ist dies vielmehr der Gewissenhaftigkeit des Gerichtshofs selbst überlassen und kann aus einer etwaigen Nichtbeachtung dieser instruktionsmäßigen Bestimmung keine Nichtigkeit abgeleitet werden, denn die Parteien haben zwar ein Recht auf gehörige Besetzung der Senate, nicht aber auf Fassung von Plenarerkenntnissen: letztere sind auch keineswegs für alle künftigen Entscheidungen bindend, vielmehr kann jede Plenarentscheidung zwar nicht durch einen Senat, wohl aber durch neuerliche Plenarentscheidung alteriert werden. Bei Vorhandensein von Plenarentscheidungen sind alle entgegenstehenden Senatsbescheide nicht mehr zu beachten, unter verschiedenen Plenarentscheidungen hat die jüngste den Vorzug vor den vorausgehenden. Eine Anfechtung rechtskräftiger Senatsbescheide im Wege der Beschwerde wegen veränderter Rechtsauffassung des Verwaltungsgerichtshofes gibt es nicht.

Wegen bloßer Zweifelhaftigkeit oder prinzipieller Wichtigkeit einer Rechtsfrage kann kein Plenarerkenntnis provoziert werden; ist aber das Plenum einmal zur Entscheidung berufen, so hat es sich nicht etwa nach Art eines Revisionshofes mit bloßen Rechtsfragen zu befassen, sondern es kommt die ganze Sache zur wiederholten vollständigen Verhandlung vor das Plenum (Motive).

§ 42.

2. Grundlegende Sätze bei Fassung der Entscheidungen.

Die verwaltungsrichterliche Entscheidung hat entweder die Anerkennung oder die Verwerfung eines auf die öffentliche Rechtsordnung gestützten Widerspruchs gegen das Verhalten der öffentlichen Gewalt oder eines seine Befugnis zum Handeln von ihr ableitenden Einzelnen zu ihrer Grundlage. (Sarwey, S. 80.)

Zugleich hat sie dasjenige zu verfügen, was zur Wahrung und Erreichung des zu schützenden Individualinteresses notwendig ist; für alle Fälle muß das konkrete Rechtsverhältnis durch die Entscheidung festgestellt werden; möglich ist hiebei stets auch, daß zunächst lediglich über einen präjudiziellen Punkt entschieden und die Bestimmung der Folgen im Einzelnen weiteren Verfügungen der Behörden der aktiven Verwaltung überlassen wird, wie dies beispielsweise sehr häufig bei Streitigkeiten über Unterhaltung der Wege der Fall sein wird. Liegt eine Rechtsverletzung bereits vor, so ist in die Entscheidung die Auflage zur Wiederherstellung und Anerkennung des verletzten Rechts aufzunehmen, ist ein Recht nur bedroht, so genügt es, wenn durch die Entscheidung die das Recht bedrohende Verfügung mißbilligt wird und das Vorhandensein des behaupteten Rechts zum Ausdruck kommt. (Die analoge Anwendbarkeit des § 231 R.-C.-P.-O. ist durch die Praxis anerkannt. V.-G.-H.-E. Bd. III S. 325.)

Prinzipiell erstreckt sich die verwaltungsrichterliche Entscheidung darauf, ob Normen des öffentlichen Rechtes durch eine Handlung zum Nachteile eines Beteiligten verletzt sind oder nicht; civilrechtliche Fragen können, wie unten gezeigt werden wird, incidenter behandelt werden.

Der erstinstanzielle verwaltungsrechtliche Endbescheid hat die Streitsache in ihrer Gesamtheit auf Grund des zu den Akten gebrachten Materiales zu erfassen, Teilurteile thunlichst zu vermeiden, konnexe Ansprüche und Gegenansprüche d. h. solche, welche auf demselben Rechtsgrunde beruhen, ohne besondere Veranlassung nicht zu trennen und streitige Fragen, welche unter den Parteien bereits durchverhandelt sind, nicht unnötiger Weise einem gesonderten Verfahren und Bescheide vorzubehalten. Vgl. Bl. f. adm. Pr. Bd. 30 S. 21, Bd. 34 S. 109, s. auch V.=G.=H.=E. Bd. III S. 577, VI S. 216, VIII S. 251. Auf einen Thatumstand, über welchen nicht verhandelt wurde, kann und darf eine materielle Entscheidung nicht gegründet werden. (V.=G.=H.=E. Bd. XI S. 550.) Das Ergebnis einer etwaigen Beweisaufnahme ist nach freier Überzeugung ohne Berücksichtigung etwaiger civilrechtlicher Beweisregeln zu würdigen und die Entscheidung dem wirklichen Sachverhalte entsprechend zu treffen (Art. 21 des Ges.). Hiedurch ist jedoch nicht ausgeschlossen, daß einzelne Gesetze die Einvernahme von Sachverständigen, Erhebung von Gutachten rc. vorschreiben z. B. Art. 94 des Wasserbenutz.=Ges. Art. 12 des Weideges. (Krais S. 176); ebenso wenig jene gesetzlichen Bestimmungen, welche die Festsetzung von Entschädigungen innerhalb bestimmter Grenzen vorschreiben z. B. Art. 57 des Weideablösungs=Gesetzes.

Präjudizialfragen sind vor den präjudizierten Fragen, Incidentpunkte dagegen gleichzeitig mit der Hauptsache, in dem für die Hauptsache geltenden Verfahren zu entscheiden. Ist in einem verwaltungsrechtlichen Beschlusse eine präjudizielle Frage nicht verbeschieden, so ist der betreffende Beschluß als verfrüht außer Wirksamkeit zu setzen (V.=G.=H.=E. Bd. VII S. 99). Durch konstante Praxis ist anerkannt, daß z. B. die Frage der Staatsangehörigkeit, wenn sie mit einer Heimatfrage in Verbindung steht, lediglich eine Unterfrage der Heimatfrage bildet. (V.=G.=H.=E. Bd. IV S. 578, VIII S. 131, IX S. 95, X S. 100.)

Die Verweisung von zur Sache gehörigen Nebenpunkten zur gesonderten Austragung soll, soweit immer möglich, vermieden werden.

Präjudizialfragen im eigentlichen Sinne sind nur jene Streitsachen, welche entweder nach der Natur der Sache oder nach besonderen gesetzlichen Bestimmungen rechtskräftig entschieden werden müssen, ehe eine andere Streitfrage entschieden werden kann. (Krais S. 458.)

Ein Incidentausspruch, welcher ein Rechtsverhältnis nur als Voraussetzung des den Hauptstreitgegenstand bildenden Ausspruches bejaht oder verneint, ist für ein späteres Verfahren wirkungslos, in welchem jenes Rechtsverhältnis als alleiniger oder prinzipieller Streitgegenstand selbst zwischen den nämlichen Parteien zu würdigen ist. (V.=G.=H.=E. Bd. XI S. 535.) Ergibt sich die Notwendigkeit der vorgängigen Erledigung eines Präjudizialpunktes erst im Laufe der bereits eingeleiteten Verhandlungen, so sind die Verhandlungen sofort auszusetzen, eine etwaige Sitzung zu vertagen und ist nunmehr vorweg die präjudizielle Frage zur Entscheidung zu bringen. Der Vertagungsbeschluß hat die Natur einer Instruktionsverfügung und braucht deshalb nicht mit Gründen versehen zu werden. Betrifft der Incidentpunkt eine Angelegenheit des Art. 10, so kann er unbedenklich im verwaltungsrechtlichen Verfahren verbeschieden werden. Zur Würdigung präjudizieller Incidentpunkte ist auch der Verwaltungsgerichtshof berufen, selbst wenn dieselben an sich seiner Judikatur entrückt wären. (V.=G.=H.=E. Bd. XII S. 69.) S. auch Bl. f. adm. Pr. Bd. 31 S. 5 u. 40. Alle Instanzen sind berechtigt, die rechtlichen Folgen aus dem gefundenen Sachverhalte zu ziehen und hienach zu erkennen. Dieses Recht ist aber begrenzt und erstreckt sich nicht auf die Supplierung von Einreden, deren Geltendmachung dem Belieben der Parteien überlassen ist oder auf Erhebung von Beweismitteln für Thatsachen, die individuelle Verhältnisse betreffen. (V.=G.=H.=E. Bd. XI S. 550.)

Für die Verwaltungsgerichte sämtlicher Instanzen gilt der Grundsatz, daß die Anwendung civilrechtlicher Normen keineswegs ausgeschlossen ist. Gewisse Rechtsverhältnisse ergeben sich nämlich im Gebiete des öffentlichen Rechts ebenso wie in dem des Privatrechts; in Ermangelung öffentlich=rechtlicher Bestimmungen und bei Gleichheit der Verhältnisse sind die desfallsigen Normen des Civilrechts analog anzuwenden; besonders geschieht dies hinsichtlich der im Gebiete des öffentlichen Rechtes sich er=

gebenden vermögensrechtlichen Ansprüche (Rückforderungsklagen, Ansprüche aus einer irrtümlichen Leistung, negotiorum gestio, Verzugszinsen). Auch die civilrechtlichen Vorschriften über Verjährung sind von dem Verwaltungsrichter anzuwenden, insoweit für die seiner Judikatur unterliegenden vermögensrechtlichen Ansprüche eine Verjährung im öffentlichen Rechte nicht normiert ist. Hiebei sind aber nicht nur die Civilrechtsnormen über die allgemeine 30jährige Verjährung, sondern auch diejenigen über die abgekürzten Verjährungsfristen analog anzuwenden, vorausgesetzt, daß der öffentlich-rechtliche Anspruch einer solchen Kategorie von Forderungen sich beizählen läßt, für welche das Civilrecht eine kürzere Verjährung bestimmt, ferner, daß nicht der innere Grund der letzteren vermöge der besonderen Natur des öffentlichen Rechtsverhältnisses wegfällt. (V.-G.-H.-E. Bd. XI S. 582 ff. Bd. X S. 28.) Nicht minder gehören auch civilrechtliche Vor- und Zwischenfragen, welche bei Entscheidung öffentlich-rechtlicher Streitigkeiten in Betracht kommen und nur zum Zwecke einer solchen Entscheidung gelöst werden, in den Zuständigkeitskreis der Verwaltungsbehörden und des Verwaltungsgerichtshofes, und zwar als Incidentpunkte z. B. Giltigkeit eines Ehevertrages bei Fragen über die religiöse Kindererziehung, Giltigkeit einer Ehe bei Heimatstreitigkeiten. (Krais S. 403, V.-G.-H.-E. Bd. IV S. 231.)

Insoweit sich nicht durch die Einlegung von Beschwerden abweichendes ergibt, haben die Beschwerdeinstanzen das Vorstehende analog zur Anwendung zu bringen; sie haben die vor sie gebrachten Streitsachen in ihrer Gesamtheit, bezw. soweit sie durch die Beschwerde an sie gebracht sind, zu erfassen und in einer Weise zu erledigen, welche die Anerkennung oder Nichtanerkennung der bestrittenen Rechtsansprüche und Verbindlichkeiten bestimmt erkennen lassen.

Zur Grundlage dient im allgemeinen die mündliche Verhandlung unter dem Einflusse des Offizialprinzips. Der Beschwerdeführer ist berechtigt bei der mündlichen Verhandlung über die in seiner Beschwerdeschrift gestellten Anträge hinauszugehen und statt der in dieser beantragten teilweisen Aufhebung die völlige Aufhebung der vorinstanziellen Entscheidung zu beantragen; ebenso umgekehrt. Es ergiebt sich dies aus dem weiten Spielraum, den das Gesetz in Bezug auf die Form der Beschwerdeerhebung und ihre Ausführung bei der öffentlichen Sachverhandlung den Parteien einräumt. (V.-G.-H.-E. Bd. V S. 67.)

Unter der Voraussetzung, daß der vorinstanzielle Beschluß seinem ganzen Inhalte nach oder doch wenigstens der Teil desselben, welcher zum Nachteil des Beschwerdeführers abgeändert werden soll, an die höhere Instanz devolviert ist, oder doch im notwendigen Zusammenhange mit dem Gegenstande der Beschwerde steht, ist andererseits auch die höhere Instanz nicht an die Anträge des Beschwerdeführers gebunden, kann vielmehr darüber hinausgehen und statt des verlangten Mehr auf weniger erkennen, überhaupt zum Nachteile des Beschwerdeführers entscheiden (und zwar auch in Angelegenheiten des Art. 10 des Ges.; eod. Bd. XI S. 310); besteht aber ein unterinstanzieller Beschluß aus mehreren von einander unabhängigen Teilen, und ist nur bezüglich eines Teiles Beschwerde erhoben, so ist die Beschwerdeinstanz nicht berechtigt, ihre Entscheidung auch auf die anderen Teile auszudehnen; enthält ferner ein Beschluß mehrere von einander unabhängige Teile, so erwächst aus dem Umstande, daß ein Beteiligter einen Teil angefochten hat, dem Gegner nicht das Recht, den anderen Teil durch Adhäsion nach Ablauf der Beschwerdefrist anzufechten. (Art. 36 des Ges.)

Der Beschwerdeinstanz gegenüber ist der Streit durch den vorinstanziellen Bescheid begrenzt: dies hat zur Folge, daß der Eintritt einer bisher am Streite gar nicht beteiligten Person in die Verhandlungen der höheren Instanz, von den Fällen der Succession abgesehen, unzulässig ist, da zudem der Grundsatz des rechtlichen Gehörs verletzt wäre. (V.-G.-H.-E. Bd. II S. 460.) Ebenso muß, um die Regel, daß im verwaltungsrechtlichen Verfahren konnexe Ansprüche und Gegenansprüche gleichzeitig zu verhandeln sind, anwenden zu können, der Gegenanspruch bereits in der ersten Instanz erhoben worden sein: die Beschwerde hat sich stets mit dem Inhalte der Vorinstanz zu befassen und erscheint eine neue Gegenforderung, welche kein Verteidigungsmittel gegenüber der verbeschiedenen Streitfrage, sondern ein selbständiges neues Streitobjekt bildet, nicht geeignet. (Eod. Bd. XI S. 445; über Konnexität s. m. Ausf. § 13.)

Ohne vorgängigen, erstinstanziellen, verwaltungsrechtlichen Beschluß ist ein zweitinstanzieller Bescheid nicht denkbar; findet also die Oberbehörde, daß z. B. Gegenstände des Art. 8 vorliegen, welche von den Unterbehörden lediglich vom staatsaufsichtlichen Standpunkte aus geprüft und entschieden worden sind, so hat sie auf erhobene Beschwerde die Unterbehörde zur erstinstanziellen, verwaltungsrechtlichen Behandlung des Gegenstandes anzuweisen: die Prüfung der Frage, ob eine Angelegenheit lediglich staatsaufsichtlich verbeschieden sei, obliegt bei den Regierungen den Senaten derselben, da hierin bereits eine richterliche, nicht eine lediglich dienstliche oder instruktionelle Verfügung enthalten ist.

Die Beschwerdeinstanz würdigt die vor sie gebrachten Sachen in demselben materiellen Umfang und mit derselben Freiheit gegenüber dem Parteivorbringen, wie die Unterinstanz: sie hat jedoch auf dem Boden des Gesetzes zu bleiben, welches die Unterinstanz anzuwenden hatte, sie hat Urteile, welche unter einer früheren Gesetzgebung erlassen sind, auch im Lichte der letzteren zu beurteilen, und ist nicht berechtigt, ihren Aussprüchen ein erst nach diesem Zeitpunkte in Kraft getretenes Gesetz zugrunde zu legen, es sei denn, daß das neue Gesetz mit rückwirkender Kraft versehen oder eine authentische Interpretation ist. (V.=G.=H.=E. Bd. I S. 357, II S. 484.)

Im allgemeinen ist nämlich bei Bescheidung einer Beschwerde in der Regel derjenige Zeitpunkt maßgebend, in welchem die Rechtshängigkeit (cf. § 235 R.=C.=O.) eingetreten ist. (Eod. Bd. XII S. 59.)

Auf neue Gesetze, welche die Aufhebung oder Umwandlung bestehender Rechtsverhältnisse bezielen, hat das Verbot der Rückwirkung keinen Bezug; die Regelung von bestehenden Rechtsverhältnissen durch ein neues Gesetz enthält nämlich keine

Rückanwendung dieses Gesetzes, indem das Rechtsverhältnis in der Vergangenheit dabei unberührt bleibt. (Eod. Bd. II S. 181.)

Im verwaltungsrechtlichen Verfahren ist der Beteiligte befugt, in jedem Stadium des Verfahrens, soweit dasselbe nicht durch rechtskräftige Entscheidung abgeschlossen ist, sonach auch noch in 3. Instanz neue Behauptungen und Einwendungen vorzubringen; derjenigen Partei aber, die durch Unterlassung der rechtzeitigen Geltendmachung der ihr zu Gebote stehenden Behelfe eine Weiterung oder Erfolglosigkeit des bisherigen Verfahrens herbeigeführt hat, können die hiedurch entstehenden Kosten überbürdet werden. (Eod. Bd. XII S. 214.)

Die Beschwerdeinstanzen sind gesetzlich berechtigt, aber nicht unbedingt verpflichtet, die Vervollständigung des Beweismateriales anzuordnen oder die Aufhebung des Verfahrens wegen wesentlicher Mängel desselben von der Zeit des eingetretenen Beschwerdegrundes an auszusprechen und die geeignete Sachinstruktion und Beschlußfassung zu verfügen. (Art. 36 u. 41 des Ges.) Gleichgiltig ist es, ob die Mängel vom Beschwerdeführer selbst geltend gemacht worden sind oder nicht, denn die Aufhebung kann auch von Amtswegen erfolgen. (V.-G.-H.-E. Bd. IV S. 453.) Mängel in der materiellen Entscheidung allein berechtigen nicht zur Vernichtung der Entscheidung, sondern nur in Verbindung mit Mängeln im Prozesse, wenn z. B. die Sachinstruktion durch irrige Rechtsanschauung unrichtig erfolgte.

Die Beschwerdeinstanz kann sich in den gedachten Fällen auch begnügen, die Vervollständigung des Beweismaterials anzuordnen, wenn nicht durch endgiltige, materielle Sachwürdigung den Beteiligten eine Instanz entzogen wird.

Beschränkt sich der besagte Mangel nur auf die Sachbehandlung der unmittelbaren Vorinstanz, so ist nur die Entscheidung dieser letzteren zu vernichten.

Kann durch einfache Kassation dem verletzten Rechte Abhilfe geschaffen und der Streitgegenstand erledigt werden, so ist eine Zurückverweisung überflüssig.

Erstreckt sich der Mangel des in 3. Instanz anhängigen Verfahrens bis in die 1. Instanz zurück, so ist sofort, wenn nötig, an diese die Sache unter Überspringung der Mittelinstanz zurückzuverweisen.

Speziell der Verwaltungsgerichtshof prüft innerhalb seiner Zuständigkeit die Rechtmäßigkeit des Verfahrens und würdigt alle Umstände, die auf die Feststellung der im Streite befangenen Rechte und Verbindlichkeiten Bezug haben. (Art. 14.) Er prüft hiebei vor allem seine eigene Zuständigkeit und geht auf die formelle und materielle Seite einer Sache erst bei Vorhandensein seiner eigenen Zuständigkeit ein: er erkennt über die Zuständigkeit überhaupt definitiv und verweist die Sache nötigenfalls vor die zuständige Behörde, welche hieran gebunden ist. Er ist befugt, Entscheidungen nicht nur bei Nichtigkeit des Verfahrens aufzuheben, sondern auch abzuändern. Im übrigen s. § 5 ff. m. Ausführungen.

Anm. 1. Wenn ein einem Streite zugrunde liegendes Rechtsverhältnis dem öffentl. Rechte angehört, so gilt dies auch von dem daraus entspringenden Forderungsrecht. (V.-G.-H.-E. Bd. VII S. 90.)

Anm. 2. Über analoge Anwendbarkeit des § 276 R.-C.-P.-O. s. eod. Bd. III S. 825: der Umstand, daß zwischen Beteiligten nur über Anspruchsberechtigung im allgemeinen, nicht auch über die Größe des Anspruchs verhandelt wurde, bietet kein Hindernis für die höhere Instanz, vorerst erstere Frage allgemein der Entscheidung zu unterziehen.

§ 43.

3. Rechtstitel.

Da eine nähere Darstellung über Rechtstitel nicht in den Rahmen meiner Ausführungen gehört, andererseits doch wieder wegen der Häufigkeit der hierauf bezüglichen Fragen es wünschenswert erscheint, einzelne auf dem Gebiete des verwaltungsrichterlichen Prozesses besonders oft vorkommende Rechtstitel einer kurzen Erörterung zu unterziehen, habe ich im Nachstehenden eine gedrängte Darstellung der häufigsten Rechtstitel gegeben:

1. Herkommen: Dieses kann im verwaltungsgerichtlichen Verfahren immer nur dann Berücksichtigung finden, wenn

es seine Begründung im öffentlichen Rechte hat; auch hier ist zum Entstehen des Herkommens erfordert, daß die dasselbe konstituierenden Akte in der Meinung einer rechtlichen Verpflichtung vorgenommen wurden; es ist also außer der äußeren Erscheinung der Gewohnheit in einer Reihe gleichartiger Handlungen insbesondere auch die Absicht und das Bewußtsein einer Rechtsausübung auf Seite des Handelnden erforderlich. Ob eine Übung als bestehend, ein Besitzstand als gegeben zu erachten ist, muß jederzeit nach den Besonderheiten des einzelnen Falles beurteilt werden, wobei in Bezug auf die Zeitdauer und Beschaffenheit der Übung die civilrechtlichen Grundsätze, welche in den einschlägigen Landesteilen über Ersitzung, Verjährung, Herkommen ꝛc. gelten, zu Hilfe genommen, keineswegs aber unbedingt und ausschließlich angewendet werden können. (V.-G.-H.-E. Bd. X S. 183.) Weiter ist zu beachten, daß im Gebiete des öffentlichen Rechts Rechte und Pflichten durch Herkommen nur in jenen Fällen begründet werden können, in denen dies das Gesetz ausdrücklich zuläßt; weiters ist stets vorausgesetzt, daß sich das Herkommen innerhalb des in Frage stehenden öffentlichen Verbandes bewegt.

Ein seit längster Zeit bestehender Zustand begründet die Vermutung, derselbe sei früher in einer jetzt nur nicht mehr zu ermittelnden Art rechtsförmlich entstanden. (Eod. Bd. X S. 131.)

2. Vertrag: Im verwaltungsrechtlichen Verfahren können Verträge nur dann Berücksichtigung finden, wenn sie ihre Begründung im öffentlichen Rechte haben. (Eod. Bd. I S. 224.)

3. Verzicht: Um einen Verzicht einer Person auf ein ihr zustehendes Recht annehmen zu können, ist es unerläßlich zu prüfen, ob sich aus Worten dieser Person oder doch aus konkludenten Handlungen derselben ein durchaus bindender Schluß dafür ergibt, daß es die wirkliche Ab-

sicht der betreffenden Person war, sich des in Frage stehenden Rechts zu entschlagen (eod. Bd. II S. 146) und sie zu verzichten rechtlich befugt war.

4. Anerkenntnis: Einem Anerkenntnis kann auf dem Gebiete des öffentlichen Rechts jedenfalls dann eine unbedingte Rechtswirkung nicht beigemessen werden, wenn allgemeine öffentliche Interessen berührt erscheinen. (Eod. Bd. VI S. 70, Bd. VIII S. 88.)

§ 44.

4. Beratung und Abstimmung.

Die Beschlüsse der Regierungssenate und des kgl. Verwaltungsgerichtshofes werden auf Grund vorgängiger geheimer Beratung und Abstimmung gefaßt; dieselben erfolgen, wenn irgend thunlich, unmittelbar nach Schluß der öffentlichen Verhandlung. (Art. 36 des Ges.)

Bei Meidung der Nichtigkeit des Verfahrens ist die Anwesenheit des Staatsanwalts und Protokollführers hiebei ausgeschlossen; es wollte mit dieser Vorschrift die volle Unabhängigkeit der Gerichtsmitglieder gewahrt und auch nach außen hin der Schein beseitigt werden, als hätte irgend ein unbefugter Dritter einen Einfluß auf die Entscheidung gehabt. (Art. 38, 41, 42 des Gesetzes.)

Die Abwesenheit des Staatsanwalts und Protokollführers ist im Sitzungsprotokolle zu konstatieren; werden jedoch die bei den Regierungen zu ihrer Ausbildung beschäftigten Rechtspraktikanten und Accessisten als Protokollführer verwendet, so gilt das obenbezeichnete Verbot nicht: diese dürfen bei der Beratung anwesend sein, um ihre Kenntnisse zu erweitern.

Die Bestimmungen der §§ 194—199 R.-G.-V.-G. kommen bei allen Entscheidungen, sowohl bei jenen in geheimer Sitzung, als auch bei den auf Grund öffentlich mündlicher Verhandlung erlassenen zur Anwendung.

Bei allen Entscheidungen dürfen die Richter nur in gesetzlich bestimmter Anzahl vorhanden sein; es können jedoch bei

Verhandlungen von längerer Dauer Ergänzungsrichter beigezogen werden; diese nehmen aber an der Urteilsfällung nur dann Teil, wenn ein ordentlicher Richter weggefallen ist z. B. an der Verhandlung wegen Erkrankung nicht bis zum Ende Teil nehmen konnte oder nach der Verhandlung zur Teilnahme an der Urteilsfällung unfähig geworden ist; an der Beschlußfassung dürfen stets nur jene Richter mitwirken, vor welchen die Verhandlung stattgefunden hat; (§ 21 Instr.); tritt in einem neuerlichen Verhandlungstermine ein anderes Mitglied ein, so muß die neuerliche Verhandlung auf das gesamte Aktenmaterial ausgedehnt werden.

Der Vorsitzende leitet die Beratung, stellt die Fragen und sammelt die Stimmen: etwaige Meinungsverschiedenheiten entscheidet der Senat. Kein Richter darf die Abstimmung über eine Frage verweigern, weil er bei der Abstimmung über eine vorhergegangene Frage in der Minderheit geblieben ist.

Die Entscheidungen erfolgen nach der absoluten Stimmenmehrheit. Über das Verfahren bei Summen cf. § 198 G.-V.-G.

Die Reihenfolge bei der Abstimmung richtet sich nach dem Dienstalter; der Referent stimmt zuerst ab, dann der oder die Beisitzer, endlich der Senatsvorstand.

Was das Verfahren bei den unmittelbaren Magistraten betrifft, so ist das Nötige in § 23 Ziff. 1 b bereits erwähnt worden.

§ 45.

5. Form und Inhalt der Entscheidungen.

Gemäß Art. 21 des Ges. ist jeder Endbescheid, sowie jeder Zwischenbescheid, gegen welchen auf Grund besonderer gesetzlicher Bestimmungen selbständig Beschwerde erhoben werden kann, mit Entscheidungsgründen zu versehen und muß einen Beschluß über den Kostenpunkt nach Maßgabe der bestehenden Gesetze enthalten: bei etwaigen Mängeln in dieser Beziehung wäre ein Ergänzungsantrag im Wege selbständiger Beschwerdeführung an die höhere Instanz nach den Vorschriften des

Gesetzes vom 8. August 1878 zu stellen. (V.=G.=H.=E. Bd. IV S. 398.)

Die Entscheidungen der Regierungssenate und des Verwaltungsgerichtshofes erhalten die Überschrift:

„Im Namen Seiner Majestät des Königs von Bayern!“

und müssen enthalten:

1) die Bezeichnung der entscheidenden Stelle, des Senats, der Senatsmitglieder, unter Umständen des Staatsanwalts und des Tages der Verhandlung,
2) den Tenor der Entscheidung (Urteilsformel),
3) die Entscheidungsgründe mit einer kurzen Darstellung des Sachverhaltes und Angabe der bei der Verhandlung anwesenden Beteiligten und ihrer Vertreter;
4) die Bezeichnung des Tages der Verkündigung.

Eine Bezugnahme auf den Sachverhalt und die Entscheidungsgründe der Vorinstanz ist zwar gestattet, jedenfalls aber da ausgeschlossen, wo der Beschwerdeführer seine Beschwerde mit mehrfachen für die Beurteilung der Streitsache als maßgebend bezeichneten gesetzlichen Bestimmungen begründet hat, welche in erster Instanz noch nicht geltend gemacht waren. (Eod. Bd. IX S. 448.)

Die Angabe des Protokollführers in der Entscheidung selbst ist zwar nirgends vorgeschrieben, wird aber in der Praxis nicht unterlassen.

Die Bescheide sind in der Urschrift und nur von jenen Senatsmitgliedern, welche bei der Beschlußfassung mitgewirkt haben, zu unterzeichnen. Tritt bei einer etwaigen späteren Verkündigung an Stelle eines Senatsmitgliedes ein anderes ein, so ist dessen Unterschrift auf dem Bescheide überflüssig.

Eine äußerliche Trennung zwischen Tenor und Entscheidungsgründen ist bei den Distriktsverwaltungsbehörden zwar nicht vorgeschrieben, jedoch empfehlenswert: im Übrigen ist die Form der Entscheidungen dieselbe wie die für die übrigen, nicht verwaltungsrechtlichen Entscheidungen hergebrachte; das Konzept des Beschlusses ist von dem Referenten und dem Amtsvorstande zu unterzeichnen.

Es empfiehlt sich bei allen verwaltungsrechtlichen Bescheiden der Regierungssenate ausdrücklich anzugeben, ob dieselben in I. oder II. Instanz ergehen, namentlich, wenn es sich um Beschwerden gegen die Beschlüsse unmittelbarer Magistrate handelt. (Aut. Min.-Entschl. v. 29. Jan. 1886.)

Bei Entscheidungen der Senate des Verwaltungsgerichtshofes ist neben der Benennung des Gerichtshofes auch der betr. Senat anzugeben; bei Entscheidungen, welche vom Plenum ausgehen, ist dieser Umstand besonders zu erwähnen. § 34 Instr.

Finden sich in einem Bescheide, welcher bereits unterzeichnet ist, nachträglich erst Schreibfehler, Rechnungsfehler oder andere offenbare, unbestreitbare Unrichtigkeiten, so können dieselben vom Gerichte auch von Amtswegen berichtigt werden, ohne daß es der Anberaumung eines Termins zur mündlichen Verhandlung bedürfte (§ 290 Abs. 2 R.-C.-P.-O.); wenn nämlich auch die Reichscivilprozeßordnung, insoweit es sich um Spezialbestimmungen handelt, nicht allgemein zur analogen Richtschnur dienen kann, und wenn auch genau bestimmt ist, wann öffentliche, wann geheime Sitzung abzuhalten ist, so wäre es doch als ein Unikum zu erachten, wollte man nur z. B. behufs richtigen Addierens eine öffentlich mündliche Verhandlung anberaumen; es dünkt mir vielmehr, daß derartige Korrekturen, wie auch prozeßleitende Verfügungen die Präsidenten der Kollegialgerichte im Bureauwege erledigen können.

Anm. Ob der Beschluß einer Distriktsverwaltungsbehörde den Charakter eines verwaltungsrechtlichen oder staatsaufsichtlichen an sich trägt, ist nicht nach seiner Form, sondern nach seinem Inhalte zu beurteilen. (V.-G.-H.-E. Bd. IX S. 280.)

§ 46.

6. Fassung des Tenors der Entscheidungen.

Eine äußerliche Trennung vom Tenor und sonstigen Bestandteilen eines Bescheides ist nur für die höheren Gerichte erforderlich, wenn es auch höchst wünschenswert ist, daß schon die unteren Gerichte hierauf Bedacht nehmen.

Der Endbescheid der I. Instanz hat die An- oder Aberkennung des streitigen Anspruches in bestimmter Weise auszusprechen, er hat insbesondere beispielsweise Gemeindeverwaltungsbeschlüsse nicht zu bestätigen oder aufzuheben, sondern z. B. unmittelbar den Nichtbestand eines Heimatanspruches auszusprechen, er hat sich aber darauf zu beschränken, ob ein Recht oder eine Pflicht z. B. aus einem Gemeindeverwaltungsbeschlusse und welches Recht oder welche Pflicht in welchem Maße sich ableiten läßt. (Eod. Bd. XI S. 524.)

Für die Beschwerdeinstanzen gilt folgendes:

a) Formell zweifellos unzulässige Beschwerden (— die in geheimer Sitzung zu behandeln sind —) werden ohne weiteres Verfahren zurückgewiesen;

b) Andere formell unzulässige Beschwerden werden „zurück- oder abgewiesen";

c) Beschwerden gegen Instruktionsverfügungen und einfache Zwischenbescheide sind als verfrüht zurückzuweisen;

d) Ein wegen wesentlicher formeller Mängel zu vernichtender Beschluß wird aufgehoben und die Sache zur neuerlichen Instruktion und Beschlußfassung an die bezüglichen Vorinstanzen verwiesen.

e) Eine sachlich unbegründete Beschwerde wird verworfen.

f) Materiell ungerechtfertigte Beschlüsse werden abgeändert; bedarf ein im übrigen begründeter Beschluß einer Ergänzung, Einschränkung oder Berichtigung, so ist er zu bestätigen „mit dem Abmaße, daß", oder „dahin, daß". (Eod. Bd. VII S. 259, Krais S. 427, 446.)

Überhaupt soll der zweitinstanzielle Bescheid das Verhältnis zum erstinstanziellen Bescheid genau feststellen, eventuell, wenn der erstinstanzielle Bescheid unkorrekt ist, die Anerkennung oder Nichtanerkennung der bestrittenen Rechtsansprüche und Verbindlichkeiten bestimmt zum Ausdruck bringen.

Anm. Die Aufhebung gesetzwidriger, gemeindlicher Beschlüsse kann in einer verwaltungsrichterlichen Entscheidung nicht erfolgen, ist vielmehr als staatsaufsichtliche Maßregel den Behörden der aktiven Verwaltung im besonderen Verfahren zu überlassen; dies gilt sowohl von den Entscheidungen der Distriktsverwaltungsbehörden als auch von jenen der Regierungssenate; eine solche Aufhebung gehört auch nicht zu den Gegenständen des freien administrativen Ermessens im Sinne des Art 31 Abs. III des Ges.; hat ein Regierungssenat gleichwohl einen gemeindlichen Beschluß aufgehoben, so wird dieser Beschluß auf erhobene Beschwerde von dem Verwaltungsgerichtshofe dahin modifiziert, daß ein Recht bezw. eine Pflicht besteht oder nicht. (V.-G.-H.-E. Bd. XI S. 524.)

§ 47.

7. Entscheidungsgründe.

Jeder Endbescheid, sowie jeder Zwischenbescheid, gegen welchen auf Grund besonderer gesetzlicher Bestimmungen selbstständig Beschwerde erhoben werden kann, ist mit Entscheidungsgründen zu versehen. (Art. 21 des Ges.)

Die Entscheidungsgründe bilden hienach einen wesentlichen Bestandteil eines jeden Bescheides und sind namentlich von der Verkündung nicht ausgeschlossen; es ist unzulässig, die Verkündung auf den Tenor der Entscheidung zu beschränken. (Vgl. aut. Min.-Entschl. v. 3/12. 1880; hievon später). Mit Entscheidungsgründen sind nur jene Beschlüsse zu versehen, die selbständig mit Beschwerde anfechtbar sind; spricht also z. B. ein Beschluß lediglich eine Vertagung der Sitzung zum Zwecke der Vervollständigung des Beweismaterials aus, so ist er zwar schriftlich abzufassen, bedarf jedoch der Beifügung von Gründen nicht. Ein Bezugnehmen auf die Gründe der Vorinstanzen ist nicht nur nicht ausgeschlossen, sondern, wenn thunlich, im Interesse der Geschäftsvereinfachung und Ersparung von Vielschreibereien sogar geraten.

Gemäß V.-G.-H.-E. Bd. II S. 282 sind zwar die Entscheidungsgründe selbst der Rechtskraft an sich nicht fähig, sie bilden jedoch stets ein wichtiges Auslegungsmittel für den Sinn und die Auslegung der Entscheidung.

§ 48.

8. Der Kostenpunkt.

Mit jedem Endbescheid muß unbedingt ein Beschluß über den Kostenpunkt nach Maßgabe der Gesetze verbunden werden; Art. 21 des Ges.; dieser Beschluß darf sich jedoch keineswegs auf die Frage der Gebührenpflicht beschränken, sondern er hat sich auf alle im Streitverfahren erwachsenen Kosten, also auch auf die den Parteien erwachsenen zu erstrecken und sich sowohl darüber, von wem die Kosten zu tragen sind, bestimmt auszusprechen als auch, wenn thunlich, die Höhe der Beträge festzustellen, namentlich wann und soweit die hiezu erforderlichen Anhaltspunkte der entscheidenden Behörde schon durch die vor Erlassung des Endbescheides gepflogenen Verhandlungen gegeben sind, denn die ziffermäßige Feststellung der zu erstattenden Kosten ist logisch überhaupt die letzte Konsequenz und die schließliche Durchführung des Ausspruches über die Kostenersatzpflicht.

Der Ausspruch über den Kostenpunkt ist niemals von etwaigen Anträgen der Beteiligten abhängig: das Gesetz schreibt ihn für alle Fälle vor. Ein deßfallsiger Ergänzungsantrag kann im Wege selbständiger Beschwerdeführung an die höhere Instanz nach den Vorschriften des Ges. v. 8. August 1878 erfolgen. (V.-G.-H.-E. Bd. IV S. 398.) Die Unterlassung eines Ausspruches über die Kosten bedeutet nie Kostenkompensation, sondern macht stets eine Ergänzung des Ausspruches im Kostenpunkte nötig. Eine nachträgliche quantitative Feststellung erscheint als bloße Ergänzung des früheren Ausspruches über die Kostentragung; es wäre mit dem System des Instanzenverhältnisses nicht vereinbar, der unteren Instanz eine Vervollständigung des früheren oberinstanziellen Ausspruches zu übertragen und hat hienach jede verwaltungsrechtliche Instanz die bei ihr erwachsenen Kosten selbst festzustellen, vorbehaltlich des Beschwerdeweges, welcher sich nach der Hauptsache, über die eine Entscheidung getroffen wurde, und nach den hiefür bestehenden besonderen Vorschriften richtet. (§ 98 Abs. 2 R.-C.-P.-O. ist unanwendbar.) Eod. Bd. XI S. 418. Unter Umständen muß dieselbe Behörde, die den unvollständigen Beschluß erlassen hat, auch die Ergänzung im Kostenpunkt vornehmen, insbesondere, wo eine weitere Beschlußanfechtung nicht mehr möglich ist, obwohl hier eine Abweichung von dem bekannten Grundsatze, daß die Behörde einen von ihr erlassenen, den Beteiligten zugestellten Beschluß nicht selbst ändern oder ergänzen darf, liegt. (Ebenso Krais S. 426.)

In den Fällen des Art. 9 Abs. 1 des Ges. sind Beschwerden gegen Kostenfestsetzungen der Distriktsverwaltungsbehörden unmittelbar an den Verwaltungsgerichtshof zu ergreifen. V.-G.-H.-E. Bd. XI S. 418.

Die Feststellung der zu ersetzenden Prozeßkosten bildet keinen Bestandteil der Zwangsvollstreckung und braucht auch eine solche nicht naturgemäß im Gefolge zu haben. Das Gesuch um Kostenfestsetzung ist in geheimer Sitzung zu bescheiden, da die ziffermäßige Festsetzung lediglich eine Vervollständigung des Ausspruchs über den Kostenpunkt ist, eine Beschwerde gegen die Kostenfestsetzung ist dagegen gleich einer Beschwerde gegen den Ausspruch im Kostenpunkte nach öffentlich mündlicher Verhandlung zu bescheiden. (Eod. Bd. XI S. 418 ff.) Prinzipiell ist hier zu beachten, daß Grundsätze der Reichscivilprozeßordnung über die Tragung der Prozeßkosten nicht ohne Weiteres anwendbar sind.

Der allgemeine prozessuale Grundsatz, daß der Sieger in einem Prozesse ein Recht darauf erwirbt, für den ihm zur Rechtsverfolgung notwendig gewesenen Aufwand von dem unterlegenen Gegner Schadloshaltung zu verlangen, hat auch im verwaltungsrechtlichen Verfahren (Art. 8 u. 10 des Ges.) Anwendung zu finden; unter jenem Aufwande sind auch die dem Sieger erwachsenen Anwaltskosten inbegriffen (V.-G.-H.-E. Bd. IV S. 393). Die Kosten der Parteivertretung fallen aber der unterliegenden Partei dann nicht zur Last, wenn dieselbe zur Verfolgung ihrer Ansprüche nicht ohne Grund veranlaßt war und ihr hienach ein Streitsmutwillen nicht zuzuschreiben ist: in diesem Falle sind die Vertretungskosten der Gegenpartei zur Selbsttragung zu überweisen, namentlich, wo es sich um eine ganz einfache Sache handelt; (eod. Bd. III S. 117, II 363, XI 385). Bedient sich z. B. ein Hilfsbedürftiger zur Vertretung seines Armenunterstützungsgesuches eines Anwalts, so können diese nicht etwa der unterliegenden Gemeinde überbürdet werden, abgesehen von etwa nötigen Barauslagen (eod. Bd. VIII S. 154).

Der bereits oben erwähnte Grundsatz (§ 87 R.=C.=P.=O.) ist ferner zwar für den Verwaltungsrichter in der Regel maßgebend, es ist aber seinem Ermessen insofern ein weiter Spielraum gegeben, als er aus besonderen Gründen der Billigkeit die mit der strikten Anwendung dieser Vorschrift verbundenen Härten zu mildern befugt ist. (Eod. Bd. XI S. 38.) Jegliche Anwendung der bayer. Gerichtsordnung vom Jahre 1753 ist hier ausgeschlossen.

Der Beschwerdeführer hat die Kosten des Verfahrens dann zu tragen, wenn ihm ein kostenpflichtiger Gegner nicht gegenübersteht (eod. Bd. I S. 354, III S. 83), weil er die Kosten veranlaßt hat, keineswegs kann hier ähnlich wie im Strafprozesse die Staatskasse verpflichtet werden. (Vgl. eod. Bd. II S. 348.) Auch bei blos teilweiser Sachfälligkeit können die Kosten ganz überbürdet werden (eod. Bd. III S. 508); wenn jede Partei teilweise unterliegt, werden jedoch die Kosten kompensiert, d. h. jede Partei hat die ihr erwachsenen selbst zu tragen. (Eod. Bd. III S. 405.)

Die solidarische Haftung mehrerer steht nicht im Einklange mit dem analog anzuwendenden § 95 R.=C.=P.=O., wonach, wenn der unterliegende Teil aus mehreren Personen besteht, letztere für die Kostenerstattung nach Kopfteilen zu haften haben. (Eod. Bd. X S. 77, XI S. 487.)

Das Erfordernis beschlußmäßiger Feststellung der Kosten existiert in der Regel nur für die Gebühren des Bescheides selbst, da mit der ziffermäßigen Feststellung der Kosten der Parteien und ihrer Vertreter bis zur Liquidation der Kosten zugewartet werden kann.

Die Prozeßkosten sind teils gerichtliche, an die Staatskasse zu zahlende, teils außergerichtliche; zu ersteren gehören hauptsächlich auch als rückzuersetzende Auslagen die Zeugen= und Sachverständigen=Gebühren, zu letzteren die Anwaltskosten, Reisekosten 2c.

In erster Linie haftet dem Staat gegenüber für die Kosten stets der veranlassende Teil, welcher, wie gesagt, auch dann ausschließlich aufzukommen hat, wenn ein Prozeßgegner nicht vorhanden ist. Hinsichtlich des § 87 Abs. 2 R.-C.-P.-O. ist dem Richter ein weiter Spielraum gelassen: er kann, wenn auch ein Teil vollständig unterlegen ist, denselben aus Billigkeitsrücksichten z. B. von der Bezahlung der Kosten des Gegenanwaltes entbinden, dieselben also dem Gegner aufbürden, auch wenn letzterer obsiegt; unterliegt kein Teil vollständig, so sind die Kosten zu teilen, in der Regel die Vertretungskosten und überhaupt die Parteikosten den betreffenden Parteien zur Selbsttragung zu überweisen. Streitgenossen haften hiebei nicht solidarisch, sondern nach Kopfteilen.

Entschädigungen der nicht zur Klasse der Rechtsanwälte gehörigen Streitsbeteiligten und Parteivertreter in Gegenständen der Verwaltungsrechtspflege sind unter analoger Anwendung der Reichsgebührenordnung für Zeugen und Sachverständige v. 30. Juni 1878 und, wenn § 14 dieses Gesetzes einschlägig ist, nach Maßgabe der Verordnung vom 11. Februar 1875, Aufrechnung der Tagegelder und Reisekosten bei auswärtigen Dienstgeschäften betr., zu berechnen. (Zeitversäumnis und Barauslagen) Bd. XI S. 418. Über die Advokatengebühren-Ordg. s. noch V.-G.-H.-E. Bd. XI S. 420.

Über Kostenrepartition s. eod. Bd. II S. 663.

Kostenfreiheit des Verfahrens tritt ein nach Art. 29 Komp.-Konfl.-Ges. Eine Erstattung von Auslagen, welche den Beteiligten in dem durch einen Antrag des Staatsanwalts auf Vorentscheidung über die Zuständigkeit veranlaßten Verfahren entstanden sind, findet in keinem Falle statt, selbst wenn die bezügliche Beschwerde zurückgenommen wird, ebenso ist keine Partei zu einem Ersatze der durch den Kompetenzkonflikt entstandenen Kosten an die andere Partei verpflichtet (V.-G.-H.-E. Bd. VI S. 187).

Eine Beigabe von Armenanwälten, wie sie die Zivilprozeßordnung kennt, ist dem verwaltungsgerichtlichen Verfahren fremd, wie überhaupt das sogenannte „Armenrecht" hier nicht eingeführt ist; wohl aber kann eine einstweilige Befreiung von Gebühren eintreten. Aus dem Gebührengesetz darf keinerlei Folgerung hinsichtlich der Verpflichtung zur Kostentragung selbst gezogen werden. Eod. Bd. IV S. 395.

Gegen die Entscheidungen im Kostenpunkte ist selbständig Beschwerde zulässig: Beschwerden gegen vorinstanzielle Beschlüsse im Kostenpunkte können jedoch selbstverständlich nur dann an den Verwaltungsgerichtshof gebracht werden, wenn derselbe in der Hauptsache zuständig ist, (V.-G.-H.-E. Bd. III S. 140, IV Nr. 39, II S. 348), in diesem Falle ist der genannte Gerichtshof aber auch dann zuständig, wenn nur gegen den Kostenpunkt Beschwerde eingelegt ist.

Der Instanzenzug ist hiebei stets derselbe wie für die Hauptsache, die Zwangsbeitreibung der Kosten ist gegenüber dem zur Kostentragung Verurteilten bei der Unterinstanz zu beantragen und von dieser auch einzuleiten und durchzuführen.

Anmerk. Wenn der Pfarrer in einem Streite über die religiöse Kindererziehung unterliegt, so hat er die entstandenen Kosten aus seiner Tasche zu bezahlen; wenn eine Gemeindeversammlung in unzuständiger Weise einen Beschluß gefaßt hat, so fallen die Kosten des Verfahrens denjenigen Mitgliedern zur Last, welche sich hiebei beteiligt haben, dürfen aber nicht aus der Gemeindekasse bezahlt werden. (V.-G.-H.-E. Bd. XI S. 487 VII S. 17.) Andererseits sind die Gemeinden, welche z. B. in einem Wahlverfahren unterliegen, zur Kostentragung anzuhalten. (Eod. Bd. X S. 93.)

§ 49.

9. Die Gebühren.

Im verwaltungsrechtlichen Verfahren sind die Entscheidungen grundsätzlich als gebührenpflichtig zu erachten, soferne nicht unmittelbar durch das Gebührengesetz oder nach Maßgabe desselben durch eine besondere gesetzliche oder verordnungsmäßige Bestimmung Gebührenfreiheit für die Sache überhaupt oder doch unter gewissen Voraussetzungen oder für bestimmte Entscheidungen gewährt wird. (Vgl. V.-G.-H.-E. Bd. III S. 619.)

Auch die Streitigkeiten des Art. 10 des Ges. sind hieher zu zählen. Über das Ausmaß der Gebühren ist zu vergleichen M.-E. v. 20. Jan. 1883, (M.-A.-Bl. S. 53) u. Bl. f. adm. Pr. Bd. 36 S. 299.

Der Eingangs bezeichnete Grundsatz hat auch auf alle jene Angelegenheiten zur Anwendung zu kommen, denen, solange sie nicht streitig sind, Gebührenfreiheit zukommt.

Streitigkeiten über Gebühren werden im verwaltungsrechtlichen Verfahren ebenso erledigt, wie Gebührenstreitigkeiten im allgemeinen. Vgl. auch Ausf.-Vdg. v. 20. Sept. 1879 §§ 3 u. 4.

Gegen die Gebührenbewertung durch den Verwaltungsgerichtshof gibt es nur Remonstrationen, kein Beschwerderecht; wenn in einer zur Zuständigkeit dieses Gerichtshofes gehörigen Angelegenheit in der Hauptsache Beschwerde an den Verwaltungsgerichtshof ergriffen wird, so entscheidet dieser auch über unrichtige Entscheidungen bezüglich der Gebühren und kann den Gebührenausspruch von Amtswegen dem Gesetze entsprechend abändern. Zu einzelnen Artikeln des bayerischen Gebührengesetzes in der Fassung vom 6. Juli 1892 ist zu bemerken:

1) Art. 3: Ziffer 1 kommt da nicht zur Anwendung, wo die Entscheidung lediglich durch das Parteiinteresse eines Beteiligten veranlaßt ist; (V.-G.-H.-E. Bd. I S. 404); sobald einander Parteien gegenüberstehen, kann ja auch von Amtshandlungen, die unabhängig von dem Verschulden einer Partei im öffentlichen Interesse von Amtswegen gepflogen werden, keine Rede sein. (Eod. III S. 625). Wenn es sich dagegen um eine den Beteiligten nicht anzurechnende Unklarheit der Verhältnisse handelt, ist stets Gebührenfreiheit zu gewähren. (Eod. III S. 193.)

Gebührenfrei sind der Schriftenwechsel zwischen Behörden, prozeßleitende Verfügungen, das Verfahren wegen Ablehnung eines Richters und über die Pflicht zur Abgabe eines Zeugnisses oder Gutachtens.

Gebühren werden auch dann nicht erhoben, wenn in der Beschwerdeinstanz der Beschwerde vollständig stattgegeben wird und die Kosten nicht einem Prozeßgegner zur Last fallen. (Eod. Bd. III S. 246.) Vgl. auch § 18 der Vollz.-Instr. v. 8. Juli 1875 zum Quartierleistungsgesetze u. V.-G.-H.-E. Bd. VI S. 167).

2) Art. 4: Über einstweilige Befreiung von Gebühren ist zu vergleichen § 10 Abs. 2 d. Verordg. v. 20. Sept. 1879, Ausf. d. Reichsger.-Kosten-Ges. betr.; in solchen Fällen tritt auch häufig portofreie Behandlung der von öffentlichen Behörden ausgehenden Postsendungen ein; die Entscheidung darüber, ob ein Gegenstand Amts- oder Parteisache ist, steht vorbehaltlich des Erinnerungs- und Beschwerderechts der einschlägigen Finanzbehörde in allen Fällen der in der Hauptsache kompetenten Behörde zu.

3) Art. 196: Offizialansätze von Gebühren haben namentlich da einzutreten, wo jeder gesetzliche Anhaltspunkt zur Angehung einer Instanz fehlt und der Beschwerdeführer zu allem Überfluß ausdrücklich noch belehrt worden ist. (V.-G.-H.-E. Bd. II S. 139.)

Solange eine definitive Sachentscheidung noch nicht erfolgen kann, ist der Ausspruch im Kostenpunkte, folglich auch im Gebührenpunkte der seinerzeitigen Entscheidung über die Hauptsache vorzubehalten. Liegt auf keiner Seite bei zwei streitenden Parteien ein Streitsmutwille vor, dann haben die beiden Streitsteile die Gebühr zu gleichen Teilen zu tragen. (Eod. Bd. II S. 497.)

Anmerk. Über Gesuche um gebühren- und portofreie Behandlung einer Sache: eod. Bd. V S. 25, Bl. f. adm. Pr. Bd. 35, S. 188, Bd. 29 S. 353.

Vgl. noch: § 2 der Instruktion v. 21. Sept. 1879, M.-A.-Bl. S. 461, Vdg. v. 20. Sept. 1879, geb. pflicht. Angelegenh. betr. G.- u. V.-Bl. S. 1187.

§ 50.

10. Zustellung der Bescheide.

Alle Entscheidungen verwaltungsrechtlicher Instanzen sind mit den Entscheidungsgründen jedem Beteiligten in schriftlicher Ausfertigung zuzustellen, damit die Beteiligten klare Einsicht von dem Gange der Sache und deren Beurteilung erlangen, sich Rats erholen können und auf diese Weise von vorneherein aussichtslose Beschwerden bei einigermaßen vernünftigen Beteiligten abgeschnitten werden. Hiebei ist jedoch nicht blos der Tenor, sondern es sind auch die Gründe der Entscheidung zuzustellen, was im Abgeordnetenhause besonders noch betont wurde.

Unter den obengenannten Entscheidungen sind nur Endbescheide oder selbständig mit Beschwerde anfechtbare Zwischenbescheide zu verstehen. Die Form der schriftlichen Bescheide ist bei den Untergerichten (Distriktsverwaltungsbehörden) die für die übrigen Entscheidungen hergebrachte, und hat hienach die Reinschrift des bei den Akten liegenden Konzeptes des Beschlusses, versehen mit der Originalunterschrift des Vorstandes der Behörde als Beschlußausfertigung zu gelten; es kann hiebei nicht nach Analogie der Civilprozeßordnung verlangt werden, daß die Ausfertigung die Unterschrift des beschließenden Beamten nicht in Urschrift, sondern nur abschriftlich enthalten dürfe, unter Bestätigung des Gleichlauts der Ausfertigung mit dem Originale. (V.-G.-H.-E. Bd. IV S. 330.)

Während das Gesetz über den Verwaltungsgerichtshof über die Form der den Beteiligten zuzustellenden schriftlichen Ausfertigungen gar keine Bestimmung enthält, finden sich solche in der Instruktion v. 1. September 1879 hinsichtlich der Bescheide der Kreisregierungen und des Verwaltungsgerichtshofes: sie sind stets in schriftlicher durch den Präsidenten oder seinen Stellvertreter zu erteilenden Ausfertigung mitzuteilen, (§§ 23, 24 Instr.) und haben die Unterschrift des Präsidenten in originali zu enthalten.

Haben mehrere Beteiligte einen gemeinschaftlichen Bevollmächtigten, so erfolgt die Zustellung an diesen nur in einer Ausfertigung. Über gemeins. Zustellungsbevollmächtigte vgl. meine Ausf. § 30 u. § 172 Abs. 2 R.-C.-P.-O.; da die Entscheidungsgründe ein wesentlicher Bestandteil des Beschlusses sind, so bildet die Zustellung des bloßen Tenors keine rechtsförmliche Zustellung und kann hienach auch die Beschwerdefrist erst in Lauf gesetzt werden, wenn die Gründe mitzugestellt sind. (Art. 21, 36, 41 des Ges. § 23, 35 Instr., aut. Min.-Entschl. v. 3. Dez. 1880.)

Die Zustellung der Bescheide auch der höheren Instanzen geschieht durch Vermittlung der Distriktsverwaltungsbehörden und ist diesen zu diesem Behufe außer dem für die Akten einer jeden unteren Instanz bestimmten Exemplare die erforderliche Anzahl von Ausfertigungen für die Beteiligten mitzuteilen. (§ 26 Instr.)

Besondere Vorschriften über die Zustellung der Bescheide hat die aut. Min.-Entschl. v. 2. März 1881 gegeben:

1) Die Nachweise über die Zustellungen der Bescheide, an welche sich Beschwerdefristen knüpfen, sind in jedem Falle zu den Akten zu bringen.

2) Es ist unzulässig, daß die Verwaltungsbehörden Ausfertigungen von Beschlüssen, welche der Anfechtung im Beschwerdewege unterliegen, den Beteiligten, insbesondere den beteiligten Gemeindeverwaltungen, anstatt die Zustellung durch die Post gegen Zustellungsnachweis zu bewirken, mit der Aufforderung zusenden, den Tag des Empfanges anzuzeigen.

Die Errichtung einer förmlichen Urkunde über die Zustellung wie im Civilprozesse ist nicht erfordert, es ist vielmehr die Art der Zustellung wiederum im allgemeinen ins Ermessen der Behörden gestellt, soweit nicht Bestimmungen der vorstehenden Ministerialentschließung entgegenstehen und genügt es, wenn das Schriftstück demjenigen, welchem es zugestellt werden soll, oder seinem Bevollmächtigten nachweislich zugekommen ist. (Kahr S. 201, Krais S. 180. § 31 m. Ausf.)

Unberührt bleiben die Vorschriften des Art. 17 Ziff. 2 d. Instr. v. 30. Juni 1875 zum Brandvers.-Ges. v. 30. April 1875, wonach die Distriktsverwaltungsbehörden ihre Verfügungen dem Brandversicherungsinspektor mitzuteilen haben, und die Vorschrift des Art. 19 des Vereinsges. v. 26. Febr. 1850 über die öffentliche Bekanntmachung der Schließung eines Vereines.

In Angelegenheiten des Art. 10 u. 11 des Ges. ist eine schriftliche Zustellung unter- und mittelinstanzieller Beschlüsse nicht erforderlich; hier genügt also die bloße Eröffnung (V.-G.-H.-E. Bd. III S. 222, Krais S. 450).

Zugleich mit der Zustellung sind die Beteiligten in jedem Falle über das Beschwerderecht insbes. die Beschwerdefrist und die unerstreckliche Natur derselben sowie genauestens darüber zu belehren, bei welcher Behörde oder Stelle eine etwaige Beschwerde einzureichen und an welche Stelle oder Stellen sie zu richten ist; letztere sind mit Namen zu bezeichnen. Die Regierungen haben in ihren Bescheiden bezw. den dieselben begleitenden Entschließungen stets selbst zu bestimmen, in welcher Weise die Beschwerdebelehrung zu erteilen sei; hiebei empfiehlt sich bei Gegenständen des Art. 8 der Gebrauch gedruckter Formulare nach dem der aut. Min.-Entschl. v. 29. Januar 1886 anruhenden Muster, welches mit den erforderlichen Abänderungen auch den Distriktsverwaltungsbehörden zum Muster dient.

Vorstehende Bestimmungen können analog auch für die Angelegenheiten des Art. 10 des Ges. im Interesse der Beteiligten zur Anwendung kommen.

Aus einer unrichtigen oder irrtümlichen Belehrung über das Beschwerderecht können zwar die Beteiligten für sich keine prozessualen Rechte, insbes. nicht das Recht der Wiedereinsetzung in den vorigen Stand ableiten, es entsteht jedoch unter Umständen hieraus eine Haftungsverbindlichkeit für den betreffenden Beamten. Auch aus einer völligen oder teilweisen Unterlassung der Belehrung über das Beschwerderecht kann die Partei keinerlei Rechte für sich ableiten. (Aut. Minist.-Entschl. v. 29. Januar 1886, (V.-G.-H.-E. Bd. II S. 710, Bd. VI S. 52). Maßgebend bei Erteilung der Beschwerdebelehrung sind die Art. 8, 9, 22, 45, 49 des Ges.

Aus der Unterlassung der schriftlichen Zustellung überhaupt kann keine Nichtigkeit abgeleitet werden: denn entweder ergreift die Partei die Berufung, dann ist ihr kein Recht verletzt, oder sie thut es nicht, dann läuft ihr bei nicht oder nicht gehörig erfolgter Zustellung keine Frist (Eod. Bd. I S. 175, II S. 92); solange die Zustellung nicht erfolgt ist, kann und darf eine Sache nicht von der Oberinstanz einer Beurteilung unterzogen werden. (Bd. II S. 136.) Auch kann aus dem Grunde, daß ein in einem verwaltungsrechtlichen Parteistreit ergangener Bescheid der Gegenpartei nicht eröffnet wurde, der Bescheid von der unterliegenden Partei nicht als nichtig oder der Rechtskraft unfähig angefochten worden, weil ja ihr gegenüber keine Rechtsverletzung vorliegt. (Eod. Bd. II S. 710.)

§ 51.

11. Verkündung der Bescheide.

Die Entscheidungen der Regierungssenate, dann der Senate und des Plenums des Verwaltungsgerichtshofes sind nicht nur rite zuzustellen sondern auch in öffentlicher Sitzung zu verkünden: die Verkündigung hat sich nicht auf den Tenor der Entscheidung zu beschränken, sondern auch die Entscheidungsgründe mit zu umfassen. Von Wichtigkeit ist hier die aut. Min.-Entschl. v. 3. Dezember 1880:

„Die Entscheidungsgründe bilden einen wesentlichen Bestandteil der Bescheide und sind von der Vorschrift der Verkündung nicht ausgenommen; es erscheint sehr fraglich, ob es überhaupt gesetzlich zulässig sei, im Wege der Vollzugsvorschriften eine Beschränkung der Verkündung auf die Entscheidungsformel oder auf mündliche Entwickelung der Entscheidungsgründe einzuführen.“

Der k. Verwaltungsgerichtshof hat sich in dieser Beziehung unterm 27. August 1880 gutachtlich wie folgt ausgesprochen:

1) Die Entscheidungsgründe bilden einen wesentlichen Bestandteil des Urteils, dessen Tenor ohne Bekanntgabe der ersteren für die Partei und das für die öffentliche Verhandlung sich interessierende Publikum nicht verständlich ist.

2) Die Publikation der Entscheidungsgründe hat den großen Vorteil, daß hiedurch die so wünschenswerte Erweiterung der Anschauungen der Verwaltungsgerichte über einzelne zweifelhafte Fragen des öffentlichen Rechts dem größeren Publikum und eine Erweiterung der Kenntnis desselben im Verwaltungsrechte überhaupt auf dem Wege der Praxis ermöglicht wird.

3) Daß die Parteien bei Ansetzung eines späteren Termins der Urteilsverkündung nicht anwohnen, kann nicht als Einwand geltend gemacht werden, da ja dieselben das Urteil schriftlich zugestellt erhalten; übrigens sind bei dem Verwaltungsgerichtshofe wenigstens bisher vielfach auch die Parteien zur nachfolgenden Urteilsverkündigung erschienen.

Diese Rechtsanschauung schließt jedoch meines Erachtens nicht aus, daß, wo außer dem Richterkollegium und dem Protokollführer niemand im Sitzungssaal anwesend ist, von Verkündung der Entscheidungsgründe abgesehen werden kann: cessante ratione legis cessat lex ipsa.

S. zu alledem Art. 21, 36, 41 des Ges. §§ 23, 35 Instr.

Es ist nicht gestattet, die Entscheidung zu verkünden, bevor sie schriftlich abgefaßt und von den entscheidenden Richtern unterzeichnet ist: andererseits können bei der Verkündung auch andere Richter anwesend sein, als bei der Beschlußfassung. Ist die Verkündung nach der mündlichen Verhandlung nicht möglich, so kann sie vertagt werden; der Termin hiezu, der nur aus einem besonderen Anlasse über eine Woche hinaus verlegt werden darf, ist sofort anzuberaumen und in öffentlicher Sitzung zu verkünden. Diese Verkündung hat Wirksamkeit auch gegenüber abwesenden Beteiligten und braucht in diesem Falle keine besondere Ladung mehr zu geschehen. (Art. 36 und 41 des Ges.) Steht von vorneherein fest, daß die Verkündung in mehreren Gegenständen vertagt wird und sind die Beteiligten in mehreren Gegenständen auf die gleiche Stunde geladen, so kann der gemeinsame Verkündungstermin natürlich auch allgemein voraus verkündet werden, insofern — was ja wohl nie der Fall sein wird — keine Rechtsverletzung dadurch entsteht.

Anm. Die Unterlassung der amtlichen Konstatierung der Verkündungszeit eines behördlichen Bescheides in einer streitigen Gewerbesache sowie der Belehrung über das Beschwerderecht und die Beschwerdefrist macht nicht die Verkündung selbst ungültig. (V.-G.-H.-E. Bd. I S. 385).

§ 52.

12. Rechtskraft der Entscheidungen.

Wenn man von Rechtskraft einer Entscheidung spricht, so ist vor allem zu unterscheiden zwischen einer formellen und einer sogenannten materiellen Rechtskraft.

Unter den ersteren Begriff fallen alle jene Entscheidungen, welche deshalb nicht mehr angefochten werden können, weil entweder ein ordentliches Rechtsmittel gegen die Entscheidung nicht mehr übrig ist, da die letzte Instanz bereits gesprochen hat, oder weil der Bescheid von den Beteiligten als richtig anerkannt wurde oder endlich, weil die Frist zur Einlegung eines Rechtsmittels bereits verstrichen ist.

Materielle Rechtskraft dagegen — und hierüber enthält das Gesetz über den Verwaltungsgerichtshof keine ausdrücklichen Vorschriften — tritt nur bei solchen Bescheiden ein, durch welche entsprechend den prozessualen Grundsätzen über die Rechtskraft von Urteilen definitives und unabänderliches Recht geschaffen wurde; da die über Rechtskraft in der Civilprozeßordnung enthaltenen Vorschriften nur das Ergebnis der logischen Entwicklung aus dem Begriff über bestrittene subjektive Rechte sind, so können diese unter den nötigen Modifikationen analog angewendet werden; die materielle Rechtskraft bezieht sich immer nur auf die streitenden Teile und das der Entscheidung unterstellte Rechtsverhältnis; z. B. aus Entscheidungen über öffentliche für eine bestimmte Zeit geforderte Abgaben kann nicht der Einwand der res judicata bezüglich späterer Leistungen erhoben werden. Eine weitere Einschränkung erleidet die materielle Rechtskraft insoferne, als der Verwaltungsrichter nur über das rechtlich geschützte Individualinteresse, das subjektive Recht und bezüglich des hiebei beteiligten öffentlichen Interesses nur über die seiner Verwirklichung durch jenes gezogenen Schranken, nicht über das öffentliche Interesse selbst entscheidet; insoweit letzteres eine veränderte Maßregel erfordert oder zuläßt. welche mit dem Inhalte des verwaltungsrichterlichen Urteils über das subjektive Recht nicht in Widerspruch tritt, steht das letztere derselben nicht entgegen; so kann z. B. die Distriktsverwaltungsbehörde einen früher versagten Baukonsens, dessen Versagung durch verwaltungsrichterliches Urteil bestätigt wurde, trotz des letzteren auf ein erneutes Baugesuch erteilen. Beschlüsse über Konzessionsgesuche im Sinne des § 33 der Reichsgewerbeordnung, also in Angelegenheiten, bei welchen der Gesuchsteller nur der Gewerbepolizeibehörde gegenübersteht und prozessual beteiligte Gegeninteressenten grundsätzlich ausgeschlossen sind, können eine Rechtskraft in dem Sinne, daß diese Gesuche, wenn einmal durch rechtskräftigen Bescheid abgewiesen, nicht wieder erneuert werden dürften, nicht erlangen. (Vgl. Sarwey, S. 733.)

Materielle Rechtskraft tritt nach der Rechtsprechung des Verwaltungsgerichthofes nur dann ein, wenn und soweit ein Beschluß z. B. über ein Konzessionsgesuch zugleich einen verwaltungsrechtlichen Ausspruch über bestrittene Rechte und Verbindlichkeiten zwischen dem Konzessionsbewerber und seinem im Streite beteiligten Gegeninteressenten erhalten. (V.-G.-H.-E. Bd. XI S. 262, XII S. 74.)

Nicht wesentlich verschieden von Vorstehendem erklärt Seydel (Bd. II S. 505), daß der § 293 der Reichscivilprozeßordnung: „Urteile sind der Rechtskraft nur insoweit fähig als über den durch die Klage oder durch die Widerklage erhobenen Anspruch entschieden ist,“ auf das Verfahren in Verwaltungsrechtssachen nicht anwendbar sei. Nach Seydel kann von einer Rechtskraft (materiellen) nur insoferne die Rede sein, als eine Entscheidung sich auf die Abgrenzung der Rechtssphären zwischen den Parteien des Streites bezieht, dagegen kann dieselbe niemals den Parteien des Streites, insbesondere nicht der Staatsgewalt, die Freiheit des Handelns innerhalb ihrer Rechtssphäre nehmen. So bindet der rechtskräftige Ausspruch, daß eine Anordnung der Verwaltungsbehörde kein öffentliches Recht verletze, die Behörde nicht an der Zurücknahme oder Abänderung dieser Anordnung. „Die Rechtskraft erstreckt sich auf alles, was zur Entscheidung gestellt war, von der entscheidenden Behörde entschieden werden wollte und von derselben entschieden worden ist."

Die allgemeinen Grundsätze über die Rechtskraft finden auch auf staatsaufsichtliche Beschlüsse und Verfügungen der Verwaltungsbehörden Anwendung, in welchen über das Bestehen oder Nichtbestehen von gesetzlichen Verpflichtungen der Gemeinden eine Entscheidung getroffen wird. (V.=G.=H.=E. Bd. II S. 501.)

Auch die Entscheidungen der Unter= und Mittelinstanzen in den Angelegenheiten des Art. 10 des Ges. sind der Rechtskraft fähig. (Eod. Bd. VIII S. 187.)

Eine bloße Remonstration bezweckt die Aufhebung des Bescheides durch dieselbe Instanz, die ihn veranlaßt hat; da eine solche Aufhebung jedoch dem verwaltungsrichterlichen Verfahren fremd ist, so äußert auch die Remonstration keine Wirkung hinsichtlich der Rechtskraft einer Entscheidung, vermag insbes. den Lauf der Beschwerdefrist nicht zu hemmen. Das gleiche gilt von den sogenannten Beschwerdevorbehalten. (Eod. Bd. I S. 193, II S. 363).

Wenn jedoch die Remonstration die Bitte enthält, die Remonstration eventuell der höheren Instanz als Beschwerde vorzulegen, gilt dies nicht bloß als Beschwerdevorbehalt, sondern als wirkliche Beschwerde.

Auch nichtige Beschlüsse, also solche, die mit wesentlichen Mängeln behaftet sind, sind unter denselben Voraussetzungen wie andere Beschlüsse der Rechtskraft fähig. Seydel Bd. II

S. 508. Dies gilt jedoch nur unter Beschränkungen; denn ein Beschluß, der ohne vorhergegangene Vernehmung aller Beteiligten ergangen oder von einer unzuständigen Behörde erlassen worden ist oder der überhaupt nichts entscheidet, kann auch dadurch, daß die Beschwerdefrist abgelaufen ist, nicht rechtskräftig werden; was nichts ist, kann nichts werden: es können also hier weder Rechte noch Verbindlichkeiten abgeleitet werden (V.-G.-H.-E. Bd. IV S. 299). Unfähig zur Beschreitung der Rechtskraft sind auf jeden Fall verpflichtende Entscheidungen, welche erlassen wurden, bevor dem zu Verpflichtenden in rechtsförmlicher Weise Gelegenheit gegeben wurde, sich über die ihm angesonnene Verpflichtung zu erklären, da es sich hier um eine res inter alios acta handelt. (Eod. Bd. I S. 102 und 321, VIII S. 35.)

Den Entscheidungsgründen eines verwaltungsrichterlichen Urteils kommt eine Rechtskraft im eigentlichen Sinne zwar nicht zu, sie bilden aber ein wichtiges Auslegungsmittel für Sinn und Absicht der Entscheidung; (eod. Bd. II S. 282); die Rechtskraft erstreckt sich nämlich nur auf den Tenor der Entscheidung. Wenn der Beschluß einer Verwaltungsbehörde nichts anderes enthält als die Ablehnung des aufsichtlichen Einschreitens, oder wenn er nur vom einseitigen Standpunkte der Staatskuratel aus ergangen ist, so ist er der Rechtskraft unfähig. (Eod. Bd. III S. 492.)

Auch prozeßleitende Verfügungen sind natürlich der Rechtskraft unfähig. Entschließungen einer Kreisstelle, durch welche ohne Anrufen einer Partei einer untergeordneten Behörde Weisungen für die sachliche Behandlung einer Verwaltungsrechtssache erteilt werden, sind den Parteien gegenüber gleichfalls nicht der Rechtskraft fähig. (Eod. Bd. II S. 556.)

Die Revisionsentschließungen der Kreisfinanzstellen sind stets nur Instruktionsverfügungen und der Rechtskraft ebenso wenig fähig als die vorgedachten Entschließungen. (Eod. Bd. VII S. 266.)

Die von dem Verwaltungsgerichtshofe in einer Beschwerdesache entschiedenen Fragen sind als rechtskräftig endgiltig entschieden zu erachten und von der Vorinstanz bei jeder in der nämlichen Sache noch weiter zu treffenden Entscheidung, gleichgültig, ob verwaltungsrechtlicher oder rein administrativer Natur als rechtskräftig feststehend anzunehmen, und hiernach ist auch eine nochmalige Würdigung und Bescheidung dieser Fragen durch die Vorinstanzen ausgeschlossen. (B.-G.-H.-E. Bd. II S. 282.)

Bescheide der Verwaltungsinstanzen, welche vor dem Inslebentreten des Ges. v. 8. August 1878 erlassen wurden, welchen ordnungsmäßige Verhandlungen zwischen den Parteien vorausgegangen waren und die sich mit der Feststellung eines streitigen, öffentlich-rechtlichen Anspruches befaßt haben, erzeugten volle Rechtskraft, können also nicht mehr vor den Verwaltungsgerichtshof gebracht werden. (Eod. Bd. I S. 3, IX S. 456.)

Die Wirksamkeit einer vor dem Inslebentreten des ebengedachten Gesetzes nach den damaligen Zuständigkeitsverhältnissen ergangenen rechtskräftigen Entscheidung in einer Verwaltungsrechtssache wird auch nicht durch den Umstand beeinträchtigt, daß die dieser Entscheidung zu Grunde liegende Rechtsanschauung vom Verwaltungsgerichtshofe verlassen wurde; ebensowenig bildet die veränderte Beurteilung einer Rechtsfrage Anlaß zur Wiederaufnahme des Verfahrens im Sinne des Art. 26 des Gesetzes. (Eod. Bd. III S. 42.)

Sobald jedoch die thatsächliche Unterlage eines Beschlusses verändert wird, steht die Rechtskraft desselben nicht mehr im Wege. (Eod. Bd. IX S. 72.)

Jede Beschwerde und jeder Antrag auf Entscheidung gegen instanzielle, rechtskräftige Beschlüsse ist als unzulässig zurückzuweisen. (Eod. Bd. I S. 318.)

Anm. 1. Über analoge Anwendbarkeit von § 293 R.-C.-P.-O. vgl. B.-G.-H.-E. Bd. XI S. 535, II S. 282.

Anm. 2. Ein rechtskräftiger Endbescheid, welcher feststellt, daß eine Person von einem bestimmten Zeitpunkt an die Heimat in einer Gemeinde hat, besitzt nicht einen konstitutiven, sondern deklaratorischen Charakter, hat also bis zu jenem Zeitpunkte rückwirkende Kraft.

Anm. 3. Der Grundsatz der bayerischen Gerichtsordnung vom Jahre 1753, daß Entscheidungen, die einem früheren rechtskräftigen Urteil in der gleichen Sache zuwiderlaufen, als zur Erlangung der Rechtskraft unfähig zu betrachten seien, gilt nur für jene Fälle, in denen ein späteres Urteil einem früheren unvermittelt gegenübertritt, nicht aber, wenn das spätere unter Würdigung der Frage der Rechtskraft erlassen wurde. (V.-G.-H.-E. Bd. VIII S. 143, IX S. 457.)

Anm. 4. Durch Beschlüsse, die von Distriktsverwaltungsbehörden und Kreisstellen in Simultanstreitigkeiten vor dem 1. Oktober 1879 erlassen wurden, ist für die Beteiligten, selbst wenn sie hiegegen keine Beschwerde zum Kultusministerium erhoben haben, eine unanfechtbare Sachregelung nicht geschaffen worden, weil denselben die Zuständigkeit fehlte. (Eod. Bd. X S. 181 u. § 92 der 2. Verfassungsbeilage.)

VI. Abschnitt: Das Beweisverfahren.

§ 53. Allgemeine Bemerkungen über den Beweis.

Beweisen heißt eine Behauptung außer Streit setzen; beweisen kann man entweder dadurch, daß man dem Richter Gründe vorlegt, die ihn bewegen, die aufgestellte Behauptung als richtig anzunehmen, oder aber auch dadurch, daß man gewisse Formen erfüllt, bei deren Erfüllung das Prozeßrecht die Behauptung für festgestellt erklärt; im ersteren Falle wird der Beweis dem Richter, im letzteren Falle dem Gesetze erbracht.

Das Verwaltungsprozeßrecht kennt nur die erstere Art des Beweises.

Unter dem Worte Beweis versteht man ferner den Grund, welcher den Richter veranlaßt, eine Behauptung als richtig anzunehmen: Beweisgrund; hier ist zwischen formellen Beweisgründen (gerichtlichem Geständnis, Parteieneid, gesetzliche Präsumptionen) und materiellen Beweisgründen zu unterscheiden. Der Verwaltungsrichter, der materielles, nicht formales Recht zu schaffen hat, kennt nur die letztere Art.

Thema des Beweises ist immer eine thatsächliche Behauptung: was nicht behauptet ist, bedarf im Prozesse keiner Widerlegung, macht sonach den Beweis überflüssig: Thatsachen lassen sich stets nur entweder dadurch klar machen, daß derjenige, dem sie klar gemacht werden sollen, sie selbst wahrnimmt, oder daß er sie durch glaubwürdige Mitteilung eines Dritten vorgeführt erhält: dies sind die auch bei dem Verwaltungsrechtsverfahren Geltung genießenden, materiellen Beweisgründe.

Unter dem Worte Beweis versteht man auch die Mittel prozessualer Thätigkeit, wodurch dem Richter materieller Beweis zugeführt wird (z. B. Zeugenbeweis, Urkundenbeweis).

Endlich versteht man unter dem genannten Worte auch noch das Gelingen des Beweises: gelungen ist derselbe, wenn dem Richter so viele Gründe vorgebracht sind, daß die Annahme des Gegenteiles nach allgemeiner menschlicher Erfahrung als Unverstand erscheint, ohne daß man hiebei den höchsten Grad mathematischer Strenge zu Grunde zu legen brauchte.

Auch im verwaltungsrichterlichen Verfahren gilt das Prinzip der freien Beweiswürdigung im strengsten Sinne des Wortes; der Richter ist an keinerlei Beweisregeln gebunden: eine Cautel gegen etwaige Ausschreitungen desselben besteht in dem gesetzlichen Zwange für denselben, die Gründe seiner Entscheidung anzugeben. (Art. 21 des Ges.)

Es besteht ein Unterschied zwischen Beweis und Glaubhaftmachung; ersterer liegt vor, wenn die feste richterliche Überzeugung den Erfolg der Beweisführung bildet, letztere dagegen schon dann, wenn eine Behauptung die überwiegende Wahrscheinlichkeit enthält; mit letzterer darf sich der Richter nur da begnügen, wo solches im Gesetz selbst vorgesehen ist, z. B. bei Ablehnung eines Richters und bei Wiederaufnahme des Verfahrens.

Im Verwaltungsrechtsverfahren gibt es keine sogen. Beweislast oder Beweispflicht der Parteien: die Regel ist allerdings auch hier, daß der Richter Behauptungen, die ein spezielles Individualinteresse berühren, von dem Interessenten beweisen läßt. Die Beweisanerbietungen der Parteien binden den Richter nicht, wenn sie ihn auch auf die richtige Ermittelung des Sachverhalts hinzuleiten vermögen und gewissermaßen also seinen Wegweiser bilden; er kann nämlich beantragte Beweiserhebungen nach seinem Ermessen ablehnen, selbst wenn beide Parteien darauf antragen, falls er sich hiervon kein Ergebnis verspricht, und er kann nicht beantragte, ihm jedoch nötig erscheinende

Beweiserhebungen pflegen, ja er ist hiezu verpflichtet, wenn er Zweifel über die Richtigkeit des zwischen den Parteien unbestrittenen Vorbringens hegt; auch an übereinstimmende Aussagen der Streitsteile und an Geständnisse derselben ist er nicht gebunden und kann und muß sogar unter Umständen im Zweifelsfalle noch weitere Beweiserhebungen anstellen.

Die Parteien können auch noch in der höheren Instanz Anträge auf Ergänzung des Beweismaterials stellen, jedoch muß dies innerhalb der Beschwerdefrist geschehen, da Bemängelungen des Sachverhalts und Anträge auf weitere Beweiserhebungen sonst nicht mehr berücksichtigt zu werden brauchen, jedoch von Amtswegen berücksichtigt werden können. (Krais S. 179.) Wird durch solche Unterlassungen der Beteiligten die Anberaumung eines neuen Termins erforderlich, so kann die betreffende Behörde den Unterlassenden in die hiedurch entstandenen Kosten verurteilen. (Vgl. Kahr S. 204.)

§ 54. Das Verfahren beim Beweise im allgemeinen.

Für die richtige Erhebung des Sachverhalts und sohin für die Anordnung der eventuell nötigen Beweiserhebungen haben vor allem die Distriktsverwaltungsbehörden Sorge zu tragen und zwar auch in jenen Fällen, wo die Kreisregierung erste Instanz ist. (Vgl. § 27 m. Ausf.) Über zweifelhaftes Beweismaterial oder wenn ein Augenschein erforderlich ist, ist eine mündliche Verhandlung zu pflegen (§ 24 m. Ausf.).

Die Akten der Distriktsverwaltungsbehörden sollen hiebei eine zwar von jeder Weitläufigkeit freie, aber doch vollständige Darstellung des Sachverhalts sowie des Ganges und Ergebnisses der gepflogenen Verhandlungen und Erhebungen enthalten, so daß auf Grund derselben auch in höherer Instanz entschieden werden kann.

Die Kreisregierungen können jederzeit die Vervollständigung des Beweismaterials anordnen, in besonders gelagerten Fällen die Zeugen und Sachverständigen auch unmittelbar vernehmen, schriftliche Äußerungen auch von anderen als den Distriktsverwaltungsbehörden erholen und über die Art der angeordneten Erhebungen Weisungen erteilen. In denjenigen Fällen, in welchen die Kreisregierungen in I. Instanz entscheiden, sind die erforderlichen Vorerhebungen durch die damit zu beauftragenden Distriktsverwaltungsbehörden zu pflegen, soferne nicht durch besondere Gesetze etwas anderes bestimmt ist; es hat sonach die mündliche Verhandlung vor der Kreisregierung nur mehr den Charakter einer das Ergebnis der Vorerhebungen zusammenfassenden, reassumierenden Schlußverhandlung; die Bewerkstelligung der Vorerhebungen durch einen eigenen Richterkommissär ist hienach meistens ausgeschlossen.

Die nötigen Vorerhebungen sind von der Regierung in der Regel jener Distriktsverwaltungsbehörde zu übertragen, in deren Bereich die betreffende Angelegenheit fällt, einzelne Erhebungen können aber auch unter Umständen im unmittelbaren Verkehre mit anderen Behörden gepflogen werden.

Gegebenenfalls können die Distriktsverwaltungsbehörden jedoch auch ohne vorherigen Auftrag die erforderlichen Vorerhebungen pflegen und haben sodann die erwachsenen Akten der Regierung vorzulegen (Art. 31 des Ges., § 16 Instr., Entsch. Bd. II S. 556, Kahr S. 223). Die Vorschrift des Art. XIV des Ges. v. 17. November 1837 über die Zwangsabtretung ꝛc. bleibt unberührt. Die oben angedeuteten „besonderen gesetzlichen Vorschriften“ finden sich namentlich in Art. XIII des soeben bezeichneten Gesetzes, ferner in Art. 23 ff. des Ges. vom 28. Mai 1852 über die Bewässerungs- und Entwäss.-Unternehmungen ꝛc.

Was den k. Verwaltungsgerichtshof betrifft, so entscheidet derselbe auf Grund des von den Vorinstanzen erhobenen Sachverhalts, eine Beweisaufnahme findet vor demselben nicht statt, ihm bleibt es unbenommen, die Vervollständigung des Beweismaterials durch die Vorinstanzen zu veranlassen, Akten und Urkunden, sowie technische Obergutachten zu erholen und Sachverständige, welche dieselben verfaßt oder bei ihrer Abfassung mitgewirkt haben, zur näheren Begründung und Erörterung ihres Gutachtens zur öffentlichen Sitzung beizuziehen; dies kann sowohl vor der mündlichen Verhandlung auf dem in Art. 41

bezeichneten Wege als auch nach Maßgabe der Art. 36 u. 41 nach vorheriger Verhandlung der Sache geschehen. Wenn jedoch nach der mündlichen Verhandlung noch Ergänzungen und Beweiserhebungen angeordnet werden, ist nach deren Erledigung neuerliche mündliche Verhandlung zu pflegen, da nach Art. 36 Abs. 3 die Sitzung zu vertagen, d. h. später wieder neu aufzunehmen ist. Sind hiebei auf Grund besonderer gesetzlicher Bestimmungen (z. B. nach Art. 13 Abs. 2 des Ges. v. 28. Mai 1852 über die Sicherung, Ablösung rc.) die Erinnerungen anderer Behörden vor der Beschlußfassung zu hören, so hat dies auf Anordnung des Präsidenten zu erfolgen. (Art. 40 des Ges.)

Die einzelnen Beweismittel und das Verfahren hiebei.

§ 55. Zeugen.

Zeugen sind dritte Personen, welche über Wahrnehmungen der Vergangenheit dem Richter Mitteilungen machen. Der Wert dieses Beweismittels hängt zunächst ab von der persönlichen Glaubwürdigkeit der Person, also von der Fähigkeit derselben, die Wahrheit zu sagen und von ihrem Willen die Wahrheit zu sagen, ferner von der Glaubwürdigkeit der Aussage und der Beobachtung der gesetzlichen Form, endlich von der Zahl der Zeugen.

Zunächst kommt das Alter in Betracht und zwar sowohl das jugendliche wie das Greisenalter, ferner die besondere körperliche oder geistige Beschaffenheit des Zeugen (Sehkraft, Denkkraft, Gehör). Hinsichtlich des Willens die Wahrheit zu sagen ist der Leumund, das Interesse, die Vorliebe eines Zeugen zur einen oder anderen Person zu berücksichtigen.

Volle richterliche Überzeugung kann nur aus einer klaren, vollständigen und vorurteilsfreien Aussage eines Zeugen über eigene Sinneswahrnehmungen geschaffen werden. Die beste Form des Zeugnisses ist immer noch die eidliche Aussage; besondere Beweiskraft kommt in diesem Falle dem übereinstimmenden Zeugnisse mehrerer zu.

Auch in Verwaltungsrechtssachen hat die eidliche Vernehmung der Zeugen die Regel zu bilden; aus der Stellung des Art. 20 des Ges. ergibt sich, daß die beeidigte Aussage für alle Instanzen maßgebend ist, daß also alle Instanzen an die Beeidigung in der Regel gebunden sind. Ist die Vereidigung im einzelnen Falle von dem Gesetze noch besonders vorgeschrieben, so bleibt diese Vorschrift für die Behörde bindend. (Motive.)

Ausnahmen von der Beeidigung sind nur vorgesehen, wenn zwei Voraussetzungen zutreffen: nämlich wenn es sich um eine Streitigkeit von geringerem Werte handelt und wenn zugleich die Beteiligten damit einverstanden sind, daß von der Eidesabnahme Umgang genommen werde; ungesetzlich ist es hienach, wenn das Einverständnis der Beteiligten in dieser Beziehung nicht vorliegt, und die Behörde trotzdem von der Beeidigung Umgang zu nehmen sich für befugt erachtet. Außerdem muß der Eid auf besonderes Verlangen eines Beteiligten abgenommen werden. (Erklär. des Min.-Kommiss., Verh. d. bes. Aussch. d. K. d. Abg. Beil. Bd. III S. 127, Art. 20 des Ges. § 5 Instr.)

Wenn die vorgedachten Voraussetzungen auch zutreffen, liegt es noch immer im Ermessen der Behörde, ob sie von der Beeidigung Umgang nehmen will. Abgesehen von dem Vorgesagten können die Beteiligten nicht beliebig rechtswirksam auf die Beeidigung verzichten: die Entscheidung steht hier immer noch der Behörde selbst zu und ist dieselbe stets gebunden, die Beeidigung vorzunehmen, wenn dieselbe durch ein Spezialgesetz besonders vorgeschrieben ist. (Motive und Kahr S. 194.) Vgl. in dieser Beziehung z. B. Art. 53 des Weidegeſ., Art. 27 des Be- u. Entwäss.-Ges., § 111 Forstges., § 21 Ziff. 1 Gew.-Ordnung.

Daß die Vernehmung von Zeugen und Sachverständigen unter Zuziehung und in Gegenwart der Beteiligten stattzufinden hat, ist zwar durch das Gesetz selbst nicht ausdrücklich bestimmt, es versteht sich solches aber meist von selbst, weil nur hiedurch der Sachverhalt vollkommen richtig ermittelt werden kann, namentlich wo es sich um von den Beteiligten beantragte

Erhebungen handelt; das Gesetz selbst hat allerdings hiebei Rechtsnachteile nicht statuiert, insbes. kann wegen etwaiger Unterlassungen keineswegs Nichtigkeit des Verfahrens eintreten (V.-G.-H.-E. Bd. II S. 682, s. a. Krais S. 187). Art. 20 d. Ges. hat, bis er zur geltenden Fassung gelangte, verschiedene Phasen durchgemacht. Abs. 3 des Entwurfes hatte gelautet: Bei Streitigkeiten von geringerem Werte kann nach dem Ermessen der Behörde statt der Eidesabnahme die Abnahme des Handgelübdes stattfinden oder mit Zustimmung der Beteiligten von beiden Umgang genommen werden. Ebenso hatte Abs. 7 des Entwurfes die Bestimmung enthalten: Eidliche oder handgelübdliche Bestätigungen der Beteiligten zum Zwecke der Beweisführung finden nur insofern statt, als besondere Gesetze dieselben zulassen. Der Ausdruck „Handgelübde" wurde jedoch gestrichen, weil die Erfahrung lehre, daß die Landbevölkerung das Handgelübde weniger beachte; ferner sei dasselbe keine religiöse, sondern eine Versicherung auf Ehrenwort (Bericht des bes. Aussch. Beil Bd. III S. 127); endlich habe dieses Beweismittel fast allgemein seine Bedeutung als Gewissenschärfungsmittel verloren und auch die Reichscivilprozeßordnung kenne dasselbe nicht. (S. 168 l. c.)

Durch die oben erwähnte Bestimmung des Art. 20 des Ges. erleidet natürlich z. B. Art. 6 des Ges. v. 23. Februar 1868 über die Ablösbarkeit der Ehehaftsverhältnisse eine Änderung.

Nach § 21 Ziff. 1 Gew.-Ordg. ist die Behörde befugt, aber nicht verpflichtet, Zeugen und Sachverständige eidlich zu vernehmen. Diese Bestimmung bleibt umsomehr in Kraft, als Reichsgesetze bekanntlich Vorrang vor den Landesgesetzen behalten; in solchen Fällen kann natürlich auch nicht eine Verhandgelübdung stattfinden, weil insbes. das Reichsrecht, wie gesagt, eine solche nicht kennt.

Zu Beweiserhebungen durch eidliche Zeugenvernehmungen ist stets nur eine mit verwaltungsrichterlicher Amtsgewalt ausgestattete Behörde zuständig, und zwar jene Behörde, bei welcher die Streitsache anhängig oder welche von zuständiger Seite beauftragt oder ersucht worden ist (V.-G.-H.-E. Bd. X S. 181).

Was die unter Art. 45 Abs. 1 d. Ges. fallenden Angelegenheiten betrifft, so ist es nach Reger (S. 55 der I. Aufl.) nicht erforderlich, soweit nicht diesbezügliche Vorschriften schon bestanden haben oder fernerhin erlassen werden, und bezw. nicht einmal zulässig, Zeugen eidlich zu vernehmen; diesem Satze glaube ich nur bezüglich der Notwendigkeit, nicht aber bezüglich der Zulässigkeit der Eidesabnahme beitreten zu können, da der Verwaltungsgerichtshof in konstanter Rechtsprechung die analoge Anwendbarkeit der Vorschriften des Art. 16 ff. des Ges. auch auf die in Art. 45 bezeichneten Fälle statuiert hat, und ein Verfahren nach Regerscher Anschauung die Folge hätte, daß in allen Sachen, welche an den Verwaltungsgerichtshof durch Beschwerdeeinlegung gelangen, die Zeugen und Sachverständigen nachvereidigt werden müßten, da ja das verwaltungsrichterliche Verfahren bei ihm vorgeschrieben ist.

Das Verfahren bei Abnahme des Eides richtet sich nach den Vorschriften der Reichscivilprozeßordnung; anwendbar sind hiebei die §§ 356 Abs. 1, 357, 440—445 (cf. § 5 Instr.).

Jeder Zeuge ist einzeln und vor seiner Vernehmung zu beeidigen; die Beeidigung kann jedoch aus besonderen Gründen, namentlich wenn Bedenken gegen ihre Zulässigkeit obwalten, bis nach Abschluß der Vernehmung ausgesetzt werden (§ 356 R.=C.=P.=O.). Vor der Eidesleistung hat der Richter den Schwurpflichtigen in angemessener Weise auf die Bedeutung des Eides hinzuweisen.

Der Eid beginnt mit den Worten: „Ich schwöre bei Gott dem Allmächtigen und Allwissenden" und schließt mit den Worten: „so wahr mir Gott helfe." § 443 R.=C.=P.=O. Der vor der Vernehmung zu leistende Eid lautet:

„Ich schwöre bei ꝛc., daß ich nach bestem Wissen die reine Wahrheit sagen, nichts verschweigen und nichts hinzusetzen werde, so wahr ꝛc."

Der nach der Vernehmung zu leistende Eid lautet:

„Ich schwöre ꝛc., daß ich nach bestem Wissen die reine Wahrheit gesagt, nichts verschwiegen und nichts hinzugesetzt habe, so wahr ꝛc." § 357.

Die Zeugenvernehmung bezieht sich auch auf die Feststellung der Personalien des Zeugen; auch diese sind unter Eid anzugeben.

Der Eid wird mittels Nachsprechens oder Ablesens der die Eidesnorm enthaltenden Eidesformel geleistet; hiebei soll der Schwörende die rechte Hand erheben. § 444.

Stumme, welche schreiben können, leisten den Eid mittels Abschreibens und Unterschreibens der die Eidesnorm enthaltenden Eidesformel; können sie nicht schreiben, so leisten sie den Eid mit Hilfe eines Dolmetschers durch Zeichen. § 445.

Der Eid muß von dem Schwurpflichtigen in Person geleistet werden. § 440. Stellvertretung ist hier ausgeschlossen. Über die Eidesleistung des Landesherrn und der Mitglieder des k. Hauses vgl. § 444.

Der Eidesleistung wird gleich geachtet, wenn ein Mitglied einer Religionsgesellschaft, welcher der Gebrauch gewisser Beteuerungsformeln an Stelle des Eides gesetzlich gestattet ist, eine Erklärung unter der Beteuerungsformel dieser Religionsgesellschaft abgibt. (Art. 20 des Ges.) In dieser Beziehung kommen die Bestimmungen des § 446 R.=C.=P.=O. und des Art. 22 des Ausf.=Ges. v. 23. Febr. 1879 zur Reichscivilprozeßordnung entsprechend zur Anwendung. (§ 446 R.=C.=P.=O. lautet ebenso wie Art. 20 Abs. 6 des Ges. v. 8. August 1878.) Vgl. hieher noch § 155 Nr. 1 R.=St.=G.=B. Art. 22 Ausf.=Ges. lautet: Mitgliedern von Religionsgesellschaften, deren Bekenntnis die Eidesleistung untersagt, ist an Stelle des Eides die ihrem Bekenntnisse entsprechende Beteuerung gestattet; letztere besteht bei den Mennoniten (k. Vdg. v. 20. Oktober 1811 R.=Bl. S. 1601) in der Abnahme des Handschlags mit den in den Mund gelegten Worten: „Ich verspreche mit gegenwärtigem Handschlage wie bei meinem Taufbunde die reine Wahrheit zu sagen."

Ebenso ist den Philipponen die Eidesleistung untersagt; dieselben haben als Beteuerungsformel das Wort: „Jey, Jey" unter Zuziehung eines Popen zu sprechen.

Eidliche Bestätigungen der Beteiligten: hierüber s. später: § 57 m. Ausf.

Die Zeugenvernehmung erfolgt, wenn es sich um eine erstinstanzielle Thätigkeit der Distriktsverwaltungsbehörden handelt, in der Regel durch diese selbst; die Kreisregierungen jedoch betrauen hiemit in der Regel die Distriktsverwaltungsbehörden. Die unmittelbare Vernehmung von Zeugen und Sachverständigen und die Einholung schriftlicher Äußerungen kann jedoch von den Kreisregierungen auch anderen als den ebengenannten Behörden in besonderen Fällen übertragen werden (§ 16 Instr. Seydel Bd. II S. 500). Das höhere Gericht kann in besonderen Fällen auch anordnen, daß die Eidesleistung vor einem seiner Mitglieder oder vor einer anderen Behörde erfolgt, wenn der Schwurpflichtige am Erscheinen vor dem Prozeßgerichte verhindert ist, oder in großer Entfernung von dem Sitze desselben sich aufhält. (§ 441 R.-C.-P.-O.)

Zeugnis auf Verlangen vor Gericht abzulegen ist eine allgemeine öffentlich-rechtliche Verpflichtung; Ausnahmen bestehen nur insofern, als gewisse Personen das Zeugnis verweigern dürfen (cf. § 347—355 R.-C.-P.-O., analog anwendbar), andere Personen das Zeugnis verweigern müssen (cf. § 348, 341 eod.), eine dritte Gruppe von Personen darf überhaupt nicht beeidigt werden (§ 358 R.-C.-P.-O.) In den Fällen des Art. 8 Ziff. 8 des Ges. kann nach dem Ermessen der Behörde von der Beeidigung Umgang genommen werden (§ 21 Ziff. 1 Gew.-Ordg.).

Hinsichtlich der Verpflichtung, sich als Zeuge oder Sachverständiger vernehmen zu lassen, sowie der Folgen der Weigerung und der Zulässigkeit der Beeidigung kommen die Bestimmungen der Reichscivilprozeßordnung entsprechend zur Anwendung; wo jedoch diese Bestimmungen nur auf das civilprozessuale Verfahren berechnet sind, erleiden sie Modifikationen; (Art. 20 Ges. s. auch Min.-Bektmch. v. 7. Jan. 1882 G.- u. V.-Bl. S. 37). Über vorschriftswidrige Zeug.-Vernehm. s. V.-G.-H.-E. Bd. II S. 557.

Ein ordnungsmäßig geladener Zeuge, welcher nicht erscheint, ist auch ohne Antrag in die durch sein Ausbleiben verursachten Kosten, sowie zu einer Geldstrafe bis zu 300 Mk. eventuell zu einer Haftstrafe bis zu 6 Wochen zu verurteilen, falls nicht das Ausbleiben genügend entschuldigt ist. § 345 u. 346 R.=C.=P.=O.

Hinsichtlich etwaiger Beschwerden sind die Bestimmungen des Art. 22 des Ges. üb. d. Verw.=Ger.=Hof maßgebend.

Bezüglich der Fragen, über welche das Zeugnis verweigert werden darf: § 349, 350 R.=C.=P.=O. Über öffentl. Beamte und ihre Zeugnispflicht: § 341 R.=C.=P.=O. Gerichtliche Entscheidungen über die Vernehmungspflicht sind selbständig anfechtbare Zwischenbescheide (Art. 21 Abs. 2 des Ges., §§ 352, 355 R.=C.=P.=O.). Das Verfahren ist auch hier dasselbe wie das allgemeine Verfahren in Verwaltungsrechtssachen.

Über die Notwendigkeit der Zuziehung eines Protokollführers und das Protokoll selbst s. bei den einschlägigen Paragraphen meiner Ausführungen, desgleichen über die Zeugenladungen; letztere können sowohl bei Zeugen als bei Sachverständigen auf Antrag der Parteien von der vorgängigen Zahlung eines zur Deckung der Auslagen hinreichenden Vorschusses abhängig gemacht werden. Art. 192 Geb.=Ges. Hinsichtlich der Gebühren der Zeugen und Sachverständigen kommen die Reichsgeb.=Ordg. für Zeugen und Sachverständige v. 30. Juni 1878 (R.=G.=Bl. S. 173), dann die Vdg. v. 20. Sept. 1879 § 9, und v. 22. Sept. 1879 (G.=V.=Bl. S. 1283), ferner gemeinsch. Minist.=Bekanntm. v. 27. Sept. 1879 (G.=V.=Bl. S. 1285), ferner Fin.=Minist.=Entschl. v. 3. Juli 1880 (Fin.=Min.=Bl. S. 177), hinsichtlich der Berechn. v. Reiseentschäd., Fin.=Min.=Entschl. v. 10. Februar 1881 (Fin.=Min.=Bl. S. 97) zur Anwendung; vgl. auch k. Vdg. v. 11. Febr. 1875, Aufrechnung der Tagegelder und Reisekosten bei auswärtigen Dienstgeschäften betr., siehe auch V.=G.=H.=E. Bd. VII S. 320, XI S. 418.

§ 56. Sachverständige.

Die Sachverständigen haben dem Richter aus vorliegendem Material Wahrnehmungen und Schlußfolgerungen mitzuteilen, welche er selbst zu machen durch den Mangel der hiezu erforderlichen Sachkunde verhindert ist. Während also die Zeugen über Vergangenes zu berichten haben, berichten die Sachverständigen über Dinge, die in der Regel in der Gegenwart auf Grund besonderer Sachkunde wahrzunehmen sind. In dieser Beziehung erscheint der Sachverständige als Gehilfe des Richters; letzterer ist jedoch an die Aufstellungen des Sachverständigen wegen des Prinzips der vollkommen freien Beweiswürdigung nicht gebunden, es sei denn, daß das spezielle Gesetz in dieser Richtung besondere Bestimmungen enthält, z. B. Weidegesetz Art. 57. Die Erfordernisse für den Beweiswert dieses Beweismittels sind die gleichen wie bei den Zeugen. Die persönliche Glaubwürdigkeit wird auch hier durch den Eid gehoben: eine nachträgliche Beeidigung wie bei Zeugen ist jedoch hier ausgeschlossen. Art. 20 des Ges.

Sachverständige haben vor Erstattung ihres Gutachtens einen Eid dahin zu leisten, daß „sie das von ihnen geforderte Gutachten unparteiisch und nach bestem Wissen und Gewissen erstatten werden." S. im übr. den vorausg. Paragr. Sind dieselben für die Erstattung von Gutachten der betreffenden Art im allgemeinen beeidigt, so genügt die Berufung auf den geleisteten Eid. Art. 20 des Ges., § 5 Instr.; über die Beteuerungsformeln an Stelle des Eides s. § 55 m. Ausf.

Der zum Sachverständigen Ernannte hat der Ernennung Folge zu leisten, wenn er zur Erstattung von Gutachten der geforderten Art öffentlich bestellt ist, oder wenn er die Wissenschaft, Kunst oder das Gewerbe, deren Kenntnis Voraussetzung der Begutachtung ist, öffentlich zum Erwerbe ausübt, oder wenn er zur Ausübung derselben öffentlich bestellt oder ermächtigt ist.

Dieselben Gründe, die einen Zeugen berechtigen, das Zeugnis zu verweigern, berechtigen auch einen Sachverständigen zur Verweigerung des Gutachtens.

Wenn die erste Instanz bei Erhebung eines Sachverständigenbeweises z. B. die Vorschrift des Art. 94 des Wasserbenütz.-Ges. v. 28. Mai 1852 befolgt hat, und die 2. Instanz die Erhebung eines weiteren Sachverständigenbeweises für notwendig erachtet, so ist dieselbe hiebei an die Vorschrift des Art. 94 l. c. nicht gebunden, sondern sie hat die Auswahl der Sachverständigen nach Maßgabe des Art. 36 im Zusammenhalte mit Art 20 des Ges. ü. d. Verw.-Ger.-H. frei zu bestimmen, ohne den Parteien einen Einfluß auf diese Auswahl einzuräumen.

Den Parteien steht nur das Recht zu, etwa gesetzlich zulässige Erinnerungen gegen die Person des zugezogenen Sachverständigen geltend zu machen. (§ 371 R.-C.-P.-O.) Der Umstand aber, daß in 2. Instanz eine in einer gegebenen Streitsache zum Sachverständigen nicht taugliche Person als solcher vernommen wurde, begründet keine Nichtigkeit des Verfahrens, sondern kann nur Anlaß zur Erholung eines technischen Obergutachtens bieten, wenn die Entscheidung der Vorinstanz auf die Aussage jenes Sachverständigen gestützt ist und wenn das Urteil ohne dessen Einvernehmen voraussichtlich ein anderes gewesen wäre. (V.-G.-H.-E. Bd. II S. 551, Bl. f. adm. Pr. Bd. 31 S. 381.) Dieser Satz gilt unter den nötigen Modifikationen auch für die 2. Instanz.

Hat ein Sachverständiger sein Gutachten vor der mündlichen Verhandlung schriftlich abgegeben, so ist er zu derselben zu laden.

Die Vernehmung eines öffentlichen Beamten als Sachverständigen findet nicht statt, wenn die dem Beamten vorgesetzte Behörde erklärt, daß die Vernehmung den dienstlichen Interessen Nachteil bereiten würde.

Im Falle des Nichterscheinens oder der Zeugnisverweigerung durch einen zur Erstattung eines Gutachtens verpflichteten Sachverständigen wird dieser zum Ersatz der Kosten und zu einer Geldbuße bis zu 300 Mk. verurteilt; gegen diesen Beschluß ist Beschwerde zulässig. Im übrigen s. d. vorausg.

Paragraphen. (Vgl. auch Vdg. v. 23. Januar 1872 üb. d. Organ. d. Staatsbauwesens.)

§ 57. Augenschein.

Der Augenschein ist die eigene sinnliche Wahrnehmung des Richters von dem vorgelegten Gegenstand; der Wert dieses Beweismittels hängt davon ab, ob der besichtigte Gegenstand der echte ist und ob durch die Besichtigung wirklich etwas erzielt werden kann.

Der Augenschein ist stets von den Distriktsverwaltungsbehörden unter Verständigung der Beteiligten und unter Anberaumung einer mündlichen Verhandlung vorzunehmen; über das hiebei zu beobachtende Verfahren s. §§ 24, 38, 53, 54 m. Ausf.

§ 58. Urkunden.

Unter Urkunden versteht man im allgemeinen körperliche, leblose oder lebende Dinge, an welchen sich Spuren menschlicher Thätigkeit befinden, welche dazu bestimmt sind, einem Menschen eine Mitteilung zu machen; Urkunden im engeren Sinne sind vorhanden, wenn diese Spuren in Schriftzeichen bestehen.

Je nach der Person des Ausstellers derselben unterscheidet man öffentliche und Privaturkunden: erstere sind solche, die von einer öffentlichen Behörde oder von einer mit öffentlichem Glauben versehenen Person innerhalb der Grenzen ihrer Amtsbefugnisse in der gesetzlich vorgeschriebenen Form ausgestellt sind.

Man unterscheidet ferner Urschriften und Abschriften; erstere (originalia, authenticae) sind die zu dem Zwecke der beabsichtigten Mitteilung angefertigten Urkunden selbst, letztere (copiae) solche Urkunden, die einer anderen nachgebildet sind; unter den letzteren sind besonders hervorzuheben die vidimierten (beglaubigten) Abschriften, solche, deren Übereinstimmung mit dem Originale durch das Zeugnis einer öffentlichen Behörde bestätigt ist. Öffentliche Urkunden haben stets den Vorzug vor

Privaturkunden, Originale den Vorzug vor Kopien, vidimierte Kopien vor nicht vidimierten.

Damit eine Urkunde beweiskräftig sei, muß sie echt und brauchbar sein: das Geständnis des Gegners vermag eine unerwiesene Echtheit nicht zu ersetzen, da materieller Beweis zu erbringen und nicht formeller Beweis als genügend zu erachten ist.

Für inländische, öffentliche Urkunden, sowie für ausländische, von einem deutschen Konsul oder Gesandten beglaubigte Urkunden streitet die Vermutung der Echtheit.

Über das Verfahren bei dem Urkundenbeweise bestehen keine gesetzlichen Vorschriften: nach dem Prinzip der freien Beweiswürdigung, insbes. aber nach dem Offizialprinzipe ist es amtliche Pflicht der Behörden, die ihnen zugänglichen und für die Sache erheblichen Urkunden, so weit thunlich, selbst herbeizuschaffen und auf ihren Beweiswert zu prüfen: die Herbeischaffung der Urkunden geschieht in der Regel bereits im Vorverfahren; ergibt sich jedoch im Laufe einer mündlichen Verhandlung diese Notwendigkeit, so ist veranlaßten Falles das Verfahren einstweilen bis zur Beischaffung der erforderlichen Urkunden auszusetzen. (Über etwaige Kosten s. § 48 m. Ausf.)

Anmerkung. Nach civilrechtlichen Bestimmungen ist der Prozeßgegner zur Edition einer Urkunde verpflichtet, wenn sie vom Gegner so genau bezeichnet werden kann, daß jener weiß, um welche Urkunde es sich handelt, wenn also der Inhalt der Urkunde und die damit zu beweisende Thatsache angegeben werden kann und wenn die Urkunde eine für den Beweisführer und den Gegner gemeinschaftliche ist; ähnliches gilt, wenn der Fiskus oder ein Dritter eine solche Urkunde in Händen hat.

Hinsichtlich der sogenannten „Akteneinsicht" gilt folgendes: Akten sind Sammlungen von Schriften, welche auf die Verwaltung des Staates oder auf das Rechtsleben in Privatverhältnissen Bezug haben. Hinsichtlich jener öffentlichen Akten und Urkunden, welche über Verhältnisse des Privatrechts und Verwaltungsrechts errichtet sind, haben alle jene ein Recht zur Einsichtnahme und zur Forderung einer Abschrift derselben, in deren Interesse, unter deren Mitwirkung und auf deren Antrag die Akten errichtet worden sind. Civilprozeßakten sind zunächst nur für die Prozeßparteien errichtet: aber auch die letzteren haben nur ein Recht auf die eigentlichen Prozeßschriften. Vertragsurkunden, Verlassenschafts- und Vormundschaftsakten sowie die Hypothekenbücher sind nur für die Interessenten selbst bestimmt. Die Einsicht von Kriminalakten ist nur dem Staatsanwalt, dem Angeklagten und seinem Verteidiger gestattet: den beiden letztgenannten aber nur im beschränkten Maße. Administrativakten sind meistens rein öffentlicher Natur, sie stehen im Eigentum des Staates und es haben die Interessenten nur, wenn und insoweit darin administrativ-kontentiöse Streitsachen oder Verwaltungsrechtssachen behandelt sind, Anspruch auf Edition der speziell auf das strittige Verhältnis Bezug habenden Produkte, während die eigentlichen Verwaltungsakten, die Berichte an die vorgesetzte Stelle, die Akten der Polizeigewalt, niemand als der betr. Behörde zugänglich sind.

Anhang.

§ 59. Parteieneid.

Der Parteieneid ist dem verwaltungsrechtlichen Verfahren fremd; er kommt namentlich in der Form des Manifestationseides bei Streitigkeiten über jüdische Kultusbeiträge vor und findet sich häufig in den Statuten der israel. Kultusgemeinden; als Beweismittel ist er aus dem Verfahren vor den Verwaltungsgerichten beseitigt. Er hat in besagtem Falle nur mehr insoferne noch Bedeutung, als die Entscheidung über die Größe des zu leistenden Beitrages der eidlichen Versicherung der Pflichtigen überlassen und durch die wirkliche Eidesleistung der bestehende Streit außergerichtlich endgültig geschlichtet wird. (V.-G.-H.-E. Bd. I S. 265.)

Eidliche Bestätigungen der Beteiligten zum Zwecke der Beweisführung finden nur statt, wo besondere gesetzliche Bestimmungen dieselben zulassen, wie bei der Wiedereinsetzung in den vorigen Stand oder Wiederaufnahme des Verfahrens; § 266 der Civilprozeßordnung.

VII. Abschnitt: Das Verfahren vor den Verwaltungsgerichten im besonderen.

§ 60.

1. Das Verfahren bei den Distriktsverwaltungsbehörden.

Allgemeiner Grundsatz ist, daß das Verfahren möglichst kurz und einfach und in der die Beteiligten möglichst wenig belästigenden Weise, jedoch ohne Beeinträchtigung der Gründlichkeit unter thunlicher analoger Verwendung allgemeiner civilprozessualer Bestimmungen vor sich gehe.

Maßgebend sind vor allem die Bestimmungen über das Verfahren in Art. 16 ff. des Ges. Im speziellen wurde das Nähere bereits in den vorausgehenden Paragraphen mitgeteilt; s. insbes. über die Zuständigkeit § 5 ff., über Ausschließung und Ablehnung von Gerichtspersonen § 20, über Zulassung von Rechtsanwälten § 22, über Gerichtsbesetzung § 23, über Öffentlichkeit und Mündlichkeit des Verfahrens §§ 24 und 25, über das rechtliche Gehör § 26, über Offizialität des Verfahrens § 27, über Protokolle § 35, über Sachinstruktion § 38, über die Entscheidungen § 41 ff., über den Beweis § 53 ff.

§ 61.

2. Das Verfahren bei den Regierungssenaten.

Die Regierungssenate können erste oder zweite Instanz sein. Jeder bei der Regierung einlaufende Antrag auf Entscheidung und jede Beschwerde wird vorerst nicht etwa einem bestellten Senatsreferenten, sondern stets dem für den betreffenden Gegenstand durch die Geschäftsrepartition aufgestellten Referenten zugeteilt, welcher vor allem zu prüfen hat, ob eine reine Verwaltungsrechtssache, also eine der in Art. 8 des Ges. aufgeführten Angelegenheiten oder eine andere Sache vorhanden sei. Im letzteren Falle ist sie im gewöhnlichen Wege zu behandeln (in der Regel im Bureauwege, in den gesetzlich vorgesehenen Fällen jedoch auf Grund kollegialer Beratung). Entscheidet sich der Referent für die erstere Alternative, so muß er den Einlauf dem Senatsvorstande zur Ernennung des Referenten für die Behandlung im Senate vorlegen; da aus praktischen Gründen (vgl. Bl. f. adm. Pr. Bd. 32 S. 17) in der Regel der ordentliche Sachreferent schon bei der Geschäftsverteilung (Senatsbildung) auch zum Senatsreferenten ernannt wird, so verkürzt und vereinfacht sich der Gang des Verfahrens wesentlich; wenn nämlich der gewöhnliche Sachreferent nicht Mitglied desjenigen Senates ist, vor welchen der betreffende Streit nach der Geschäftsordnung gehört, dann wird jemand zum Referenten für den Senat ernannt, welcher sonst mit der Sache nichts weiter zu thun hat, und dessen Thätigkeit mit der Verkündung des Bescheides abgeschlossen ist; denn nach diesem Zeitpunkte tritt wieder der frühere Sachreferent ein.

Über die Senatsbildung und die Bestellung der Referenten s. § 17 und § 23 m. Ausf. Der ernannte Senatsreferent hat zu prüfen, ob der Gegenstand spruchreif ist, oder ob Ersetzungen notwendig sind; ist ersteres der Fall, so legt er dem Senatsvorstand die Akten behufs Anberaumung eines Termins zur öffentlich mündlichen Verhandlung vor und der Senatsvorstand bestimmt dann den Termin. Etwaige Ersetzungen geschehen durch Entschließung des Regierungspräsidenten, nachdem der Sachreferent den bezüglichen Entwurf hergestellt hat. Die Entwürfe der Verfügungen sind von dem Referenten vor ihrer Vorlage an den Präsidenten dem Senatsvorstande zur Einsicht und Mitzeichnung oder etwaigen Erinnerung mitzuteilen.

Sodann erfolgen die schriftlichen Ladungen an die Beteiligten, Zeugen rc. wieder durch den Regierungspräsidenten im Bureauwege. Vgl. § 32 und § 39 m. Ausf.

Wo der Sachreferent zugleich Senatsreferent ist, tritt wieder eine Vereinfachung des Verfahrens ein, da ersterer den Antrag auf Anberaumung des Termines erst stellt, wenn er die Sache für völlig spruchreif hält, und Meinungsverschiedenheiten zwischen Sach- und Senatsreferenten nicht eintreten können.

Die Terminsbestimmung wird in der Tagesordnung vorgemerkt.

Die Senatsitzungen sind regelmäßig an im voraus ein für allemal zu bestimmenden und öffentlich bekannt zu gebenden Tagen der Woche oder des Monats abzuhalten, unbeschadet der Anberaumung außerordentlicher Sitzungen.

Die jeweilige Tagesordnung ist durch Anschlag vor dem Sitzungssaale rechtzeitig zu veröffentlichen.

Den Senatsmitgliedern ist ein Exemplar der Tagesordnung zuzustellen und die Einsichtnahme der Akten vor der Verhandlung zu gestatten.

Selbstverständlich kann der Senatsbescheid schon vor der Sitzung entworfen und von den Senatsmitgliedern eingesehen werden, da infolge des Offizialbetriebes die Parteien nur selten etwas vorbringen, was wirklich als neu zu erachten wäre und der Bescheidsentwurf ja wieder abgeändert werden kann; auf diese Weise ist auch die Verkündung des Bescheides noch in dem Verhandlungstermine erleichtert.

Der Vorsitzende leitet die Verhandlung; er hat jedem beisitzenden Senatsmitglied auf Verlangen zu gestatten, Fragen an die Beteiligten sowie an die Zeugen und Sachverständigen zu stellen; durch den Vorsitzenden oder mit Bewilligung desselben dürfen die Beteiligten auch unmittelbar solche Fragen stellen. Zweifel über die Zulässigkeit einer Frage und sonstige Anstände, welche sich in Ansehung der auf die Sachleitung bezüglichen Anordnungen des Vorsitzenden ergeben, entscheidet stets der Senat. (§ 20 Instr.)

Zuerst bringt der Senatsvorstand die Sache zum Aufrufe und stellt fest, welche von den Beteiligten (Zeugen ꝛc.) anwesend sind. Für die Beteiligten dient die Ladung als Ausweis (§ 32); Vertreter, auch Rechtsanwälte, haben eine schriftliche, beglaubigte Vollmacht, bezw. Substitutorium, vorzulegen. Vollmacht und Substitutorium sind nach ihrem Inhalte zu prüfen.

Sodann hat der Referent Vortrag über den Sachverhalt zu erstatten, ohne jedoch zur Stellung etwaiger Anträge berechtigt zu sein. (Art. 36 des Ges.)

Darauf folgt die mündliche Verhandlung selbst: von den Parteien wird zuerst der Antragsteller bezw. Beschwerdeführer gehört, da diese möglicherweise ihre Anträge, bezw. Beschwerden noch zurückziehen und so jede weitere Verhandlung überflüssig machen können. Sodann folgen die Ausführungen der Gegner derselben. Natürlich können erforderlichen Falles die Parteien auch mehrmals gehört werden. Den Beteiligten ist gestattet, sich über das Ergebnis einer Beweisaufnahme auszusprechen; findet die Beweisaufnahme bei dem Senate selbst statt, so geht diese selbstverständlich der Beweiswürdigung voraus. (Art. 36 des Ges.) Bei den Sitzungen der Senate der Regierungsfinanzkammern hat auch ein Staatsanwalt als Vertreter des Ärars (Fiskal) anwesend zu sein (§ 21 m. Ausf.), welcher vor jeder Beschlußfassung mit seinen Erinnerungen und Anträgen zu hören ist, und der auch selbständig beschwerdeberechtigt ist.

Nach Schluß der Verhandlung erfolgt die geheime Beratung (§ 44), dann die Verkündung der Entscheidung (§ 51). Durch diese Entscheidung kann auch noch eine etwaige Beweiserhebung oder sonstige Ergänzung angeordnet werden; hiemit kann zugleich die Anberaumung eines Termines zur weiteren Verhandlung verbunden werden, wenn sicher anzunehmen ist, daß die angeordneten Erhebungen bis dahin erfolgt sind; ist dieß nicht der Fall, so ist der neue Verhandlungstermin in gleicher Weise wie der erste anzuberaumen, denn es wäre eine Verletzung des Grundsatzes der Öffentlichkeit und Mündlichkeit des Verfahrens, wenn in einem solchen Falle von Abhaltung eines Termines zur neuerlichen Verhandlung behufs Würdigung des Beweisergebnisses Umgang genommen würde.

Über Aufhebung des Verfahrens s. Art. 36 des Ges. und § 42 m. Ausf.

Mit der Verkündung des Endbescheides ist die Thätigkeit des Senates abgeschlossen; das Weitere, insbesondere die Zustellung der Bescheide, erfolgt durch die Regierung (§ 50).

Über den Gang und die wesentlichen Ergebnisse der Verhandlung ist durch einen vereidigten Protokollführer ein Protokoll aufzunehmen. (Art. 36 des Ges.)

Anm. 1. Bei geheimen Sitzungen fallen selbstverständlich die durch die Öffentlichkeit und Mündlichkeit des Verfahrens veranlaßten Modifikationen weg.

Anm. 2. Was die Regierungen anlangt, so bildet hier die Regel und streitet dafür die Vermutung, daß der Geschäftsgang derselben bureaumäßig ist; doch bleibt es dem Präsidenten unbenommen, kollegiale Beratung eintreten zu lassen: die Entscheidung selbst und sonach die Haftung verbleibt ihm jedoch auch in diesem Falle; ist aber im besonderen Gesetze kollegiale Beratung und Beschlußfassung vorgeschrieben, so hat in einer Sitzung des Regierungsplenums der Referent Vortrag zu erstatten und das Plenum nach Beratung des Falles durch Stimmenmehrheit zu entscheiden. Daß kollegiale Beratung und Beschlußfassung stattgefunden hat, ist im Bescheide zum Ausdruck zu bringen. Es versteht sich aber von selbst, daß in den Fällen des Art. 8 des Verwaltungsgerichtshofsgesetzes statt der Regierung oder des Präsidenten der verwaltungsrechtliche Senat eintritt. (S. Form. Vdg. v. 17. Dezember 1825.)

§ 62.

3. Das Verfahren vor dem Verwaltungsgerichtshofe.

Der Verwaltungsgerichtshof ist in gewissen Fällen erste und einzige verwaltungsrechtliche Instanz (Art. 7 Abs. 2), in den meisten Fällen jedoch zweite bezw. dritte Instanz. Auch in den Fällen des Art. 10 ist der Verwaltungsgerichtshof zweite oder dritte Instanz, wenn auch das verwaltungsrichterliche Verfahren in diesen Fällen erst vor ihm eintritt und in den Fällen des Art. 11 immer zweite Instanz.

Die unter der Adresse des Gerichtshofes eingehenden Sendungen läßt der Präsident öffnen und mit dem Tage des Einlaufes versehen. Sodann werden dieselben dem Vorstande des betreffenden Senates zur Ernennung des Referenten und dann dem letzteren zur weiteren Behandlung vorgelegt; dieser prüft sie und teilt die Akten dem Staatsanwalte zur Einsicht mit. Nimmt letzterer wahr, daß in einer Sache oder Frage, welche zur Zuständigkeit der aktiven Verwaltung gehört, die Entscheidung des Verwaltungsgerichtshofes angerufen wurde, so hat derselbe in einer Zuschrift vor der Verhandlung der Sache bei dem Verwaltungsgerichtshofe zunächst die Erlassung einer auf die Kompetenzfrage beschränkten Vorentscheidung zu beantragen, welche in öffentlicher Sitzung unter Ladung der Beteiligten stattfindet und wobei der Staatsanwalt seinen Antrag begründet. Erklärt sich der Verwaltungsgerichtshof für zuständig, so hat der Staatsanwalt, falls er gleichwohl die Zuständigkeit der aktiven Verwaltung für gegeben erachtet, sogleich dem einschlägigen Ministerium Anzeige zu erstatten, welches befugt ist, binnen zwei Wochen, von der Verkündung des Beschlusses in öffentlicher Sitzung an gerechnet, den Kompetenzkonflikt anzuregen. (S. Näh. Komp.-Konfl. Ges. vom 18. August 1879.)

Abgesehen von diesem Falle, hat sich der Referent mit dem

Staatsanwalte auf dem kürzesten Wege über die etwa vor der Verhandlung nötigen Ergänzungen zu benehmen und im Falle beiderseitigen Einverständnisses im Benehmen mit dem Senatsvorstande bei dem Präsidenten die Anberaumung der mündlichen Verhandlung und die Ladung der Beteiligten u. s. w. oder die Anordnung der erforderlichen Ergänzungen zu veranlassen; der Staatsanwalt ist hiebei befugt, die Vervollständigung des Beweismaterials sowie die Erholung technischer Obergutachten zu veranlassen; dadurch sollen etwaige Mängel im Sachverhalte und in der Beweisaufnahme thunlichst schon vor der öffentlichen Sitzung beseitigt werden, um etwaige Vertagungen und sonstige Weitläufigkeiten von vornherein zu vermeiden.

Wird eine Einigung zwischen Referent und Staatsanwalt nicht erzielt, so ist Beschlußfassung des Gerichtshofes in geheimer Sitzung zu beantragen und hat hiebei jener Senat zu entscheiden, der zur Entscheidung in der Hauptsache berufen ist.

S. im übrigen den vorausg. Paragr.

Findet ein Senat bei der Beschlußfassung, daß er in seinem Entscheide von der Rechtsanschauung, die in früheren Entscheidungen eines Senates oder des Plenums zum Ausdruck kam, abweicht, so hat er statt eines Entscheides in der öffentlichen Sitzung zu verkünden, daß dies der Fall ist und deshalb die Sache zur Verhandlung und Entscheidung durch das Plenum verwiesen werde. Die Akten sind sodann dem Präsidenten zur weiteren Verfügung vorzulegen.

Der Staatsanwalt ist von jeder Anberaumung einer mündlichen Verhandlung oder einer geheimen Sitzung, an welcher er teilzunehmen hat, zu benachrichtigen (§ 36 Vollz.-Vorschr.). Ihm ist auf Verlangen im Laufe der Verhandlungen, jedenfalls aber vor Abschluß der letzteren das Wort zu gewähren (§ 37 Instr.). Auch hat er das Recht der Fragestellung wie die Richter und die Beteiligten. Er muß insbes. vor jeder Beschlußfassung über die Ablehnung eines Mitgliedes des Gerichtes und bei Beschwerden der in Art. 32 Abs. 1 u. 2 des Ges. bezeichneten Art. gehört werden, weil diese Beschlüsse in geheimer Sitzung gefaßt werden. Auch ist ihm ein Exemplar der jeweiligen Tagesordnung zuzustellen.

Zu geheimen Sitzungen, welche zur Beschlußfassung über die Ausschließung oder Ablehnung eines Mitgliedes des Verwaltungsgerichtshofes oder über eine Beschwerde der in Art. 32 Abs. 1 u. 2 bezeichneten Art stattfinden, ist der Staatsanwalt stets beizuziehen. (§ 36 Instr.)

Es handelt sich jedoch stets um ein Recht des Staatsanwalts, gehört zu werden, nicht um eine Pflicht desselben, sich hören zu lassen; Anlaß zur Abgabe eines Gutachtens hat er in der Regel dann, wenn das öffentliche Interesse beteiligt ist, oder wenn die Zuständigkeit in Frage kommt.

In jenen Fällen, welche ohne öffentliche Verhandlung zu erledigen sind, hat sich der Staatsanwalt nach der auf den Vortrag des Referenten abgegebenen Äußerung zu entfernen. (Art. 42 des Ges.)

Bei öffentlichen Plenarsitzungen ist den Parteien und dem Staatsanwalte die Beteiligung an den Verhandlungen des Plenums ebenso gestattet, wie an den Verhandlungen der Senate.

Anm. 1. Der Präsident verteilt die Geschäfte, zeichnet die Verfügungen 2c., hat überhaupt die üblichen Geschäfte eines Amtsvorstandes. § 28 Instr.

Anm. 2. Eine Erstattung der Auslagen, welche den Beteiligten durch das Komp.-Konfl.-Verfahren erwachsen, findet selbst dann nicht statt, wenn die Beschwerde, welche den Staatsanwalt zur Stellung eines solchen Antrages veranlaßte, zurückgenommen wird. (V.-G.-H.-E. Bd. VI S. 186.)

Anm. 3. Über Präjudizienbücher s. § 39 Instr. Über die Veröffentlichung prinzipiell wichtiger Entsch. durch den Druck und über Geschäftsübersichten s. § 39 Instr.

§ 63.

4. Die Vorentscheidung des k. Verwaltungsgerichtshofes gemäß Art. 7 Abs. II des Ges.

Der Verwaltungsgerichtshof ist nach Maßgabe der hierüber bestehenden oder zu erlassenden Gesetzesbestimmungen gemäß

§ 11 des Reichseinführungsgesetzes zur Civilprozeßordnung und Art. 7 Abs. II des Verwaltungsgerichtshofsgesetzes berufen, in denjenigen Fällen, in welchen ein Beamter wegen der in Ausübung seines Amtes oder in Veranlassung der Ausübung seines Amtes vorgenommenen Handlungen strafrechtlich oder civilrechtlich verfolgt werden soll, die Vorfrage zu entscheiden, ob der Beamte sich einer Überschreitung seiner Amtsbefugnisse oder der Unterlassung einer ihm obliegenden Amtshandlung schuldig gemacht hat.

Bis zum 1. Oktober 1879 galt die Rechtsnorm, daß bei civilrichterlichen Klagen gegen öffentliche Beamte wegen amtlicher Handlungen oder Unterlassungen die Entscheidung der Vorfrage, ob dem Beamten eine pflichtwidrige Handlung oder Unterlassung im Dienste zur Last falle, der vorgesetzten Dienstesstelle zustand. Bei Erlassung des Art. 7 des Ges. (s. oben) war also nicht beabsichtigt, die Notwendigkeit einer administrativen Vorentscheidung neu zu begründen. (Vgl. V.=G.=H.=E. Bd. II 609, IV 468.) Nach der Intention des Gesetzes wollte durch die Vorentscheidung unter Umständen der Rechtsweg gegen den Beamten verschlossen, keineswegs aber dem Beamten selbst ein offensiver Rechtsweg nach Analogie des § 231 R.=C.=P.=O. gegen denjenigen eröffnet werden, der sich ihm gegenüber etwa eines Haftungsanspruches aus amtlichen Verschulden berühmt. (V.=G.=H.=E. Bd. V S. 143, Bl. f. adm. Pr. 1883 S. 3, 33.) Gemäß § 11 des R.=Einf.=Ges. v. 27. Januar 1877 zum Gerichtsverfassungsgesetze traten die landesgesetzlichen Bestimmungen, durch welche die strafrechtliche oder civilrechtliche Verfolgung öffentlicher Beamten wegen des in Ausübung oder in Veranlassung der Ausübung ihres Amtes vorgenommenen Handlungen an besondere Voraussetzungen gebunden ist, außer Kraft. Nach § 11 l. c. hat sich die Vorentscheidung stets auf die Feststellung zu beschränken, ob der Beamte sich einer Überschreitung seiner Amtsbefugnisse oder der Unterlassung einer ihm obliegenden Amtshandlung schuldig gemacht habe und ist die Vorentscheidung in den Bundesstaaten, in welchen ein oberster Verwaltungsgerichtshof besteht, diesem übertragen.

Bei Erlassung des § 11 l. c. hatte die Reichsgesetzgebung jene Fälle im Auge, wo öffentliche Beamte, seien sie im Dienste des Staates, einer öffentlichen Korporation oder eines Privaten angestellt, wegen ihrer im Namen des Staates vollzogenen Akte von Dritten, welche sich in ihren Privatrechten durch angebliche gesetzwidrige Handlungen oder Unterlassungen der Beamten verletzt erachten, gerichtlich verfolgt werden sollen. (Eod. Bd. VI S. 22.) Ausgeschlossen sind also solche Beamte des Staates, der Gemeinden oder sonstigen öffentlichen Korporationen, welchen nur die Besorgung wirtschaftlicher Angelegenheiten des Staates etc. anvertraut ist. (Eod. Bd. V S. 147.) Ebensowenig ist der Verwaltungsgerichtshof zuständig, wenn es sich um die Haftung eines Beamten gegenüber seinem Auftraggeber aus der Verwaltung des Amtes handelt. Die Entscheidung der Vorfrage kann auch nur gegenüber Beamten, nicht gegenüber Behörden erfolgen: um also bei Erlassung eines Kollegialbeschlusses konstatieren zu können, daß ein Verschulden eines Beamten vorliegt, muß festgestellt sein, daß der erlassene Beschluß, objektiv betrachtet, gesetzwidrig sei und daß und wie der betreffende Beamte sich an der Erlassung desselben beteiligt hat. (Eod. Bd. IV S. 549.)

Wenn aus dem dienstlichen Verschulden eines Staats- oder Gemeindebeamten ein Entschädigungsanspruch gegen den Staat oder die betreffende Gemeinde abgeleitet werden will, ist der Verwaltungsgerichtshof wiederum unzuständig; (eod. Bd. XI S. 337 u. 339).

Das Gesetz über den Verwaltungsgerichtshof selbst enthält über das Verfahren hiebei keine ausdrückliche Bestimmung; gemäß § 41 der Instr. sind aber in den in Art. 7 Abs. 2 des Ges. bezeichneten Fällen die Vorschriften über das Verfahren in Verwaltungsrechtssachen entsprechend zur Anwendung zu bringen. Der mündlichen Verhandlung haben hienach die erforderlichen Vorerhebungen, das rechtliche Gehör des Beklagten oder vorgesetzten Dienstesstelle und sonstiger Beteiligten vorauszugehen; in der öffentlich mündlichen Senatsverhandlung sind der Antragsteller, Beklagte und Staatsanwalt zur Verhandluug zu laden und in derselben zu hören.

Solange die Vorerhebungen noch nicht gepflogen sind, ist die Bescheidung der Sache zu vertagen (Eod. Bd. III 508 § 41 Instr.). Die Entscheidung selbst hat sich auf die Rechtsfrage zu beschränken, ob der Beamte sich in dem fraglichen Falle einer Amtsüberschreitung schuldig gemacht hat. Diese Frage ist nach allen Richtungen zu prüfen, ob also zunächst eine amtliche Handlung überhaupt vorliegt, ob die von den Beamten ausgeübten Befugnisse demselben überhaupt zustehen und ob er in dem konkreten Falle hievon einen rechtmäßigen Gebrauch gemacht habe oder nicht.

Die Verneinung der Schuldfrage hat die Wirkung, daß jede Klage gegen den Beamten ausgeschlossen, unzulässig ist; wird sie bejaht, so ist damit ausgesprochen, daß der Rechtsweg zulässig ist; der Civilrichter ist jedoch mit seiner materiellen Entscheidung keineswegs gebunden. Die Entscheidung ist der dem Beklagten vorgesetzten Dienstesstelle in beglaubigter Abschrift mitzuteilen. § 41 Instr. Die Kosten des Verfahrens sind in jedem Falle, also auch dann, wenn die Vorentscheidung zu Ungunsten des Beamten erfolgt, in der Regel, soweit nicht besondere Verhältnisse eine Ausnahme bedingen, dem Antragsteller zu überbürden; diese können von letzterem allerdings vor dem Prozeßgerichte im Falle seines Obsiegens liquidiert werden. (Eod. Bd. IV S. 170.)

Anm. 1. Bei Entschädigungsklagen gegen Gerichtsvollzieher hat der Verwaltungsgerichtshof eine derartige Vorentscheidung nicht zu treffen. (Eod. Bd. IV S. 467.)

Anm. 2. Eine Entscheidung der Vorfrage findet auch dann nicht statt, wenn Gemeindebeamte und Gemeindebedienstete durch Nichterfüllung oder Überschreitung ihrer gesetzlichen Dienstesobliegenheiten in eigentlichen Gemeindeangelegenheiten dritten Personen einen rechtswidrigen Nachteil zufügen. (Eod. Bd. VI S. 20.)

Anm. 3. Zur letztinstanziellen Entscheidung über die bestrittene Haftungsverbindlichkeit eines Mitgliedes einer Kirchenverwaltung wegen Nichterfüllung oder Überschreitung seiner gesetzlichen Dienstesobliegenheiten ist der Verwaltungsgerichtshof nicht zuständig. (Eod. Bd. V S. 143.)

Anm. 4. Ausführlicheres s. bei Kahr S. 61—75, Krais S. 42—45, 292—305, Seydel Bd. II S. 449—473, Sarwey S. 302 ff., Bl. f. adm. Pr. Bd. 33 S. 33, Bd. 36 S. 8.

§ 64. Das schiedsrichterliche Verfahren.

Das schiedsrichterliche Verfahren tritt ein, wenn

1) Änderungen im Bestande von Gemeinden, Distrikten, Kreisen oder Schulverbänden eintreten, und wenn außerdem
2) die Beteiligten sich über die Teilung oder Auseinandersetzung des Gemeinde-, Distrikts-, Kreis- oder Schulvermögens oder über die bestehenden Rechte und Pflichten in Bezug auf bestehende Anstalten nicht gütlich sich zu einigen vermögen.

Schiedsrichterliche Entscheidung findet nach der Fassung des Gesetzes nicht statt:

1) bei Entscheidungen über Änderungen im Bestande der obigen Korporationen: diese Fragen ressortieren zur aktiven Verwaltung (vgl. z. B. Art. 23 des Distriktsratsges.),
2) bei Streitigkeiten, welche nicht aus Anlaß von Veränderungen im Bestande derselben entstehen.

Die schiedsrichterliche Entscheidung steht zu:

1. einem von der vorgesetzten Kreisregierung untergeordneten k. Bezirksamte, in zweiter und letzter Instanz dem k. Verwaltungsgerichtshofe;
2. einer von dem k. Staatsministerium des Innern delegierten Kreisregierung, Kammer des Innern, wenn es sich um eine einer Kreisregierung unmittelbar untergeordnete Gemeinde, ferner um eine Distrikts- oder Kreisgemeinde handelt; auch hier entscheidet der Verwaltungsgerichtshof in zweiter und letzter Instanz.

Die Bezirksämter und die Kreisregierungen entscheiden nach den über das Verfahren in Verwaltungssachen jeweils bestehenden Vorschriften: daher hat auch Art. 45 des Gesetzes Anwendung zu finden; der Verwaltungsgerichtshof entscheidet in dem für ihn geltenden Verfahren.

Die Entscheidungen sind ohne Ausnahme schiedsrichterliche; sie erfolgen ähnlich wie bei der actio communi dividundo des römischen Civilrechtes ex aequo et bono, weil es an speziellen gesetzlichen Bestimmungen über die Vermögensauseinandersetzungen fehlt; hiebei hat jedoch nicht das bloße reine Ermessen, sondern auch etwaige Vereinbarungen und allgemeine Rechtsnormen Maß zu geben.

Auch die Entscheidungen des Verwaltungsgerichtshofes sind hier schiedsrichterliche und hat hienach derselbe das Recht, die Frage der Teilung und Auseinandersetzung des Vermögens im ganzen und einheitlich den Beteiligten gegenüber festzustellen, wenn auch nur bezüglich eines Teilungsgegenstandes von einem Beteiligten Beschwerde erhoben wurde. (Eod. Bd. IX S. 390, Bd. XI S. 499.)

§ 63. Stillstand und Unterbrechung des Verfahrens.

Der Tod einer Partei bewirkt in der Regel nicht den Stillstand eines bereits anhängigen Streitverfahrens, vielmehr ist der andere Streitsteil berechtigt, die Fortsetzung des Verfahrens bis zur gesetzmäßigen Erledigung des Streites zu verlangen. Bei dem Ableben einer Prozeßpartei sind je nach der rechtlichen Natur des den Streitgegenstand bildenden Rechtsverhältnisses entweder die Rechtsnachfolger jener Partei oder jene Personen als an dem Streite fernerhin beteiligt zu erachten und zu behandeln, welche von dem Ausgange des Streites in ihren eigenen öffentlich-rechtlichen Verhältnissen kraft gesetzlicher Bestimmung mittelbar berührt werden, bezw. an dem Rechte der betreffenden Partei teilnehmen oder ihm zu folgen haben.

Analog anwendbar ist auch der civilrechtliche Grundsatz, daß in der Regel alle Klagen auf die Erben übergehen. (V.-G.-H.-E. Bd. X S. 66.)

Im übrigen können die das Verfahren veranlassenden Beteiligten durch ihre Erklärungen die Thätigkeit der Gerichte zum Ruhen bringen, bezw. eine Unterbrechung herbeiführen, wenn sonstige Interessen und Rechte dadurch nicht verletzt werden.

VIII. Abschnitt: Das Rechtsmittelverfahren.

§ 66. Einleitung.

Rechtsmittel sind Schutzmittel zur Abwendung eines im Prozeßwege drohenden Schadens.

Das ordentliche Rechtsmittel im Verwaltungsrechtsprozesse ist die Beschwerde; ein weiteres ordentliches Rechtsmittel kennt das Gesetz über den Verwaltungsgerichtshof nicht, wenn auch für die Beschwerde noch andere Bezeichnungen wie etwa Berufung oder Nichtigkeitsbeschwerde bestehen; es gelten daher für letztere die allgemeinen Bestimmungen über die Beschwerdeformalien, insbesondere ist auch sie an die 14tägige Notfrist gebunden, wenn nicht, wie in Art. 176 (105) der Gemeindeordnungen von 1869 eine kürzere Notfrist bestimmt ist; vgl. Art. 22 Absatz IV des Verwaltungsgerichtshofsgesetzes. Der Beschwerde verwandte Schutzmittel sind die Wiederaufnahme des Verfahrens und die Wiedereinsetzung in den vorigen Stand bei Fristversäumung.

A. Die Beschwerde.

§ 67. Aktivlegitimation des Beschwerdeführers.

Die erste Voraussetzung vor Eingehen auf die Beschwerde selbst ist, daß man prüft, ob der Beschwerdeführer überhaupt die formelle Berechtigung hat, eine Beschwerde zu führen: bei Mangel dieser Voraussetzung ist die Beschwerde als formell unzulässig zurückzuweisen. Die Einlegung eines Rechtsmittels gegen einen Bescheid steht immer nur solchen Personen zu, welche in der Vorinstanz wirklich beteiligt waren, d. h. eine prozessuale Parteistellung eingenommen haben, sei es, daß sie dort mit selbständigen auf die Behauptung eines Rechtes gegründeten

Anträgen hervorgetreten sind, oder daß gegen sie persönlich die dort gestellten Anträge gerichtet waren; denn nur diese sind überhaupt in der Lage geltend zu machen, daß sie durch den vorinstanziellen Bescheid, weil er ohne gesetzlichen Grund einen von ihnen verfolgten Anspruch zurückgewiesen oder unbeachtet gelassen, oder einem gegen sie erhobenen Antrag stattgegeben hat, in ihren Rechten gekränkt seien; ob jemand in einer Streitsache als beteiligt zu erachten ist, bemißt sich je nach dem konkreten Falle teils nach etwaiger gesetzlicher Normierung (s. Art. 27 des Heimatges.), teils nach der inneren Natur der im Streite befangenen Rechte, teils nach dem Inhalte der in der Vorinstanz gestellten Anträge und abgegebenen Erklärungen. (V.-G.-H.-E. Bd. II S. 80, IV S. 395, VI S. 36, 126, s. auch Gewerbe-Ordnung § 21[4], 17[2], 16, 19[2]); als Parteien erscheinen hier diejenigen, welche Einwendungen erhoben haben.

Die Regierungsgewalt hat gegenüber den Entscheidungen der Verwaltungsgerichte kein Beschwerderecht; ist jedoch ein vermögensrechtliches Interesse des Staates in Frage, z. B. angewiesene Heimat, Gemeindefreiheit eines Staatswaldes, Distriktslasten, Steuer- und Gebührenfragen u. dgl., hat das Fiskalat das Beschwerderecht.

Im Besonderen ist noch hervorzuheben:

In Armensachen ist nur der Armenpflegschaftsrat, nicht etwa die Gemeindeverwaltung oder der Stadtmagistrat, abgesehen von einzelnen Ausnahmen, beschwerdeberechtigt. Bei Streitigkeiten über religiöse Kindererziehung kommt weder den Pflege-, noch den Stiefeltern, noch der Lokalschulinspektion ein Beschwerderecht zu. (V.-G.-H.-E. Bd. III S. 438, IV S. 229.)

Wenn etwaige Erinnerungen von Seiten einer Gemeinde nur aus der Sorge für das öffentliche Interesse geschöpft werden, so insbesondere bei Gewerbesachen, so ist die Gemeinde nicht beschwerdeberechtigt, da ihr auch nicht die Rolle eines Beteiligten zukommt. (Eod. Bd. II S. 80.)

In gewissen Fällen ist die Beschlußfassung der Gesamtgemeinde erforderlich; wird hiebei von der Gesamtgemeinde gegen einen Bescheid Beschwerde erhoben, so fällt der Vollzug des Beschlusses, die Beschwerde einzulegen, immer wieder dem gesetzlichen Vertretungsorgane, dem Gemeindeausschusse zu und erscheint hienach diese wiederum als beschwerdeberechtigt. (Eod. Bd. I S. 422, II S. 191.) Eine vom Bürgermeister als solchem eingelegte Beschwerde muß von dem Gemeindeausschusse ratihabiert werden.

Wenn Ortschaften kein eigenes Vertretungsorgan haben, so erscheinen die einzelnen Unterzeichner einer Beschwerde nur als Einzelbürger der politischen Gemeinde, sie sind nicht die Vertreter der Ortschaft, und richtet sich hienach auch ihre Beschwerdeberechtigung. (Eod. Bd. I S. 422.)

Wenn es sich um die Ausweisung einer unter Vormundschaft stehenden Person handelt, so ist der Vormund zur Beschwerdeführung berechtigt. (Eod. Bd. III S. 360.)

Wenn ein Stadtmagistrat als Distriktsverwaltungsbehörde in 1. Instanz Beschluß gefaßt hat, so ist er in seiner Eigenschaft als Gemeindebehörde nicht allgemein berechtigt, gegen eine etwaige zweitinstanzielle Entscheidung der Regierung Beschwerde einzulegen, sondern nur dann, wenn die Gemeinde im einzelnen Falle als Partei in Betracht kommt. (Eod. Bd. I S. 300.)

Die für die Partei von einem Stellvertreter ohne Vollmacht eingelegte Beschwerde erlangt durch nachträgliche Genehmigung der Partei volle Wirksamkeit. (Eod. Bd. I S. 300.)

Der Unterbehörde als solcher steht kein Beschwerderecht gegen die Entscheidung der höheren Instanz zu.

§ 68. Zulässigkeit der Beschwerde.

Die Beschwerde ist nur zulässig gegen Endbescheide, welche die Rechtskraft noch nicht beschritten haben, sowie gegen solche Zwischenbescheide, gegen welche auf Grund besonderer gesetzlicher Bestimmungen selbständig Beschwerde erhoben werden kann. Art. 22 Abs. 1 des Ges. Gegen Beschlüsse des Verwaltungsgerichtshofes gibt es keine Beschwerde mehr. Nach Kahr S. 238

ist zwar, wenn eine Nichtigkeit der Beschlüsse des Verwaltungsgerichtshofes geltend gemacht werden will, eine darauf gerichtete Beschwerde zulässig, es hat hierüber jedoch der Verwaltungsgerichtshof selbst zu entscheiden; in dieser Beziehung hat nun der Verwaltungsgerichtshof erkannt, (Bd. III S. 600), daß hier jede Beschwerde unzulässig ist und nur unter den gegebenen Voraussetzungen eine Wiederaufnahme des Verfahrens oder die Wiedereinsetzung in den vorigen Stand zugelassen werden kann.

Will in einer Beschwerde eine bereits rechtskräftig entschiedene Frage wieder aufgegriffen werden, so ist die erstere von der höheren Instanz als unzulässig abzuweisen (V.-G.-H.-E. Bd. I S. 318), und zwar je nach Umständen in öffentlicher oder in geheimer Sitzung. Insbesondere sind die von dem Verwaltungsgerichtshofe in einer Beschwerdesache entschiedenen Fragen als endgültig entschieden zu erachten und von der Unterinstanz bei jeder in derselben Sache noch weiter zu treffenden Entscheidung, gleichgültig, ob verwaltungsrechtlicher oder rein administrativer Natur, als rechtskräftig feststehend zu erachten; eine nochmalige Würdigung und Bescheidung dieser Fragen durch die Vorinstanz ist ausgeschlossen. (Eod. Bd. II S. 282.)

Die Frage, ob ein Bescheid als ein Endbescheid oder als ein mit Beschwerde nicht anfechtbarer Zwischenbescheid zu erachten sei, ist stets nach Lage des gegebenen Falles, insbesondere mit Rücksicht auf die Folgen zu bemessen, die sich bei seinem Vollzuge ergeben; hiebei kommt namentlich in Betracht, ob dadurch in einer nach den allgemeinen Grundsätzen über Rechtskraft für die schließliche Beurteilung jenes Verhältnisses präjudizierenden Weise ein Streitpunkt bereits endgültig erledigt wird. Eine Entscheidung über die Frage der Legitimation z. B. hat die Eigenschaft eines Endbescheides, weil, wenn das Vorhandensein der Aktivlegitimation verneint werden muß, damit der Streit überhaupt beendigt ist; (V.-G.-H.-E. Bd. X S. 310, XI S. 182); ebenso verhält es sich bei den in den Art. 18, 52, 55 des Weidegesetzes vom Jahre 1852 bezeichneten Beschlüssen.

Gegen bloße Instruktionsverfügungen dagegen steht der Beschwerdeweg nicht offen; (eod. Bd. II S. 55), ebensowenig gegen bloße Zwischenbescheide; in beiden Fällen muß die Beschwerde bis zur Erlassung des Endbescheides aufgeschoben und mit der etwaigen Beschwerde gegen den letzteren verbunden werden (Krais S. 429); der Endbescheid wird in solchen Fällen mit Rücksicht auf den Zwischenbescheid angefochten.

Auch kann der Verwaltungsgerichtshof gegen vorsorgliche polizeiliche Verfügungen nicht angerufen werden. (Eod. Bd. I S. 27.)

Kuratelamtliche Revisionsbescheide, die eine rechnungstellende Kirchenverwaltung beauftragen, eine gewisse Zahlungsleistung zu unterlassen und für die Vergangenheit zurückzuerheben, können zwar unter Umständen der Kirchenverwaltung Anlaß zur Beschwerdeerhebung gemäß Art. 10 Ziff. 3 des Gesetzes bieten, reichen aber Dritten gegenüber nicht über die Bedeutung einer Parteierklärung hinaus, und zwar auch dann nicht, wenn es sich um öffentlich-rechtliche Ansprüche und Verbindlichkeiten handelt, und wenn die nämliche Behörde, die von Revisionswegen eine Leistung beanstandet, gesetzlich dazu berufen ist, im Streitfalle über die angebliche Verpflichtung der Stiftung zu dieser Leistung instanziellen Bescheid zu erlassen. (Eod. Bd. V S. 197.)

Beschwerden gegen instanzielle Ministerial-Entschließungen an den Verwaltungsgerichtshof sind unzulässig; ebenso Beschwerden wegen Versagung einer staatsaufsichtlichen Genehmigung. (Eod. Bd. I S. 455.)

Gemäß Art. 52 des Gesetzes sind Gegenstände, in welchen vor dem Inslebentreten des Gesetzes vom 8. August 1878 Beschwerde an die Ministerialinstanz oder in den Fällen des Art. 9 Abs. 1 an eine Kreisregierung, Kammer des Innern, nach den damaligen Vorschriften erhoben wurde, nach diesen Vorschriften zu bescheiden. Gegen den Bescheid der Kreisregierung ist jedoch die Beschwerde zum königl. Verwaltungsgerichtshofe zulässig.

Über die Wiederaufnahme des Verfahrens bei Bescheiden, welche vor diesem Zeitpunkte erlassen wurden, s. Art. 52 des Gesetzes.

Anm. 1. Als inappellable Zwischenverfügungen erscheinen Beschlüsse, welche ein Gesuch um gebühren- und portofreie Behandlung einer Sache während des Instruktionsverfahrens enthalten, ferner die behördliche Aufforderung zur Aufstellung eines gemeinschaftlichen Bevollmächtigten, dann die Revisionsentschließungen der Kreisfinanzstellen (letztere sind der Rechtskraft überhaupt nicht fähig und können, solange nicht Verjährung in Mitte liegt, abgeändert werden). Eod. Bd. VII S. 266, Bd. V S. 25.

Gegen Entschließungen der Regierungs-Finanzkammern, in welchen diese das Aerar vertreten, steht nur das Recht der Beschwerde zum Finanzministerium, nicht aber z. Verwaltungsgerichtshofe zu (Eod. Bd. II S. 46). Letzterer ist jedoch zuständig in den Fällen des Artikel 10, Ziff. 10, 26—28 d. V.-G.-H.-G. Art. 211, d. Geb.-Ges. u. Art. 37 Erbsch.-St.-Ges. (Eod. Bd. III S. 466.)

Anm. 2. Beschwerden wegen Verzögerung des Endbescheides sind an die vorgesetzte Aufsichtsstelle zu richten. (Eod. Bd. II S. 58.)

Anm. 3. Von einer Kreisregierung an ein Landbauamt ergangene Entschließungen sind keine instanziellen Beschlüsse, es ist also eine Beschwerde hiegegen unzulässig. (Eod. Bd. VIII S. 59.)

Anm. 4. Auf Grund des Art. 10 Ziff. 1 des Gesetzes kann nur gegen Beschlüsse der Kammern des Innern, nicht jener der Finanzen bei den Regierungen Beschwerde eingelegt werden. (Eod. Bd. III S. 464.)

Anm. 5. Gegen einen Beschluß, welcher einem Gewerbetreibenden zur Auflage macht, zum Zwecke der vorgeschriebenen Instruktion innerhalb einer festgesetzten Frist ein Gesuch um Genehmigung eines Gewerbebetriebes nach § 16 der Gew.-Ordg. einzureichen, ist eine Beschwerde zum königl. Verwaltungsgerichtshofe unzulässig. (Eod. Bd. VIII S. 291.)

§ 69. Form und Inhalt der Beschwerde.

Um eine rechtsförmliche Beschwerdeeinlegung annehmen zu können, muß die Beschwerde in der gesetzlichen Frist bei der richtigen Behörde entweder schriftlich eingereicht oder zu Protokoll gegeben werden; die schriftliche oder protokollarische Beschwerdeeinlegung gilt als Form der Beschwerde, sowohl in den Angelegenheiten des Art. 8 als auch in jenen der Art. 10 und 11; entgegenstehende spezialgesetzliche Bestimmungen z. B.

Art. 93 des Wass.-Benütz.-Ges. v. 25. Mai 1852 sind aufgehoben. (Krais S. 178.)

Formlose Beschwerden dürfen materiell nicht gewürdigt werden.

Hinsichtlich der Form der Beschwerde sind die Bestimmungen des § 479 u. 480 der Reichscivilprozeßordnung analog anwendbar. (V.-G.-H.-E. Bd. IV S. 493.) Da jedoch die Ladungen von Amtswegen erfolgen und § 480 R.-C.-P.-O. Abs. II instruktioneller Natur ist („soll") so genügt ein Minimum in der Form: es braucht nur ausgedrückt zu sein, daß die Entscheidung einer höheren Instanz angerufen werde und daß die Sache, welche den Streitgegenstand bildet, genau bezeichnet wird. Einen bestimmten Antrag und die Angabe von Gründen braucht die Beschwerde nicht zu enthalten; bei Mangel eines solchen wird angenommen, der Beschwerdeführer wolle nach Lage der Sache entschieden wissen. (Eod. Bd. IX III S. 169, 377).

Die Bestimmungen von Spezialgesetzen über Form und Inhalt der Beschwerde sind teils ersetzt (Art. 52 Heimatges.), teils abgeändert (Art. 93 des Wasserben.-Ges., Kahr S. 203). Wo jedoch die Reichsgesetze über Beschwerdefrist und Beschwerdeeinlegung andere Vorschriften enthalten, sind diese maßgebend.

Als schriftliche Beschwerdeeinlegung gilt auch jene mittels Telegramms: es müssen aber hiebei genügende Anhaltspunkte dafür gegeben sein, daß das Telegramm von dem zur Beschwerdeführung persönlich Berechtigten oder in dessen Auftrage, nicht aber von einem unbefugten Dritten zur Aufgabe gelangte, daß also im Telegramme der bestimmte Wille des Berechtigten zur Beschwerdeerhebung dargelegt worden ist. Dies ist von Fall zu Fall zu prüfen. (Eod. Bd. I S. 370; das Telegramm hatte hier gelautet: „Gegen Beschluß vom 24. Oktober zugestellt 9. November. Kostenaufwand für Zuchtstiere Gemeinde N. betr. legt Berufung ein. Ausführung folgt. N. N.")

Nach prozeßrechtlichen Grundsätzen über die Notfristen und die Folgen der Versäumung kann eine zwar rechtzeitig, aber in Bezug auf ein Haupterfordernis gesetzwidrig erhobene Beschwerde nicht nach Ablauf der Beschwerdefrist durch nachträgliche Erklärungen in eine regelrechte umgewandelt werden. § 497 R.-C.-P.-O. ist hiebei analog anwendbar. Ein an den Vorstand der Behörde der ersten Instanz (Art. 22 Abs. 2 des Ges.) gerichteter Privatbrief, in welchem die Absicht, die Entscheidung der höheren Instanz anrufen zu wollen, nicht genügend ausgedrückt ist, kann sonach nicht als rechtsförmliche Beschwerdeeinlegung gelten und diesen Charakter auch nicht nachträglich dadurch erlangen, daß dieser Brief von dem Adressaten in den amtlichen Einlauf abgegeben und von dem Exhibenten nach Ablauf der Beschwerdefrist als Beschwerdeeinlegung ausdrücklich bezeichnet wurde. (Eod. Bd. III S. 165.)

Die bloße Anzeige an die erste Instanz, daß die Berufung an die 2. Instanz überschickt worden sei, gilt noch nicht als förmliche Beschwerdeeinlegung. (Eod. Bd. VII S. 75.) Ebensowenig gilt die bloße Erklärung, daß man gegen einen Beschluß Beschwerde ergreifen werde, als förmliche Beschwerde, selbst dann nicht, wenn man nachträglich nach Ablauf der Beschwerdefrist diese Erklärung als Beschwerde bezeichnet und als solche behandelt wissen will. Das Vorstehende findet auch Anwendung auf die Fälle des Art. 10 u. 11 des Ges., auch wenn es sich um Beschwerden an die Mittelinstanz handelt. (Eod. Bd. IV S. 492.)

Die Benennung der oberen Instanz ist im Gesetze nicht speziell vorgeschrieben, ist auch kein rechtlich notwendiger Bestandteil der Beschwerdeschrift. (Eod. Bd. I 281, IV 201, s. aber auch I 33.) Die Stelle, bei welcher Beschwerde geführt werden will, soll zwar benannt sein (eod. Bd. I S. 64), ein Irrtum inbezug auf den judex ad quem schadet jedoch nicht, wenn wenigstens zum Ausdruck gebracht ist, daß ein höherer Richter, nicht derjenige, der den angefochtenen Beschluß erlassen hat, angerufen wird; die Regierung hat hienach z. B. ihre Zuständigkeit vorausgesetzt auch dann zu entscheiden, wenn der k. Verwaltungsgerichtshof angerufen wurde, thatsächlich jedoch die Regierung zuständig ist. (Krais S. 428.) Wenn aber der Beschwerdeführer ausdrücklich nicht den Verwaltungsrechtsweg, sondern den Verwaltungsweg betreten wissen will, dann schadet ihm die unrichtige Bezeichnung der Oberinstanz, weil hier kein bloßer Irrtum vorliegt. Eod. Bd. III S. 108. (Volenti non fit injuria.)

Wenn in einem und demselben Akte einer Unterbehörde Gegenstände behandelt werden, welche zu verschiedenen Oberbehörden gehören, so schadet es, wenn zwar der ganze Bescheid, durch welchen die verschiedenen Gegenstände verbeschieden werden, angefochten wird, dabei aber nur eine Oberbehörde genannt ist, soweit diese zuständig ist, nicht. (Krais S. 459.)

Die Beschwerdeausführung ist im Gesetze nicht speziell vorgeschrieben: vielmehr kann sich der Beschwerdeführer darauf beschränken, Entscheidung nach Lage der Sache zu beantragen. (Art. 22 des Ges.)

Die Beschwerdeausführung kann auch noch in der mündlichen Verhandlung nachgeholt werden; etwaige Nova jedoch müssen noch innerhalb der Beschwerdefrist geltend gemacht werden, falls sie überhaupt schon bekannt sind. Bemängelungen des Sachverhalts, der der Entscheidung zu Grunde gelegt ist, sind genau anzugeben und etwaige Anträge auf Ergänzung des Beweismaterials zu stellen. (Art. 22 Abs. III des Ges.)

Die Gesetzesmotive bemerken in dieser Beziehung:

Wenn die Beteiligten innerhalb der Berufungsfrist Anträge auf Ergänzung des Beweismaterials nicht gestellt haben, so haben sie den Anspruch auf weitere Erhebungen verwirkt; die Behörde hat aber die Befugnis, von Amtswegen die ihr nötig erscheinenden Ergänzungen anzuordnen. (Üb. d. Wort „Anspruch" s. Seydel Bd. II S. 508 unten.)

Das Gesetz selbst knüpft übrigens an die Unterlassung dieser Vorschrift keinen speziellen Rechtsnachteil; wird jedoch hiewegen die Anberaumung eines neuen Termins nötig, so kann der Unterlassende als schuldiger Teil in etwaige hiedurch entstandene Kosten verurteilt werden. (Ber. d. bes. Aussch. Bd. III S. 168.)

Durch die Geltendmachung neuer Thatsachen oder durch Erweiterung der Beschwerdebitte darf der Streitgegenstand selbst, der dem vorausgehenden Verfahren zu Grunde liegende status causae ac controversiae, nicht wesentlich umgestaltet oder der vorinstanziell entschiedene Verwaltungsrechtsstreit im Beschwerdewege auf neue Beteiligte ausgedehnt werden. (Krais S. 432.)

Beschwerden in Reichsgewerbeordnungssachen zur II. Instanz müssen nach § 20 Gewerbe-Ordg. innerhalb 14tägiger ausschließender Frist bei der zuständigen Behörde nicht bloß eingelegt, sondern auch begründet sein: es kann nicht bloße Entscheidung nach Lage der Sache beantragt werden. Die Unterlassung dieser Vorschrift hat zur Folge, daß derartige Beschwerden als unbegründet zu verwerfen sind. (Eod. Bd. I S. 13.) Die bloße Erklärung, daß man gegen einen Beschluß nach § 20 Gew.-Ordg. Beschwerde erhebe, enthält noch nicht die Rechtfertigung der Beschwerde, sondern erscheint nur als bloße Beschwerdeanmeldung. (Eod. Bd. VIII S. 300.) Die Rechtfertigung des Rekurses muß ersichtlich machen, in welcher Beziehung der Rekurrent durch den angefochtenen Beschluß sich beschwert erachtet und welche Änderungen des Bescheides er beantragt; eine Erörterung der Gründe, aus denen sich die Rekursbitte in thatsächlicher und rechtlicher Beziehung als gerechtfertigt darstellen soll, ist nicht erforderlich. (Eod. Bd. VII S. 72.) Die Stelle, zu welcher der Rekurs ergriffen wird, muß nämlich in diesen Fällen von dem Beschwerdegegenstand und dem Zwecke der Beschwerde vollkommen Kenntnis erhalten: neben der Bezeichnung des Gegenstandes ist also stets namentlich ein bestimmter Antrag zu stellen, der das Ziel der Beschwerde deutlich erkennen läßt. (Eod. Bd. VIII S. 297.) Wird eine solche Beschwerde nicht schriftlich, sondern protokollarisch eingelegt, so ist auch die Beschwerdebegründung zu Protokoll zu nehmen.

Die Vorlage einer Vollmacht ist bei der Beschwerdeerhebung selbst noch nicht verlangt; die für die Partei von einem Stellvertreter auch ohne Vollmacht eingelegte, förmliche Beschwerde erlangt durch die Ratihabition der Partei volle Wirksamkeit und zwar mit Rückwirkung auf den Tag der Einlegung zurück.

Bloße Remonstrationen oder Beschwerdevorbehalte sind niemals rechtsförmliche Beschwerden und erzeugen keine Wirkung in Bezug auf den Eintritt der Rechtskraft.

Eine mit einer Beschwerdebeantwortung verbundene selbstständige Beschwerde kann nur dann Berücksichtigung finden, wenn letztere noch innerhalb der gesetzlichen Notfrist erhoben ist; doch steht der Abgabe einer solchen und Berücksichtigung durch das Gericht kein rechtliches Hindernis im Wege. (Eod. Bd. III S. 178.)

Anm. 1. Die Vorschriften in § 20 R.-Gew.-Ordg. finden auf Angelegenheiten des § 147 Abs. 3 Gew.-Odg. keine Anwendung; vor dem Inslebentreten des Ges. v. 8. August 1878 waren die einschlägigen Bestimmungen der Landesgesetze zur Anwendung zu bringen. Eod. Bd. III S. 173.

Anm. 2. Beschwerden gegen Senatsbescheide, welche nur Ermessensfragen betreffen, sind an das Staatsministerium zu richten.

§ 70. Beschwerdefrist.

Die Frist für Einlegung der Beschwerde beträgt, soferne nicht in einzelnen Gesetzen eine kürzere Frist bestimmt ist, vierzehn Tage; sie ist unerstrecklich; die Frist beginnt für die eigentlichen Verwaltungsrechtssachen (Art. 8 des Ges.) mit der Zustellung des schriftlichen Bescheides, für die Angelegenheiten des Art. 10 und 11 mit der Eröffnung der betreffenden Verfügung. (Art. 22 u. 45 des Ges.)

Alle gesetzlichen Bestimmungen, welche für Verwaltungsrechtssachen eine längere als die 14tägige Beschwerdefrist gewähren, treten außer Kraft z. B. Art. 93 des Wasserben.-Gesetzes.

Bezüglich der Berechnung des Laufes der Fristen kommt die R.-C.-P.-O. zur Anwendung. Der Tag der Zustellung bezw. Eröffnung des Beschlusses wird nicht gerechnet. § 199

R.-C.-P.-O. u. V.-G.-H.-E. Bd. I S. 385; die Frist ist keine Wochen-, sondern eine Tagfrist.

Bei Berechnung der Frist wird nicht a momento ad momentum gerechnet, sondern die Frist läuft ab mit der Mitternacht des letzten Tages.

Die vorstehende Frist läuft stets nur für die Einlegung, nicht aber auch für die Ausführung der Beschwerde, sie kann weder durch Vereinbarung noch durch Zugeständnisse der Parteien noch durch den Richter verlängert oder verkürzt werden: sie ist eine Notfrist mit der Folge des Verlustes des Rechtsmittels bei Ablauf derselben. Die 14tägige Beschwerdefrist ist auch für die Angelegenheiten des Art. 45 des Gesetzes statuiert und gilt nicht nur für Beschwerden in diesen Angelegenheiten an den Verwaltungsgerichtshof, sondern auch für solche gegen Beschlüsse der Unterinstanzen an die Mittelinstanzen. Plen.-Erk. d. V.-G.-H. Bd. IV S. 608. And. Mein. Seydel Bd. II S. 509. (Vgl. § 33 m. Ausf.)

Maßgebend für die Beurteilung der Frage, ob eine Beschwerde rechtzeitig eingelegt ist, ob sie also eventuell materiell gewürdigt werden kann oder ob sie als unzulässig zurückzuweisen ist, ist das Präsentatum derjenigen Behörde, bei welcher die Beschwerde einzureichen ist; das Präsentatum muß deutlich den Tag des Einlaufes erkennen lassen. (Aut. Min.-Entschl. v. 2. März 1881.)

Bis zum Nachweis des Gegenteiles müssen die amtl. Handlungen der Behörden als in Übereinstimmung mit den gesetzlichen Vorschriften bestehend erachtet werden (V.-G.-H.-E. Bd. IX S. 58); dies hat namentlich in dem häufig vorkommenden Falle, daß Parteien die Richtigkeit des Präsentatums bestreiten, zu gelten. Wegen der Häufigkeit und Wichtigkeit dieser Frage sei hier auszugsweise ein Erkenntnis des königl. Verwaltungsgerichtshofes vom 19. Januar 1891 (die Unterhaltung der Ufer des Landleithenbaches im Markte Rothenkirchen betr.) mitgeteilt. In dieser Sache behauptete der Beschwerdeführer, die Beschwerdeschrift sei so rechtzeitig zur Post gebracht worden, daß sie noch am Abende des letzten Tages nach dem Sitze des

Bezirksamtes kommen mußte, wo sie auch noch ausgetragen worden sei; für diese Behauptung wurde Beweis angeboten durch Urkunden, nämlich den Briefumschlag der Beschwerde und den darauf befindlichen Poststempel; ferner durch Einvernahme des Absenders darüber, daß er die Beschwerde noch rechtzeitig auf die Post gebracht habe, und durch Einvernahme des Oberpostamtes über die Postbotengänge.

Der k. Verwaltungsgerichtshof verwarf die Beschwerde aus nachstehenden Erwägungen: „Die einem Schriftstücke beigefügte bezirksamtliche Konstatierung des Tages, an welchem dasselbe bei dem Amte eingekommen ist, hat als richtig zu gelten, so lange nicht das Gegenteil erwiesen wird. Ein solcher Beweis des Gegenteiles, d. i. ein Beweis dafür, daß das bezirksamtliche Präsentatum ein unrichtiges sei, ist aber vom Beschwerdeführer nicht erbracht worden; seine Behauptung, daß die Beschwerdefrist doch noch gewahrt worden sei, gründet er nur auf die Folgerung, daß, wenn die Beschwerde gegen Abend mit der Post nach N. gekommen sei, sie auch am nämlichen Tage noch dem Bezirksamte zugestellt worden sein mußte; daß diese Folgerung nicht zutrifft, liegt zu Tage; sie würde nicht einmal dann zutreffen, wenn bezüglich der des Abends an Private eintreffenden Sendungen es Regel wäre, daß die Zustellung durch die Post noch am selben Tage erfolgt. Denn bezüglich der für das Bezirksamt bestimmten Postsachen kann mit Rücksicht auf die verordnungsmäßig bestimmten Bureaustunden unter Benutzung des Amtsdieners das Zustellungswesen in anderer Weise geregelt sein: und dies ist auch bei dem Bezirksamt N. der Fall, indem nach der Darlegung desselben die des Abends bei der Post eintreffenden Sendungen am nächsten Tage in der Frühe durch den Amtsdiener abgeholt werden; daß aber eine sofortige Postzustellung durch den Absender erwirkt worden wäre, in welchem Falle sie wahrscheinlich noch am kritischen Abende erfolgt sein würde, ist vom Beschwerdeführer selbst nicht behauptet. Bei solcher Sachlage ist auch das gemachte Beweisanerbieten für den Zweck der Beschwerde belanglos; denn auf dem vorgeschriebenen Wege konnte nur etwa festgestellt werden, daß das erst am kritischen Tage abgesendete Schriftstück an diesem Tage des Abends an die Posterpedition N. gelangt ist, sowie, daß im allgemeinen die Zustellung der Postsendungen noch am nämlichen Tage erfolgte; allein dies letztere würde für den Zeitpunkt der an das Bezirksamt N. stattgehabten Zustellung wegen der hiefür getroffenen besonderen Einrichtung nichts beweisen; die Feststellung aber, daß das Schriftstück am kritischen Tage an die Posterpedition N. gelangte, ist für die Frage, ob die Beschwerdefrist durch rechtzeitige Einreichung beim Bezirksamte gewahrt sei, ganz ohne Belang. Daß das bezirksamtliche Präsentatum ein unrechtes sei, ist somit weder bewiesen, noch ist ein diesem Zwecke dienendes Beweisanerbieten gemacht. Hienach ist die Beschwerde zu verwerfen." — Im allgemeinen gilt also der Satz, daß, wer ein Schriftstück so spät zur Post gibt, daß es des Zusammentreffens der denkbar günstigsten Umstände bedarf, um die Bestellung des Schriftstückes noch innerhalb der Notfrist zu erwirken, auf Restitution gegen die Versäumung dieser Frist keinen Anspruch hat. (V.=G.=H.=E. Bd. IV S. 423.)

Die in den Art. 22 u. 45 des Ges. bestimmten Fristen laufen nur für die Einlegung, nicht auch für eine etwaige Ausführung der Beschwerde; eine nachträgliche Rechtsausführung der Beschwerdepunkte ist nicht zu beanstanden, wenn die Beschwerde nur rechtzeitig eingelegt wurde. Bd. II S. 178, 534.

Der Vorbehalt einer kürzeren als der vierzehntägigen Frist gilt nur für die Beschwerdeführung von der Gemeindeverwaltung an die Distriktsverwaltungsbehörde, nicht mehr für das weitere Verfahren vgl. Art. $\frac{176 \text{ Abs. } 5}{105 \text{ „ } 5}$ der Gem.=Ordg. Art. 7, Abs. 6 der Instruktion für die Vornahme der Kirchenverwaltungswahlen v. $\frac{25. \text{ Aug. } 1869}{29. \text{ Septbr. } 1875}$. Beschwerden sind bei der Gemeindeverwaltung schriftlich oder zu Protokoll einzulegen, weil diese hier 1. Instanz sind. (M.=E. v. 29. Januar 1886, Krais S. 430, Kahr S. 204); was den weiteren Instanzenzug an=

langt, so kommen wieder die Bestimmungen des Gesetzes vom 8. August 1878 zur Anwendung.

Die Bestimmungen des Art. $\frac{163}{93}$ der Gemeindeordnung bleiben, soweit sie die Frist für Beschwerden gegen Beschlüsse der Gemeindeverwaltung und Gemeindeversammlung in eigentlichen Gemeindeangelegenheiten betreffen, unberührt, da diese Beschlüsse nicht als instanzielle Beschlüsse anzusehen sind (s. auch zu Art. 196 Abs. V: eod. Bd. X S. 95). Hinsichtlich des weiteren Instanzenzuges ist aber wieder Art. 22 Abs. 4 des Ges. maßgebend. Alle spezialgesetzlichen Bestimmungen, welche eine längere als 14tägige Beschwerdefrist zulassen, sind aufgehoben (vgl. z. B. Art. 93 des Wasserben.-Ges., Art. 44 des Be- und Entwäss.-Ges.). Über die 30tägigen Beschwerdefristen vor dem Inslebentreten des Ges. vom 8. Aug. 1878 s. eod. Bd. I S. 35.

Die Einlegung der Beschwerde ist wirkungslos, wenn sie vor irgend einer Eröffnung des Beschlusses erfolgt ist; andererseits kann sie auch schon vor der Zustellung desselben erfolgen, sobald nur wenigstens die Verkündigung erfolgt, sonach die Entscheidung rechtlich ins Leben getreten ist (s. V.-G.-H.-E. Bd. I S. 318, VII S. 183); § 477 R.-C.-P.-O. hat hienach hier keine Anwendung zu finden.

Um bei Beschwerden an den Verwaltungsgerichtshof in Angelegenheiten des Art. 10 u. 11 eine Eröffnung des Bescheides der Vorinstanz im Sinne des Art. 45 Abs. 2 des Ges. annehmen zu können, ist es nicht geboten, daß eine schriftliche Zustellung dieses Bescheides nach Art. 21 Abs. 4 u. Art. 22 Abs. 5 des Ges. stattgefunden habe, vielmehr sind in diesem Falle für die Unterinstanzen die für das Verfahren vor denselben in Verwaltungssachen jeweils bestehenden Vorschriften maßgebend. (Eod. Bd. III S. 222.)

Wenn ein Beschluß nicht eröffnet wurde, der Belastete aber trotzdem von seinem Beschwerderechte Gebrauch gemacht hat, so kann von einer durch jene Unterlassung zugefügten

Rechtsverletzung nicht gesprochen, also auch keine Nichtigkeit hieraus abgeleitet werden.

Auch die Geltendmachung von Nichtigkeitsgründen ist an die 14tägige Beschwerdefrist gebunden, und (eod. Bd. IV S. 129, 467) sind auch absolute Nichtigkeitsgründe bei Versäumung der Beschwerdefrist jeglicher oberinstanziellen Würdigung entzogen, unbeschadet der etwaigen Wiederaufnahme des Verfahrens bei Vorliegen der gesetzlichen Voraussetzungen.

Die Rechtzeitigkeit einer Beschwerdeeinlegung wird durch eine in Bezug auf Zuständigkeit und Verfahren unrichtige vorinstanzielle Behandlung der Sache nicht beeinflußt, weil das Wesen einer Sache die Zuständigkeit und das Verfahren hiefür zu bestimmen hat und eine dieser Auffassung zuwiderlaufende Behandlung seitens einer Instanz den Parteien keinen Rechtsnachteil bringen darf (eod. Bd. VIII S. 119); hat also z. B. eine Kreisregierung in 2. Instanz irrtümlich einen verwaltungsrechtlichen Bescheid erlassen, so ist die Beschwerdefrist gewahrt, wenn die Beschwerde innerhalb 14 Tagen statt bei der Regierung bei der 1. Instanz eingereicht wurde, weil einer Partei nicht zugemutet werden kann, daß sie in der Zuständigkeitsfrage eine richtigere Einsicht habe, als die entscheidende Behörde selbst und es zu weit führen würde, wenn durch irrtümliche Rechtsauffassung einer Streitsache seitens einer Behörde der rechtsuchenden Partei die weitere Verfolgung ihrer Rechtsansprüche unmöglich und das Beschwerderecht illusorisch gemacht würde, zumal wenn die Partei gegenüber dem Regierungsbescheide formell richtig gehandelt hat (eod. Bd. XI S. 206).

Anm. 1. Seydel (Gew.-Pol.-Recht S. 53) nimmt an, daß in den Rekursfällen der §§ 20, 21 Gew.-Ordg. die Beschwerdefrist am Zustellungstage beginnt, s. dagegen Landmann, Komm. z. Gew.-Ordg., Reger, Erläut. z. Gew.-Ordg. S. 23.

Anm. 2. Hat sich eine Partei schon vor Ablauf der Beschwerdefrist der Entscheidung unterworfen, so geht das Beschwerderecht durch Verzicht unter: dies ist namentlich auch dann der Fall, wenn die Beschwerde zurückgenommen wurde.

Anm. 3. Wo wie bei inappell. Zwischenbescheiden eine Frist überhaupt nicht läuft, kann man auch eine etwaige Beschwerde nicht deshalb als verspätet zurückweisen, weil sie erst nach Ablauf von 14 Tagen eingebracht wurde.

Anm. 4. Beschwerden gegen die über eigentliche Gemeindeangelegenheiten gefaßten Beschlüsse der Aufsichtsbehörden (Art. $\frac{161}{92}$ Gem.-Ordg.) gehören nicht zu den Verwaltungsrechtssachen, vielmehr bemißt sich hier das Verfahren nach Art. 45 des Ges. Kahr S. 204.

Anm. 5. Wenn gegen den erstinstanziellen Bescheid einer Kreisregierung Kammer des Innern in einer Verwaltungsrechtssache die Beschwerde zum Verwaltungsgerichtshof zwar noch innerhalb des Laufes der gesetzlichen Frist bei der einschlägigen Distriktsverwaltungsbehörde eingereicht, von dieser aber nicht rechtzeitig der Kreisregierung in Vorlage gebracht und dadurch die Versäumung der Frist herbeigeführt würde, so kann die Versäumung durch die Distriktsverwaltungsbehörde nicht als ein Restitut-Grund im Sinne des § 211 Abs. 1 R.-C.-P.-O. geltend gemacht werden (eod. Bd. I S. 448).

Anm. 6. Auch in den Fällen der Art. 10 u. 11 des Ges. wird durch eine bloße Remonstration der Fristenlauf nicht unterbrochen; wenn also gegen die Entscheidung der Verwaltungsstelle remonstriert und gegen den hierauf weiter ergangenen inhärierenden Bescheid Beschwerde an den Verwaltungsgerichtshof erhoben wurde, so ist der Lauf der Beschwerdefrist von der Eröffnung der ergangenen ersten Entscheidung und nicht des Inhäsivbescheides an zu rechnen; (eod. Bd. I S. 193).

§ 71. Ort der Beschwerdeeinlegung.

Die Beschwerden in Verwaltungsrechtssachen (cf. Art. 8 des Ges.) haben bei der ersten Instanz, jene in Angelegenheiten der Art. 10 u. 11 bei derjenigen Behörde innerhalb der Beschwerdefrist in den Einlauf zu kommen, die den beschwerenden Beschluß erlassen hat. Art. 22 und 45 des Ges. Hienach erscheint die bisherige Praxis, wonach die Beschwerden auch bei der höheren Instanz eingelegt werden konnten, seit dem Ges. v. 8. August 1878 beseitigt.

Die Vorschrift des Art. 45 Abs. 2 des Ges., wonach in Angelegenheiten des Art. 10 die Beschwerde bei derjenigen Behörde einzulegen ist, die den beschwerenden Beschluß erlassen hat, bezieht sich auch auf Beschwerden gegen Beschlüsse der Unterinstanzen an die Mittelinstanzen. (Eod. Bd. IV S. 608, V S. 25.) In den Fällen der Art. 10 u. 11 wollte nämlich nur die bisherige amtliche Geschäftsbehandlung der Unterinstanzen aufrecht erhalten bleiben, hiezu werden aber die Förmlichkeiten der Beschwerdeführung nicht gerechnet. Diese wollte für alle Instanzen gleichförmig behandelt werden. Die Fassung in Art. 45 Abs. 2: „Die nach den genannten Artikeln zulässigen Beschwerden" ist also gleichbedeutend mit der Fassung: „Die in den Fällen des Art. 10 und 11 zulässigen Beschwerden". Das Wort „Verfahren" in Abs. 3 des Art. 45 schließt die Beschwerdeformalien nicht in sich, vielmehr wurden in Abs. 2 allgemein die Beschwerdeformalien geregelt, in Abs. 3 aber die besonderen Vorschriften darüber gegeben, welches Verfahren auf die vor den k. Verwaltungsgerichtshof gebrachten Beschwerden anzuwenden sei.

Die irrtümliche Einreichung einer Beschwerde bei der unrichtigen Behörde ist als unschädlich dann zu erachten, wenn durch Vermittelung der letzteren die Beschwerde noch rechtzeitig in den Einlauf derjenigen Behörde gelangt ist, bei welcher die Beschwerde hätte eingelegt werden sollen. (Eod. Bd. IX S. 447.)

Dieser Satz findet bei Beschwerden an das Ministerium keine Anwendung (Krais S. 459).

Die aut. Minist.-Entschl. v. 29. Jan. 1886 schreibt vor: „Kommt eine Beschwerdeschrift, welche bei der Regierung hätte eingereicht werden sollen, bei der Distriktsverwaltungsbehörde in den Einlauf, so ist die Beschwerde unverzüglich der Regierung vorzulegen, sofern durch die sofortige Vorlage die Beschwerdefrist noch gewahrt werden kann." — Ebenso im umgekehrten Falle.

Wenn die Beschwerde nur am rechten Orte eingelegt ist, kommt es nicht mehr darauf an, daß sie etwa an die unrichtige Behörde gerichtet ist, also z. B. statt an den Verwaltungsgerichtshof an die Regierung oder umgekehrt, (eod. Bd. I S. 365, 368, 150, 267, 281, III S. 699, 250), vielmehr kann sie auch durch eine nachträgliche Erklärung immer noch an die zuständige Behörde gerichtet und muß auch abgesehen hievon von derjenigen Behörde verbeschieden werden, welche an sich zuständig ist, da die Überspringung einer Instanz unzulässig ist, ebenso die Würdigung durch eine nicht zuständige Instanz; dies ergibt sich aus der Thatsache, daß die Zuständigkeit gesetzlich geregelt ist. Stets ist jedoch vorausgesetzt, daß ein Irrtum in der Bezeichnung vorliegt; handelt es sich um einen bestimmt erklärten Willen eines Beteiligten, so ist auch diesem Willen entsprechend z. B. eine Beschwerde wegen Unzuständigkeit abzuweisen.

Hat eine Regierung unrichtigerweise nach Maßgabe des Art. 45 des Ges. entschieden, so ist die Beschwerdefrist gewahrt, wenn innerhalb derselben die Beschwerde nach Maßgabe des Art. 22 Abs. 2 bei der ersten Instanz eingelaufen ist.

Die Bestimmung der k. Verordnung v. 31. Oktober 1826 (Döll. Bd. 12 S. 66), wonach den Gemeinden gestattet ist, die Beschwerde innerhalb 14 tägiger Frist bei der unmittelbar vorgesetzten Aufsichtsbehörde einzubringen und durch deren Vermittelung an die entscheidende Instanz gelangen zu lassen, kann in Verwaltungssachen keine Geltung mehr haben; den Beteiligten ist aber nicht verwehrt, ihre Beschwerden bei einer anderen Behörde als der ersten Instanz z. B. bei der Gemeindebehörde oder der Distriktsverwaltungsbehörde des Wohnsitzes mit der Bitte um Übersendung an die erstinstanzielle Behörde oder Stelle unter Wahrung der vierzehntägigen Frist zu Protokoll zu geben oder schriftlich einzureichen. (Kahr S. 203.)

Anm. 1. In den Angelegenheiten des Art. 10 des Ges. ist es unzulässig, gegen erstinstanzielle Beschlüsse der Distriktsverwaltungsbehörden mit Ueberspringung der II. Instanz unmittelbar an den Verwaltungsgerichtshof Beschwerde zu ergreifen. Eod. Bd. I. S. 33.

Anm. 2. Die Bestimmung des Art. 11 des Ges., wonach in den daselbst bezeichneten Fällen gegen bezirksamtliche Beschlüsse unmittelbare Beschwerdeführung an den Verwaltungsgerichtshof stattfindet, kann auf andere Fälle, insbesondere auf Angelegenheiten des Art. 10 nicht ausgedehnt werden. (Eod. Bd. I S. 33.)

Anm. 3. Beschwerden gegen Beschlüsse der Kreisregierung auf solche unmittelbarer Magistrate über die Rückvergütung örtlicher Abgaben müssen bei der Kreisstelle eingereicht werden. (Eod. Bd. I 8.)

Anm. 4. Beschwerden der Gemeinden gegen Beschlüsse der Distriktsverwaltungsbehörden in Heimatsachen, welche innerhalb der vorschriftsmäßigen Frist zwar bei der der Gemeinde unmittelbar vorgesetzten Verwaltungsbehörde, aber nicht bei der Verwaltungsbehörde eingereicht wurden, welche den beschwerenden Beschluß erlassen hat, sind als verspätet zurückzuweisen. (V.-G.-H.-E. Bd. II S. 224.)

Anm. 5. In reinen Verwaltungssachen, welche nicht zu Verwaltungsrechtssachen werden können, sind Beschwerden bei der ersten Instanz schriftlich oder zu Protokoll anzubringen, cf. Ziff. XI, V. v. 29/12 1836 — Geschäfts-Vereinfachung bei der inneren Verwaltung, R.-Bl. S. 1029. Die Praxis erachtet aber auch den rechtzeitigen Einlauf der Beschwerde bei der höheren Instanz, ja sogar die bloße Beschwerdeanmeldung als genügend. (Seydel Bd. II S. 396.)

Anm. 6. Die Vorschrift in Art. 38 Abs. 1 des Distriktsratsgesetzes vom 28. Mai 1852, wonach alle Berufungen in Distriktsgemeindeangelegenheiten bei der betreffenden Distriktsverwaltungsbehörde einzureichen, oder zu Protokoll zu erklären sind, ist in Bezug auf Beschwerden, deren letztinstanzielle Bescheidung nunmehr dem Verwaltungsgerichtshofe zusteht, durch das Gesetz über den Verwaltungsgerichtshof als aufgehoben zu erachten; (eod. Bd. III S. 299).

§ 72. Doppelbeschwerden gemäß § 49 des Gesetzes.

Wenn bei Angelegenheiten, welche im Gesetze vom 8. Aug. 1878 über den Verwaltungsgerichtshof behandelt sind, in ein und derselben Entscheidung einer unteren Instanz gleichzeitig Fragen erledigt werden, die zur Zuständigkeit verschiedener Oberbehörden gehören, so sind die an die beiderseitigen Oberbehörden zu ergreifenden Beschwerden innerhalb der gesetzlichen Beschwerdefrist einzureichen; hiebei können diese Doppelbeschwerden in einer Beschwerdeschrift oder in einem Beschwerdeprotokoll verbunden werden. (Art. 49 d. Ges. u. V.-G.-H.-E. Bd. XI S. 179.) Eine besondere Form und ein besonderer Inhalt ist nicht vorgeschrieben, beide Beschwerden aber sind an die 14 tägige Notfrist gebunden. Es kann aber durch die Erhebung der Beschwerde an die eine Oberbehörde nicht auch die Frist zur Einlegung der Beschwerde an die andere Oberbehörde gewahrt werden (eod. Bd. III S. 108).

Es ist zwar nicht erforderlich, daß in der Beschwerde ausdrücklich ausgesprochen ist, inwieweit jede dieser höheren Instanzen angerufen werden will, wenn nur zum Ausdruck gelangt ist, daß eine Doppelbeschwerde eingelegt werden will, daß also zwei Behörden angerufen werden wollen; in Ermangelung einer ausgeschiedenen Beschwerdebitte wird angenommen, jede der beiden Oberbehörden habe nur insoweit angerufen werden wollen, als sie nach Lage der Sache zu einer materiellen Bescheidung berufen ist; (eod. Bd. XI S. 179).

Selbstverständlich können auch diese Beschwerden zu Protokoll gegeben werden. Art. 49 findet auch da Anwendung, wo in einem und demselben erstinstanziellen Beschluß verschiedene Rechtsfragen zur Entscheidung gelangen, die in 2. Instanz zu verschiedenen Oberbehörden ressortieren; stehen dieselben im Präjudizialverhältnisse, so ist die präjudizierende Frage zuerst zur Entscheidung zu bringen. (Eod. Bd. I S. 278, Krais 213.) Bloße Vor- oder Zwischenfragen gehören indes nicht hieher.

Hinsichtlich der Frage, an welche Oberbehörde die Akten zunächst einzusenden sind, gilt folgendes:

a) Ist nur ein Beteiligter vorhanden, so hat dieser das Recht, einen bezüglichen Antrag zu stellen;

b) stellt er keinen Antrag, so hat der Verwaltungsgerichtshof zunächst zu entscheiden; letzteres findet auch statt, wenn

c) mehrere Beteiligte vorhanden sind.

Als „Beteiligte" gelten nur die an der Beschwerdeführung, nicht die an der Sache überhaupt Beteiligten.

Wenn bei der Beurteilung einer Verwaltungsrechtssache auch solche Rechtsverhältnisse, die den Gegenstand eines selbstständigen Streitverfahrens an sich bilden können, im konkreten Falle aber thatsächlich nicht bilden, zu würdigen sind, so ist der Charakter der Hauptfrage entscheidend; z. B. bei Feststellung der Heimat kann auch die Frage nach der Staatsangehörigkeit auftauchen; solche Vorfragen werden zu jener Oberbehörde devolviert, welche für die Entscheidung der Hauptfrage zuständig ist. (Krais S. 213.)

Wenn die Beschwerde von der einen Oberbehörde beschieden ist, so sind die Akten, soferne nicht die Beschwerde durch jenen Bescheid ohnedies gegenstandslos geworden ist oder noch weitere Beschwerde zulässig ist, an die andere Oberbehörde abzugeben.

§ 73. Beschwerdeadhäsion.

Das Gesetz über den Verwaltungsgerichtshof hat die Einführung der Rechtsmittel selbständig und erschöpfend geregelt: hienach ist der Anschluß an eine Beschwerde nach Ablauf der Beschwerdefrist unzulässig, denn das Gesetz enthält hierüber keine Bestimmung und kann sich auch nicht auf die Analogie der Reichscivilprozeßordnung berufen werden.

Indes ergibt sich aus dem Offizialbetrieb, welcher das verwaltungsrechtliche Verfahren beherrscht und aus dem durch Art. 36 Abs. 4 und 41 Abs. 3 den Berufungsinstanzen eingeräumten Rechte auch zum Nachteile des Beschwerdeführers zu erkennen gleichwohl die Zulässigkeit und unter Umständen sogar die Notwendigkeit, die in der Adhäsionsbeschwerde erörterten Fragen in das Bereich der richterlichen Würdigung zu ziehen. (V.-G.-H.-E. Bd. V S. 339, IX S. 40, Bl. f. adm. Pr. Bd. 35 S. 118.)

Vom Standpunkte des Offizialprinzips aus kann jedoch eine Würdigung des in der Adhäsionsbeschwerde angeregten Streitpunktes durch die höhere Instanz nur insoweit eintreten, als die Streitsache im Wege der regelmäßigen Beschwerde an dieselbe devolvirt und hienach die vorinstanzielle Entscheidung in dem betreffenden Punkte nicht schon in Rechtskraft übergegangen ist. (Eod. Bd. XII S. 351.) Enthält also ein Beschluß mehrere von einander unabhängige Teile, von denen nur ein Teil im Wege der Beschwerde an die höhere Instanz gelangt ist, so hat der Gegner des Beschwerdeführers nicht das Recht, mittels der Beschwerdeadhäsion noch andere Teile anzufechten.

§ 74. Beschwerdezurücknahme.

Nach allgemeinen Grundsätzen, insbesondere auch nach civilprozessualen Bestimmungen (§ 476 Abs. 3 R.-C.-P.-O.) geht durch einen bedingungslosen Verzicht ein Recht dauernd verloren. Dies gilt auch von der Beschwerde.

Die Beschwerdezurücknahme, die auch wie die Beschwerdeeinlegung mittels Telegramms erfolgen kann, ist zwar nicht an eine bestimmte Form gebunden, sie muß aber unzweideutig erklärt sein: ist letzteres nicht der Fall, so kann die wirkliche Erklärung der Zurücknahme nicht durch die nachträgliche Behauptung, daß die Beschwerde zurückgenommen werden wollte, ersetzt werden; ist aber eine unzweideutige Erklärung einmal abgegeben, so kann man auch nachträglich nicht mehr auf Bescheidung der Beschwerde bestehen.

Im übrigen ist die Zurücknahme weder an die Form des Schriftsatzes oder Protokolls gebunden, noch ist es erforderlich, daß sie bei der Instanz erklärt wird, bei welcher die Beschwerde eingelegt werden müßte. (Eod. Bd. II S. 538 ff., X S. 331, XI S. 319.)

Die Zurücknahme jeden Rechtsmittels hat im allgemeinen die Wirkung der instanziellen Zurückweisung desselben und begründet insbesondere die Verpflichtung zur Kostentragung, soweit solche durch die Beschwerdeeinlegung entstanden sind. (Eod. Bd. VI S. 186.)

§ 75. Wirkung der ordnungsmäßig eingelegten Beschwerde.

Dieselbe besteht allen Prozeßparteien gegenüber darin, daß der Eintritt der Rechtskraft des angefochtenen Bescheides und in der Regel die Vollstreckbarkeit desselben gehindert und die Streitsache ihrem vollen Umfange nach oder wenn der Streitgegenstand teilbar und eine Beschwerde nur gegen einen Teil der vorinstanziellen Entscheidung gerichtet ist, insoweit an die höhere Instanz devolviert wird, als die letztere angefochten ist; durch nachträglichen Verzicht auf die Beschwerde werden jedoch diese Wirkungen wieder beseitigt.

Die aufschiebende Wirkung einer Beschwerde tritt dann nicht ein, wenn besondere gesetzliche Bestimmungen etwas anderes vorschreiben: s. z. B. Art. $\frac{176 \text{ Abs. } 5}{105 \text{ Abs. } 5}$ und $\frac{196 \text{ Abs. } 5}{122 \text{ Abs. } 4}$ der Gemeinde-Ordg., Art. 52 des Heimatges., Art. 24 Distr.-Ratsges., § 63 Gew.-Ordg., Art. 19 des Vereinsges., Art. 93 Abs. 2 Wasserben.-Ges., Art. 44 Abs. 3 Bewäss.-Ges.

In allen Fällen jedoch, wo die vorläufige Vollstreckbarkeit nicht speziell im Gesetze zugelassen ist, ist sie ausgeschlossen.

Beschwerden wegen Verweigerung des Suspens.=Effektes sind getrennt von der Hauptbeschwerde im gewöhnlichen Verfahren zu erledigen. (Bl. f. adm. Pr. Bd. 36 S. 13.)

Die Beurteilung der Frage, ob der Ausspruch der vorläufigen Vollstreckbarkeit gerechtfertigt ist, ist dem k. Verwaltungsgerichtshofe entzogen. (Eod. Bd. IV S. 529.)

Anm. Soferne nicht Gefahr auf Verzug besteht, äußern auch Beschwerden in reinen Verwaltungssachen aufschiebende Wirkung.

§ 76. Behandlung der Beschwerden.

Die einkommenden Beschwerden sollen nach erfolgter Präsentation von der ersten Instanz den übrigen an der Sache Beteiligten zur Kenntnisnahme und Wahrung ihrer Interessen in Abschrift mitgeteilt werden. Art. 23 des Ges. Dem steht nicht entgegen, daß, wo die Regierung in erster Instanz zu entscheiden hatte, diese die fragliche Mitteilung durch das zuständige Bezirksamt veranlaßt. Zweck der vorstehenden instruktionellen Bestimmung ist, den Beteiligten Gelegenheit zu bieten, schon vorher von der Existenz der Beschwerde Kenntnis zu erlangen und etwaige Erhebungen zu pflegen. (Bes. Aussch. Beil. Bd. III S. 155.)

An das Übersehen der Mitteilung ist keine Nichtigkeit geknüpft und das Ermessen des Richters in den etwa anzuordnenden Maßnahmen nicht gehindert. (Ber. d. bes. Aussch. Bd. III S. 168.)

Die Verfolgung einer Frist zur Wahrung der Interessen bezw. zur Abgabe einer Gegenerklärung entspricht nicht dem Gesetze, doch wird es rätlich erscheinen, mit der Fassung der Entscheidung bei der höheren Instanz eine angemessene Frist zuzuwarten, wenn es sich um umfangreiche Gegenstände handelt, im übrigen kann die Gegenerklärung ohnedies noch bei der mündlichen Verhandlung abgegeben werden.

Wird die Beschwerde schriftlich eingereicht, so hat der Beschwerdeführer außer der Urschrift so viele Abschriften der

Beschwerde mit einzureichen, als weitere Beteiligte oder gemeinsame Bevollmächtigte derselben in der Sache vorhanden sind; unterläßt er dies, so hat die Behörde die Abschriftnahme zu veranlassen und der Beschwerdeführer hat die hiedurch entstehenden baren Auslagen unbeschadet eventueller Rückforderung vorzuschießen. Wird die Beschwerde zu Protokoll gegeben, so hat der Beschwerdeführer die Kosten der durch die Behörde zu veranlassenden Abschriftnahme vorzuschießen, die Behörde ist aber keineswegs verpflichtet, die Abschriften durch ihre eigene Kanzlei anfertigen zu lassen.

Vorstehendes ist auch auf die Angelegenheiten des Art. 10 des Ges. analog anwendbar. Über die weitere Behandlung der Beschwerden siehe §§ 60 ff. meiner Abhandlung.

B. Verwandte Schutzmittel.

§ 77. Die Wiederaufnahme des Verfahrens.

Die Wiederaufnahme des Verfahrens ist ein außerordentliches subsidiäres Rechtsmittel und setzt stets einen rechtskräftigen Bescheid voraus: es ist nämlich erforderlich, daß in der Richtung auf die Person, gegen welche die neuerliche Verhandlung beantragt ist und über die Sache, worüber verhandelt werden soll, bereits ein Endbescheid ergangen ist, der durch das ordentliche Rechtsmittel der Beschwerde nicht mehr angefochten werden kann. Gegen bloße Zwischenbescheide ist die Wiederaufnahme selbst dann nicht zulässig, wenn sie selbständig anfechtbar sind. (V.-G.-H.-E. Bd. III S. 500, IV S. 419, XI S. 298.) Gleichgültig ist es, ob es sich um eine formelle oder materielle Rechtskraft handelt (eod. Bd. XII S. 75) und ferner, ob es sich um eine Angelegenheit des Art. 8 oder Art. 10 des Ges. handelt. (Eod. Bd. VIII S. 187.)

In dem Antrage auf Wiederaufnahme muß glaubhaft dargethan werden, daß eine bei den vorausgegangenen Verhandlungen nicht hinreichend bekannt gewesene Thatsache vorliegt, deren Berücksichtigung zu einem von dem früheren abweichenden Endbescheide zu führen geeignet ist.

Der Ausdruck Thatsache ist hier im weiteren Sinne zu verstehen und begreift auch die Beweismittel in sich (Motive). Das Gesetz kennt nur eine Wiederaufnahme wegen neuer Thatsachen: die veränderte Beurteilung einer Rechtsfrage bildet also keinen Anlaß zur Wiederaufnahme (eod. Bd. III S. 42, 459) ebensowenig die Unrichtigkeit der Gesetzesanwendung bei einer früheren Entscheidung (eod. Bd. III S. 459) oder das Säumnis einer Behörde bei Übermittelung einer unrichtig in ihren Einlauf gelangten Beschwerde; auch ist dieses Rechtsmittel auf Thatsachen unanwendbar, die schon vor der rechtskräftigen Entscheidung der Sache bekannt waren. (Eod. Bd. II S. 363.)

In der Regel ist die Wiederaufnahme dann unzulässig, wenn zwar die entscheidende Behörde keine oder nur eine ungenügende Kenntnis von der Thatsache hatte, auf die dieses Rechtsmittel gestützt werden will, die Nichtberücksichtigung jener Thatsache aber auf ein Verschulden der Beteiligten, welche diese Thatsachen kannten, ihre rechtzeitige Geltendmachung jedoch unterlassen haben, zurückzuführen ist; sie ist wieder zulässig, wenn bei den vorausgegangenen Verhandlungen dem Antragsteller die nunmehr geltend gemachte Thatsache entweder an sich d. i. ihrem ganzen Wesen und Umfang nach oder doch wenigstens bezüglich ihrer Bedeutsamkeit für die betreffende Streitsache nicht genügend bekannt war. (Eod. Bd. VIII S. 187, XI S. 299.)

Wenn nach eingetretener Rechtskraft des Bescheides eine Änderung der demselben zu Grunde liegenden thatsächlichen Verhältnisse eintritt, so ist eine Wiederaufnahme weder veranlaßt, noch mit dem Gesetze vereinbar, weil immer vorausgesetzt wird, daß die Sache schon früher vorhanden und nur nicht hinreichend bekannt gewesen ist (s. auch eod. Bd. VII S. 282).

Bei Stellung des Antrages ist die Bescheinigung nötig, daß eine bei den vorausgegangenen Verhandlungen nicht hinreichend bekannt gewesene Thatsache vorliegt, deren Berücksichtigung an sich geeignet ist, zu einem von der früheren Entscheidung abweichenden Endbescheid zu führen; zur Begründung des Gesuches ist die glaubhafte Darlegung erforderlich, daß eine im gesetzlichen Sinne belangweise neue Thatsache gegeben ist; es handelt sich hier um eine Glaubhaftmachung im Sinne des § 266 R.=C.=P.=O.; der Gesuchsteller hat die Thatsachen sofort zu bescheinigen, etwaige Beweisurkunden beizufügen, oder doch wenigstens sie möglichst genau zu bezeichnen und die Zeugen sowie die Umstände, über welche sie aussagen sollen, anzugeben; die Eideszuschiebung an den Gegner ist unzulässig, dagegen kann der Antragsteller zur eidlichen Versicherung der Wahrheit zugelassen werden.

Die Beurteilung der Frage, ob die Berücksichtigung dieser Thatsache zu einem abweichenden Endbescheide zu führen geeignet ist, steht zunächst der über die Wiederaufnahme beschließenden Behörde zu, die in ihrer freien Würdigung nicht beschränkt ist.

Die Anbringung eines Wiederaufnahmegesuches ist zeitlich nicht beschränkt, und hienach § 549 Abs. 2 R.=C.=P.=O. unanwendbar (eod. Bd. VII S. 180). Die Wiederaufnahme kann sowohl auf Antrag als auch von Amtswegen erfolgen, letzteren Falls nämlich dann, wenn das öffentliche Interesse beteiligt ist oder die Behörde nach besonderen gesetzlichen Vorschriften zur Offizialthätigkeit verpflichtet ist.

Auch eine mehrmalige Wiederaufnahme ist zulässig. Da über den Antrag, der schriftlich oder zu Protokoll anzubringen ist, diejenige Behörde entscheidet, die den letzten rechtskräftigen Endbescheid erlassen hat, so hat auch über eine neuerliche Wiederaufnahme jene Behörde zu entscheiden, welche nach der letzten Wiederaufnahme in letzter Instanz entschieden hat, gleichgültig ist also hiebei die Instanz. (Eod. Bd. X S. 169, Kahr S. 213.)

Wenn eine Beschwerde in 2. oder 3. Instanz nicht aus materiellen Gründen, sondern nur wegen Verspätung zurückgewiesen wurde, die Wiederaufnahme aber auf Grund von Thatsachen, welche die Fristversäumnis nicht betreffen, nachgesucht wird, ist zur Verbescheidung die erste oder zweite Instanz, die eine sachliche Entscheidung erlassen hatte, zuständig. (Eod. Bd. VI S. 87.)

Maßgebend für die Behandlung der Wiederaufnahmegesuche ist das ordentliche verwaltungsrechtliche Verfahren.

Dasselbe wird nicht etwa mit dem Verfahren über die Hauptsache verbunden, sondern es ist vorab beschlußmäßig rechtskräftig zu entscheiden, ob das Verfahren wieder aufzunehmen sei: erst nach eingetretener Rechtskraft bleibt die weitere Entscheidung der Sache dem ordentlichen Instanzenzuge vorbehalten, wobei wieder die Art. 8, 9, 10 des Ges. maßgebend sind. Dem Beschlusse, daß ein Verfahren wieder aufzunehmen ist, kommt nicht einmal die Bedeutung einer Teilentscheidung zu, selbst wenn er vom Verwaltungsgerichtshofe erlassen ist; er enthält noch keine endgültige Feststellung darüber, ob eine neu vorgebrachte Thatsache auch wirklich zu einem abweichenden Endbescheide führen muß und bindet die Unterbehörde in der selbstständigen Beurteilung nicht. (Eod. Bd. VII S. 187.)

Der Wiederaufnahmebeschluß hat sich über den Kostenpunkt nur insoweit auszusprechen, als Kosten etwa durch unbegründete Anträge, Einwendungen oder Beschwerden in Bezug auf die formelle Zulassung der Wiederaufnahme selbst verursacht worden sind, im übrigen aber ist die Entscheidung im Kostenpunkte der Entscheidung in der Hauptsache vorzubehalten.

Gegen den auf das Wiederaufnahmegesuch ergehenden Beschluß ist die Beschwerde zur höheren Instanz in dem für die jeweils vorliegende Sache vorgeschriebenen Instanzenzuge zulässig; dies gilt auch hinsichtlich des Fristenlaufes und der Beschwerdeformalien. (Eod. Bd. III S. 500.)

Sowohl wenn die Wiederaufnahme abgelehnt, als auch wenn sie angeordnet wurde, ist der Antragsteller bezw. sein Gegner, der übrigens als im eigenen Interesse Beteiligter legitimiert sein muß, beschwerdeberechtigt. Ergibt die Prüfung der Darlegungen des Antragstellers sofort die vollständige Unbehelflichkeit der behaupteten neuen Thatsache, so ist das Gesuch zurückzuweisen.

Anm. 1. Die Wiederaufnahme ist auch gegenüber Entscheidungen des Verwaltungsgerichtshofes über die Beamtenhaftpflicht und gegenüber rechtskräftigen nach Maßgabe des Art. 45 ergangenen Entscheidungen in Angelegenheiten der Art. 10 u. 11 des Ges. zulässig. (V.-G.-H.-E. Bd. VIII S. 187.)

Anm. 2. Die Wiederaufnahme findet auch gegen Endbescheide statt, durch die nur die vorläufige Heimat angewiesen wurde (eod. Bd. XI S. 298). Ob in den bezüglichen vorausgegangenen Verhandlungen dem Vertreter des Fiskus Thatsachen, welche gemäß Art. 2 der Nov. v. 23. Februar 1872 zum Heimatgesetze die Erwerbung der Heimat kraft des Gesetzes zur Folge haben, bereits bekannt waren, bezw. ob die Geltendmachung derselben schuldhafter Weise unterlassen wurde, ist in jedem Falle besonders festzustellen und kann nicht aus der allgemeinen Dienstaufgabe des Regierungsfiskalats gefolgert werden. (Eod. Bd. XI S. 298.)

§ 78. Wiedereinsetzung in den vorigen Stand.

Die Wiedereinsetzung wird den Beteiligten auf ihren Antrag gegen die Versäumung einer Notfrist gewährt, wenn die Partei durch Naturereignisse oder andere unabwendbare Zufälle verhindert worden ist, die Notfrist einzuhalten. Andere Gründe der in integrum restitutio gibt es im verwaltungsrechtlichen Verfahren nicht.

Um einen unabwendbaren Zufall annehmen zu können, muß die Ursache der Versäumnis in einem Ereignis liegen, welches mit der äußersten, nach Lage der Sache vernünftigerweise zu erwartenden Vorsicht weder ganz verhindert noch unschädlich gemacht werden konnte, es muß also vis major vorliegen. (Vgl. Art. 395 Hand.-Ges.-B., § 1 R.-Haftpflicht.-Ges., V.-G.-H.-E. Bd. IV S. 425, § 211 Abs. 1 R.-C.-P.-O., Art. 22 Abs. 6 des Ges.)

Die Bestimmungen des § 211 Abs. 2 R.-C.-P.-O. sind unanwendbar, da es im verwaltungsrechtlichen Verfahren keine Mittelpersonen gibt, wie sie in diesen Bestimmungen vorgesehen sind. (V.-G.-H.-E. II S. 538, VI S. 278.) § 213 R.-C.-P.-O. ist unanwendbar. (Plenar-Entsch. Bd. I S. 450, gegen Bd. I S. 120.)

Die Unkenntnis bestehender gesetzlicher Vorschriften ist ferner ebensowenig ein Restitutionsgrund als der Rechtsirrtum, mag derselbe in der Partei selbst entstanden oder bei ihr von der mit der Sachbehandlung befaßten Behörde hervorgerufen oder befestigt worden sein. (B.=G.=H.=E. Bd. II S. 47.)

Das Verschulden eines Prozeßvertreters gilt nicht als unverschuldetes Versäumnis durch die Partei.

Auch Minderjährigkeit ist kein Restitut.=Grund; ebensowenig kann aus den Rechten der Minderjährigen, wie sie dem Fiskus, Gemeinden, der Kirche und milden Stiftungen eingeräumt sind, ein Restitutionsgrund abgeleitet werden. Bezüglich der Wiedereinsetzung kommen die Bestimmungen der Civilprozeßordnung für das Deutsche Reich entsprechend zur Anwendung.

Die Wiedereinsetzung muß innerhalb einer zweiwöchentlichen mit dem Tage, an dem das Hindernis gehoben ist, beginnenden Frist beantragt werden; diese Frist kann nicht verlängert werden. Nach Ablauf eines Jahres kann sie nicht mehr verlangt werden. Ferner gilt der Satz: restitutio restitutionis non datur. (§ 212 R.=C.=P.=O., B.=G.=H.=E. Bd. X S. 140.)

Über den schriftlich zu stellenden oder zu Protokoll der Behörde abzugebenden Antrag auf Wiedereinsetzung, der mindestens die Absicht des Antragstellers, Wiedereinsetzung zu verlangen und die Angabe der die Restitution begründenden Thatsachen enthalten muß (§ 214 R.=C.=P.=O.) entscheidet das Gericht, welchem die Entscheidung über die nachgeholte Prozeßhandlung zusteht; er wird prozessualisch im allgemeinen ebenso behandelt, wie die versäumte Prozeßhandlung bei rechtzeitiger Vornahme zu behandeln gewesen wäre. Dies gilt auch bezüglich eventueller Beschwerden (s. auch § 216 R.=C.=P.=O., Seydel Bd. II S. 494).

Zugleich mit dem Wiedereinsetzungsgesuche ist auch die versäumte Prozeßhandlung nachzuholen; ist dies bereits geschehen, so genügt die Bezugnahme hierauf; § 214 R.=C.=P.=O.; auch ist das Verfahren in der Regel mit dem Verfahren über die nachgeholte Prozeßhandlung durch das Gericht thunlichst zu verbinden.

Beteiligte, die eine Wiedereinsetzung erbitten, haben auch den Beweis der das Gesuch begründenden Thatsachen zu liefern;

ist aber dieser Beweis gelungen und sind die gesetzlichen Voraussetzungen gegeben, so muß dem Gesuche stattgegeben werden.

Ein Wiedereinsetzungsgesuch kann niemals in geheimer Sitzung der Kreisregierung oder des Verwaltungsgerichtshofes zurückgewiesen werden, sondern ist im verwaltungsrechtlichen Verfahren der Beschwerdeinstanzen stets in öffentlicher Sitzung und auf Grund mündlicher Verhandlung zu verbescheiden. (Eod. Bd. VI S. 278.)

Die Kosten der Wiedereinsetzung fallen dem Antragsteller zur Last, insoweit sie nicht durch einen unbegründeten Widerspruch des Gegners entstanden.

Über Fristenlauf s. noch § 34 m. Ausf.

Anm. In Bezug auf die Wiedereinsetzung in streitigen Angelegenheiten des Art. 10 des Ges. ist die Vorschrift in Art. 22 Abs. 6 des Gesetzes analog anwendbar. (V.-G.-H.-E. Bd. X S. 134.)

IX. Abschnitt: Die Zwangsvollstreckung.

§ 79. Allgemeines.

Da das Wesen der öffentlichen Gewalt darin besteht, daß ihre Verfügung ebenso wie der richterliche Ausspruch oder Befehl an sich dem widerstrebenden Einzelnen gegenüber Anspruch auf Geltung und Befolgung hat, so ist sie auch zur Anwendung der Zwangsmittel zum Zwecke der Durchführung für sich ohne einer richterlichen Intervention zu bedürfen, in der Regel befugt.

Als solche Zwangsmittel erscheinen ganz allgemein die Androhung und Vollziehung von Ordnungsstrafen, nötigenfalls ein gegen die Person unmittelbar gerichteter Zwang; diese Befugnis ist als ein Ausfluß der Verwaltungsjurisdiktion für die Organe der Staatsgewalt so unentbehrlich, daß sie ohne diese Befugnis aufhören würden, Organe der Staatsgewalt zu sein; damit ist jedoch nicht zum Ausdrucke gebracht, daß jedes Verwaltungsorgan diese Befugnis hat, vielmehr tritt hier der Unterschied zwischen Organen der vollziehenden Gewalt und Organen der Verwaltung im engeren Sinne in die Wirklichkeit.

Die Zuständigkeit der vollziehenden Organe ist bezüglich der einzelnen Zwangsmittel und des Maßes derselben verschieden geregelt.

In Bayern sind zunächst maßgebend die Bestimmungen des Art. 4 des bayer. Ausf.-Ges. v. 23. Februar 1879 zur R.-C.-P.-O. Hienach bleiben die bestehenden Vorschriften über das Vollstreckungsrecht der Verwaltungsbehörden und über die Organe und die Mittel der Zwangsvollstreckung vorbehaltlich der Bestimmungen der Art. 6 u. 7 in Kraft.

Im allgemeinen begreift das Vollstreckungsrecht der Verwaltungsbehörden das Recht in sich, eine bestimmte Geldleistung einzuheben und auch eventuell mittels sonstigen Zwanges ihre Verfügungen in Vollzug zu setzen.

§ 80. Regelung des Zwangsvollstreckungsverfahrens nach dem Gesetze vom 8. August 1878.

Die von dem ebengedachten Gesetze getroffene Regelung des Zwangsvollstreckungsverfahrens bezieht sich auf alle jene Angelegenheiten, für welche dieses Gesetz den Verwaltungsrechtsweg eröffnet hat oder für welche derselbe durch spätere Gesetze eröffnet worden ist, nicht aber auf bloße Vollzugsanordnungen der Behörden der aktiven Verwaltung; gleichgültig ist es hiebei, ob der Verwaltungsgerichtshof 1., 2. oder 3. verwaltungsrechtliche Instanz ist. In allen Angelegenheiten der Art. 8, 10, 11 des Ges. v. 8. Aug. 1878, sowie in jenen Fällen, in denen der Verwaltungsrechtsweg durch spätere Gesetze eröffnet worden ist, sind die Verwaltungsbehörden berechtigt, ihre rechtskräftig gewordenen Entscheidungen im Zwangswege mit denselben Mitteln in Vollzug zu setzen, die zum Vollzuge rechtskräftiger Urteile in bürgerlichen Rechtsstreitigkeiten gegeben sind. Art. 46 des Ges. (s. auch Krais S. 453). Gleichgültig ist es, ob es sich nur um Ermessenssachen oder auch um Rechtsfragen handelte, gleichglütig ist ferner, um welcher Instanz Beschluß es sich handelt. Vorbehaltlich besonderer gesetzlicher Bestimmungen obliegt die Zwangsvollstreckung den Distriktsverwaltungsbehörden; zu den vorbehaltenen besonderen gesetzlichen Bestimmungen gehören beispielsweise Art. 49, 64, 77 des Wasserbenütz.-Ges., Art. 27 des Uferschutzgesetzes, Art. $\frac{48, 54, 57}{38}$ d. Gem.-Ordn., Art 43 des Armenges., u. a. (s. auch Kahr, S. 258 u. 252), Krais S. 207 ff.

Zuständig ist jene Distriktsverwaltungsbehörde, die in erster Instanz entschieden hat, oder falls die erstinstanzielle Entscheidung von der Kreisregierung, Kammer des Innern, ausgegangen ist, diejenige Distriktsverwaltungsbehörde, die gemäß Art. 31 Abs. 1 des Ges. die Instruktion der Sache vorgenommen hat (Auftrag) § 43 Instr. Unanwendbar sind die Vorschriften der Reichscivilprozeßordnung über die örtliche Zuständigkeit des Vollstreckungsgerichts und die Abgrenzung seiner Befugnisse von derjenigen des Prozeßgerichts (s. z. B. § 684 R.-C.-P.-O.).

Modifikationen der erstinstanziellen Zuständigkeit der Distriktsverwaltungsbehörden ergeben sich aus den vorbehaltenen besonderen gesetzlichen Bestimmungen — Art. 46 Abs. 2 des Ges. — zu Gunsten der gerichtlichen Zuständigkeit, ferner zu Gunsten der Staatsfinanz- und der Gemeindebehörde.

(In Bezug auf die Beitreibung von Staatsgefällen cf. Min.-Entschl. 24. Dezember 1875, F.-M.-Bl. S. 389, Vdg. v. 14. Juli 1879, G.-V.-Bl. S. 703, M.-E. v. 27. Sept., 16. Okt., 3. Nov. 1879 F.-M.-Bl. S. 283, 452 ff., 22. Nov. 1880 Fin.-M.-Bl. S. 476. In Bezug auf die gemeindliche Zwangsvollstreckung, welche auch gegenüber rückständigen Gemeinde- und Ortskrankenkasse-Beiträgen — Reichsges. v. 15. Juni 1883, § 55 — eintritt s. B.-G.-H.-E. Bd. VII S. 140, VIII S. 155, Bl. f. adm. Pr. Bd. 30 S. 298, 302, Bd. 31 S. 11, Samml. oberstricht. Entsch. in Civ.-Sachen Bd. 2 S. 361, Krais S. 456.)

Unerläßliche Voraussetzung der Einleitung des Vollstreckungsverfahrens ist das Vorliegen einer rechtskräftigen Entscheidung gegen eine Prozeßpartei; die Einleitung des Vollstreckungsverfahrens gehört, wo das öffentliche Interesse in Frage ist, zum Offizialbetrieb, der Antrag einer Partei ist nicht erforderlich; wo lediglich ein ausschließendes Privatinteresse vorliegt, da kann selbstverständlich die Verwaltungsbehörde nur auf ausdrückliches Verlangen desjenigen, der ein ausschließliches Interesse an der Durchführung des Vollstreckungsverfahrens hat, vorgehen.

Solange der Rechtsbestand einer Forderung, wegen welcher die Zwangsvollstreckung eingeleitet wurde, bestritten und hierüber noch nicht rechtskräftig entschieden ist, kann eine Entscheidung ebensowenig in Vollzug gesetzt werden, als dies gegenüber einem Dritten eintreten kann, der im Streite nicht als Partei beteiligt gewesen ist. (V.=G.=H.=E. Bd. VI S. 174, Bd. VIII S. 155.)

In der Regel kennt das verwaltungsrechtliche Verfahren keine vorläufige Vollstreckbarkeit; dafür haben die Verwaltungsbehörden das Recht, vorsorgliche Verfügungen zu erlassen; wohl aber können die Beschlüsse der Senate der Regierungsfinanzkammern für vorläufig vollstreckbar erklärt werden (Geb.=Ges. Erbsch.=St.=Ges.). So lange ein Beschluß, bei welchem vorläufige Vollstreckbarkeit bei gesetzlicher Zulässigkeit nicht ausgesprochen ist, noch mit Beschwerde angefochten werden kann, kann eine Vollstreckung nicht eingeleitet werden, auch ist es im Hinblicke auf Art. 24 des Ges. unzulässig, Entscheidungen mit Androhung sofortiger Zwangsvollstreckungsmaßregeln zu verbinden.

Ein Recht auf Hemmung des Vollstreckungsverfahrens besteht auch da nicht, wo bei rechtskräftiger Entscheidung ein Wiedereinsetzungsgesuch gestellt oder die Wiederaufnahme des Verfahrens beantragt wird; da indessen in solchen Fällen leicht durch Fortsetzung des Vollstreckungsverfahrens ein unersetzlicher Nachteil entstehen kann, so wird man die Zulässigkeit der Einstellung des Verfahrens mit oder ohne Sicherheitsleistung nicht in Abrede stellen können: je nach Lage der Sache ist dann zur Einstellung jene Behörde zuständig, der die Entscheidung über ein gegen die Zwangsvollstreckung eingelegtes Rechtsmittel zusteht, bei Gefahr auf Verzug die Vollstreckungsbehörde selbst. (Seydel Bd. II S. 526, Kahr S. 253.) Inwieferne bei der Zwangsvollstreckung eine Mitwirkung der Gerichte stattzufinden hat, bemißt sich nach den besonderen gesetzlichen Bestimmungen (Art. 46 des Ges.), insbesondere ist dies der Fall bei Immobiliarexekutionen, dann wenn die Zwangsvollstreckung nicht gegen den Verurteilten selbst, sondern gegen einen Rechtsnachfolger zu richten ist, ferner in den Fällen des § 730 R.-C.-P.-O. u. a.

Die Mittel der Zwangsvollstreckung sind die gleichen, die zum Vollzuge rechtskräftiger Urteile in bürgerlichen Rechtsstreitigkeiten gegeben sind (Art. 46 des Ges.); einschlägig sind hieher die Bestimmungen des 8. Buches (Abschn. II, III, IV) der Reichscivilprozeßordnung (§ 708 ff. bis 795); Abschn. V § 796—822 ist jedoch nicht anwendbar, da der Arrest und die einstweilige Verfügung nicht Mittel zum Vollzuge rechtskräftiger Urteile, sondern ohne Rücksicht auf das Vorhandensein eines solchen Urteils zulässig sind. Soweit die Voraussetzungen des Art. 46 des Ges. gegeben sind, ist die Anwendbarkeit des Art. 21 des Pol.-Str.-Ges.-Buches ausgeschlossen; denn es findet keine Konkurrenz der bisherigen Zwangsmittel mit den durch Art. 46 gebotenen statt. (Kahr S. 254, Pröbst, Pol.-Str.-Ges.-Buch S. 82.)

Die Verwaltungsbehörden sind durch Art. 46 zur Vollstreckung ihrer rechtskräftigen Entscheidungen auch dann berechtigt, wenn gleichzeitig eine strafbare Handlung konkurriert, z. B. aus § 366 Ziff. 9 u. 10 R.-Str.-G.-B. Bei der Vollstreckung der Beschlüsse können sich die Verwaltungsbehörden ihrer eigenen Vollzugsorgane (Amtsdiener) oder der Gerichtsvollzieher, wie bisher nach ihrem Gutdünken bedienen (Art. 46 des Ges.).

Beschlüsse der Verwaltungsbehörden, welche die Auflage an eine Person, etwas zu thun oder zu unterlassen, eine Anstalt zu schließen, eine Sache herauszugeben, eine Anlage zu entfernen, enthalten, werden durch die Organe der Verwaltung (Polizeibedienstete, Gendarmen) nötigenfalls unter Zuziehung der bewaffneten Macht vollzogen: der betreffende Beschluß ist der Person mit der Aufforderung zuzustellen, sogleich oder innerhalb einer bestimmten Frist bei Meidung des Zwangsvollzugs auf Kosten des Säumigen Folge zu leisten. Ist die betreffende Handlung mit Strafe bedroht, so kann der Beschluß vor oder nach der Strafeinschreitung vollzogen werden. Ist der Beschluß vor Abschluß des Strafverfahrens vollzogen und erfolgt die Freisprechung, so bleibt dem Freigesprochenen der Schadensersatzanspruch, der bei dem Civilrichter zu erheben ist. Ist der Verwaltungsbeschluß nach der strafgerichtlichen Verurteilung der betreffenden Person vollzogen, so ist das Anrufen der Gerichte ausgeschlossen und können die entstandenen Kosten durch die gewöhnlichen Vollzugsorgane der Verwaltungsbehörden beigetrieben werden. (Wand, Gem.-Ordg. S. 402 ff. S. auch Krais S. 454).

Einwendungen gegen die Zwangsvollstreckung im allgemeinen sind, soweit die Verwaltungsbehörden überhaupt zuständig sind, bei der Distriktsverwaltungsbehörde anzubringen und zunächst von dieser zu verbescheiden.

§ 81. Zwangsvollstreckung wegen Geldleistungen.

Wenn es sich um Geldleistungen handelt, und zugleich eines der zum Vollzuge von Urteilen in bürgerlichen Rechtsstreitigkeiten gegebenen Vollstreckungsmittel angewendet werden soll, so muß der fragliche Beschluß vorerst mit der Vollstreckungsklausel: „Vorstehende Urkunde (Ausfertigung, Beschluß) wird hiemit für vollstreckbar erklärt" versehen werden.

Die Erteilung der Vollstreckungsklausel ist Bestandteil des Vollstreckungsverfahrens, folglich ist hiezu die Distriktsverwaltungsbehörde zuständig.

Handelt es sich nicht um eine Geldleistung, so kann die Behörde auch anderen gesetzlichen Zwang anwenden, und ist hiebei die Vollstreckungsklausel überflüssig; letztere hat den Zweck, die mit der Vollstreckung betrauten Organe der Prüfung zu überheben, ob die Voraussetzungen der Zwangsvollstreckung gegeben sind und darf erst nach eingetretener Rechtskraft des Beschlusses beigesetzt werden; sie hat stets den Verpflichteten zu bezeichnen; dies gilt namentlich, wenn es sich um einen Rechtsnachfolger des ursprünglichen Verpflichteten handelt; die Feststellung der Rechtsnachfolge hat durch die Verwaltungsbehörde ebenso zu geschehen, wie wenn der zu vollstreckende Beschluß erst jetzt, im Falle der Rechtsnachfolge also von Anfang an gegen den Rechtsnachfolger zu erlassen wäre.

Wand (Gem.-Ordg., S. 401) erachtet es als dem Geiste des Gesetzes entsprechend, die Beisetzung der Vollstreckungsklausel zu den Verwaltungsbeschlüssen überall da zu fordern, wo ein civilprozessuales Vollstreckungsmittel angeordnet werden soll, gleichgültig, ob eine Geldleistung in Frage steht oder ob es sich um eine sonstige Auflage handelt.

Handelt es sich um bedingte oder betagte Ansprüche, so darf die Vollstreckungsklausel nicht vor Eintritt der Bedingung oder des dies erteilt werden. Je nach Lage des Falles hat die Vollstreckungsklausel noch Zusätze zu enthalten, z. B. eine etwaige Beschränkung der Vollstreckbarkeit, die Bezeichnung der Rechtsnachfolger, die Konstatierung der Notorietät der Voraussetzungen ꝛc. (Böhm, Ausf.-Ges. z. R.-C.-P.-O. S. 12 ff.) Durch Verordnung vom 14. Juli 1879 (G.- u. V.Bl. S. 703) wurde weiter bestimmt:

§ 1. In den Fällen, in welchen behufs Beitreibung rückständiger Staats-, Gemeinde- oder Stiftungsgefälle auf Grund von Heberegistern, Heberollen oder sonstigen Einhebungsbehelfen Ausstandsverzeichnisse angefertigt werden, ist die Vollstreckungsklausel der Verwaltungsbehörden, dann der Gemeinde- und Stiftungsverwaltungen der Urschrift der Ausstandsverzeichnisse beizufügen.

§ 2. In den übrigen Fällen der Beitreibung rückständiger Geldforderungen des Staates, der Gemeinden und der Stiftungen ist die Vollstreckungsklausel der Verwaltungsbehörden, dann der Gemeinde- und Stiftungsverwaltungen den Ausfertigungen der einschlägigen Beschlüsse und Urkunden beizusetzen.

Das gleiche Verfahren ist in jenen Fällen zu beobachten, in welchen von den Verwaltungsbehörden Kosten oder sonstige Geldleistungen zwangsweise beizutreiben sind.

Durch Beisetzung der Vollstreckungsklausel werden die Beschlüsse im ganzen Königreiche Bayern vollstreckbar; die Vollstreckbarkeit außerhalb Bayerns richtet sich nach etwaigen Verträgen bezw. nach der Reciprocität. Hiebei ist weder § 46 des Rechtshilfegesetzes vom 21. Juni 1869 noch § 99 des Reichsgerichtskostengesetzes anwendbar.

Art. 6 des Ausf.-Ges. zur R.-C.-P.-O. ferner spricht nur von einer Vollstreckbarkeit auf bayerischem Gebiete, das Ger.-Verf.-Ges. spricht in § 157 u. ff. nur von der Rechtshilfe, die sich die Gerichte der Bundesstaaten leisten müssen, ist also hier nicht anwendbar.

Für das weitere Verfahren ist die Reichscivilprozeßordnung maßgebend: wo diese eine Verfügung des Gerichtes erfordert (z. B. §§ 730, 745, 754 ꝛc. vgl. auch die Subhast.-Ordg.) sind die Gerichte anzugehen; andernfalls können sich die Verwaltungsbehörden sowohl ihrer Amtsdiener als der Gerichtsvollzieher bedienen. Der Gerichtsvollzieher hat seine Aufträge nicht von der Partei, sondern von der Vollstreckungsbehörde zu erhalten, da es sich im verwaltungsrechtlichen Verfahren überhaupt, also auch im Zwangsvollstreckungsverfahren um den Offizialbetrieb, nicht um den Parteibetrieb handelt. Der Gerichtsvollzieher hat sich nach den für die Zwangsvollstreckung aus Urteilen in bürgerlichen Streitigkeiten geltenden Bestimmungen zu richten. (§ 84 Abs. 2 d. J.-M.-Bekm. v. 30. Sept. 1879 — J.-M.-Bl. S. 1561.) Auch eine weitere Pfändung ist zulässig.

Einwendungen gegen die Zwangsvollstreckung, welche den Rechtsbestand oder die Auslegung der Entscheidung der Verwaltungsbehörde oder die Frage betreffen, ob die Forderung, für welche die Vollstreckung stattfindet, überhaupt oder in der angesprochenen Größe entstanden ist, und Einwendungen, welche die Zulässigkeit der Vollstreckungsklausel betreffen, sind, soweit das Verhältnis, in welchem die Forderung ihren Grund hat, dem Verwaltungsgebiete angehört, bei der zuständigen Verwaltungsbehörde geltend zu machen. Über alle sonstigen Einwendungen und Streitigkeiten haben die Gerichte zu entscheiden. (Art. 7 d. Ausf.-Ges. z. R.-C.-P.-O.) Über Einwendungen, welche die Art und Weise der Zwangsvollstreckung selbst und das Verfahren betreffen, entscheidet das Vollstreckungsgericht (R.-C.-P.-O. §§ 684, 685).

Anm. S. Wand S. 403: Alle Beschlüsse und Verfügungen der Verwaltungsbehörden, die eine Geldleistung zum Gegenstande haben, werden auf dem durch die Civilprozeßordnung §§ 708—768 vorgeschriebenen Wege in Vollzug gesetzt. Handelt es sich hiebei um Geldleistungen, für deren Beitreibung der Zwangsvollzug durch Steuerboten zulässig ist, so hat die Vollstreckung durch diese Organe einzutreten, wobei die Bestimm. d. R.-C.-P.-O. maßgebend sind; die Vollstreckung durch die Steuerboten, Rentamts-, Bezirksamtsdiener ist nur als Mobiliarpfändung zulässig und kann nur Pfändung und Versteigerung von körperl. bewegl. Sachen und von Früchten auf dem Halme zum Gegenstande haben; in diesen Fällen kann die Zwangsvollstreckung auch durch Gerichtsvollzieher vorgenommen werden.

§ 82. Zwangsvollstreckung gegen den k. Fiskus, Gemeinden, Körperschaften und Stiftungen.

Die Zwangsvollstreckung wegen Geldforderungen gegen den k. Fiskus findet ohne Einmischung der Gerichte auf dem Verwaltungswege unter Verantwortlichkeit der zuständigen Verwaltungsbehörden und Minister statt. Die Unzulänglichkeit der für die einschlägigen Dienstzweige bestimmten Gelder dient nicht zur Rechtfertigung einer Verzögerung. Art. 9 des Ausf.-Ges. z. R.-C.-P.-O.

Für die Zwangsvollstreckung wegen Geldforderungen gegen Gemeinden, Ortschaften, Distrikts- und Kreisgemeinden und die unter Leitung des Staates oder einer Gemeinde stehenden Körperschaften und Stiftungen haben die vom Staate bestellten Aufsichtsbehörden Anordnung zu treffen und diese, wenn die Gemeinde, Körperschaft oder Stiftung nicht selbst, soweit es ihren organischen Befugnissen entspricht, der Verpflichtung Genüge leistet, mittels der durch die Verwaltungsgesetzgebung dargebotenen Zwangsmittel ohne Einmischung der Gerichte zum Vollzuge zu bringen.

Anm. Die eine Verpflichtung der Gemeinden und öffentlichen Korporationen zu Geldleistungen festsetzenden Beschlüsse werden durch die Verwaltungsbehörde unmittelbar durch Einstellung der Summen in die Voranschläge vollzogen und nötigenfalls die Umlagen ausgeschlagen und erhoben.

§ 83. Beschwerden in Bezug auf die Zwangsvollstreckung.

Beschwerden gegen Verfügungen und Beschlüsse, welche die Zwangsvollstreckung betreffen, werden im verwaltungsrechtlichen Instanzenzuge beschieden. Art. 46 des Ges.

Für das Beschwerdeverfahren, insbesondere auch die sogenannten Beschwerdeformalien, gelten dieselben Grundsätze, wie sie für Beschwerden in der Hauptsache gelten, nur daß die Senate der Kreisregierungen und des Verwaltungsgerichtshofes in geheimer Sitzung entscheiden müssen ohne Beiziehung der Beteiligten. (Art. 46, 32, 41 des Ges.) Eine Ausscheidung zwischen Rechts- und Ermessensfragen findet auch bei dem Verwaltungsgerichtshofe nicht statt, weil es sich nicht um Fragen des administrativen, sondern nur um solche des richterlichen Ermessens handelt. (Vgl. § 8 m. Ausf.)

Unter dem verwaltungsrechtlichen Instanzenzug versteht man auch hier den für die betreffende Verwaltungsrechtssache geltenden Instanzenzug.

Da sich Art. 46 nicht bloß auf Verwaltungsrechtssachen des Art. 8, sondern auch auf Angelegenheiten der Art. 10 und 11 bezieht, so bemißt sich die Behandlung der Beschwerden im Zwangsvollstreckungsverfahren bei der Mittelinstanz nach den bisher für die verschiedenen in der Mittelinstanz zuständigen Stellen bestehenden Vorschriften. Ist jedoch die Regierung zuständig, so hat sie im verwaltungsrechtlichen Senate zu entscheiden. (Reger 1. Aufl. S. 59; dagegen Krais S. 455 f. Anm. 1 unten).

In den in Art. 9 des Gesetzes näher bezeichneten Fällen richtet sich der Instanzenzug auch im Zwangsvollstreckungsverfahren nach den für die Hauptsache geltenden Bestimmungen.

Ist in der Hauptsache die erstinstanzielle Zuständigkeit der Regierung gegeben, und hat die Distriktsverwaltungsbehörde einen Beschluß oder eine Verfügung in Bezug auf die Zwangsvollstreckung erlassen, so ist der verwaltungsrechtliche Senat der Regierung II. Instanz, der Verwaltungsgerichtshof III. Instanz.

Beschwerden gegen rentamtliche Verfügungen und Beschlüsse über Zwangsbeitreibung von Gebühren und Erbschaftssteuern sind von der Regierungsfinanzkammer im verwaltungsrechtlichen Senate zu entscheiden.

Gemäß Art. 32 Abs. 2 und Art. 41 des Gesetzes sind Beschwerden in „Bezug auf Zwangsvollstreckung" von den Senaten der Regierungen und des Verwaltungsgerichtshofes in geheimer Sitzung zu verhandeln. Nach dem Wortlaute des Art. 32 Abs. II wird der Rechtsauffassung Krais' (S. 455) beizupflichten sein, wonach nur Beschwerden in Bezug auf die Art der Zwangsvollstreckung, nicht auch solche in geheimer Sitzung erledigt werden können, welche den Rechtsbestand oder die Größe der Forderung, die Auslegung der zu vollstreckenden Entscheidung oder die Wirksamkeit gegenüber einer bestimmten Person betreffen.

Anm. 1. Aus der Stellung des Art. 46 des Gesetzes und aus dem Umstande, daß Abs. 1 dieses Artikels von dem Zwangsvollzuge in den in diesem Gesetze bezeichneten Angelegenheiten spricht, ergibt sich, daß die dortigen Vorschriften über den Zwangsvollzug nicht nur auf die Verwaltungsrechtssachen des Art. 8, sondern auch auf die in Art. 10 und 11 bezeichneten oder kraft besonderer gesetzlicher Bestimmung gleich diesen zu behandelnden Angelegenheiten sich beziehen: für beide Kategorien ist daher auch Abs. IV des Art. 46 maßgebend. Die Kreisregierungen haben also in dem für Verwaltungsrechtssachen bestimmten Instanzenzug und zwar gemäß Art. 32 in geheimer Sitzung oder bei Einwendungen gegen den Rechtsbestand des Anspruchs gemäß Art. 33 nach öffentlich-mündlicher Verhandlung durch Senate zu entscheiden (aus Entsch. d. V.-G.-H. v. 14. Sept. 1891 Nr. 100). S. hieher aber Krais S. 455, welcher es geradezu als Anomalie bezeichnet, wenn die Entscheidung der Hauptsache dem verwaltungsrechtlichen Verfahren entzogen, die Erledigung der an sich minder wichtigen Beschwerden gegen die Zwangsvollstreckung aber diesem Verfahren zugewiesen wäre.

Anm. 2. Gemäß Art. 194 des Geb.-Ges. werden Gebühren nicht erhoben in der Zwangsvollstreckung mit Ausnahme des Verfahrens in der Beschwerdeinstanz. Hieher gehören selbstverständlich die von den Gerichten zu entscheidenden Einwendungen und Streitigkeiten nicht.

Anm. 3. Wenn dem Verwaltungsgerichtshofe in der zu vollstreckenden Sache überhaupt keine letztinstanzielle Zuständigkeit zusteht, kann er auch letztinstanziell nicht über eine Beschwerde in Bezug auf die Zwangsvollstreckung erkennen.

Anm. 4. Die Staatsaufsichtsbehörden können auf Beschwerden wegen Verweigerung oder Verzögerung der Zwangsvollstreckung unanfechtbarer, gemeindlicher Entscheidungen in Fällen des § 120a R.-Gew.-Ordg. Verfügungen zu dem Zwecke treffen, um eine Zwangsvollstreckung überhaupt und unbeschadet derjenigen Zuständigkeiten herbeizuführen, die zufolge der R.-C.-P.-O. oder nach Art. 7 Abs. 2 bayer. Ausf.-Ges. vom 23. Februar 1879 den Civilgerichten im Zwangsvollstreckungsverfahren vorbehalten sind. (V.-G.-H.-E. Bd. XI S. 426.)

Anhang.

1. Gesetz vom 8. August 1878, betreffend die Errichtung eines Verwaltungsgerichtshofes und das Verfahren in Verwaltungsrechtssachen. (G. u. V.-Bl. S. 369.)

L. II. K. Wir haben nach Vernehmung Unseres Staatsrates, mit Zustimmung der Kammer der Reichsräte und der Kammer der Abgeordneten, und zwar bezüglich der Art. 2 Abs. 1, Art. 7 Abs. 2, Art. 8 Ziff. 10, Art. 10 Ziff. 11, Art. 45 Abs. 4, Art. 47 und Art. 53 unter Beobachtung der in Tit. X § 7 der Verfassungsurkunde vorgeschriebenen Formen, beschlossen und verordnen, was folgt:

I. Von dem Verwaltungsgerichtshofe.

Art. 1.

Für das Königreich wird ein Verwaltungsgerichtshof errichtet.

Derselbe wird gebildet aus einem Präsidenten, einem Direktor und der erforderlichen Zahl von Räten.

Sind in einzelnen Fällen so viele Mitglieder des Verwaltungsgerichtshofes verhindert, daß die zur Beschlußfassung erforderliche Zahl nicht mehr vorhanden ist, so können zur Ergänzung Mitglieder des obersten Landesgerichts beigezogen werden. Die Abordnung erfolgt auf Anregung des Präsidenten des Verwaltungsgerichtshofes durch den Präsidenten des obersten Landesgerichts.

Dem Gerichtshofe wird das entsprechende Personal von Unterbeamten und Bediensteten beigeben.

Art. 2.

Die Mitglieder des Verwaltungsgerichtshofes genießen die den Richtern zustehenden Rechte und haben gleichen Rang und Gehalt mit den Mitgliedern des obersten Landesgerichts.

Während der Dauer ihres Richteramtes können sie im Verwaltungsdienste in keiner Weise verwendet werden.

Art. 3.

Die Ernennung zum Richter des Verwaltungsgerichtshofes ist bedingt durch den Nachweis der Fähigkeit zum Richteramte.

Der Gerichtshof wird, so oft nach Konstituierung desselben eine Ratsstelle zu besetzen ist, mit seinem gutachtlichen Vorschlag gehört.

Art. 4.

Zur Vertretung der öffentlichen Interessen wird bei dem Verwaltungsgerichtshofe ein Staatsanwalt mit der erforderlichen Zahl von Nebenbeamten aufgestellt.

Der Staatsanwalt kann von den beteiligten Staatsministerien Instruktionen erholen und erhalten, welche er zu befolgen verpflichtet ist.

Art. 5.

Die dienstliche Aufsicht über den Verwaltungsgerichtshof und dessen Mitglieder steht dem Staatsministerium des Innern in derselben Weise zu, wie dem Staatsministerium der Justiz die Aufsicht über das oberste Landesgericht und dessen Mitglieder.

Die Staatsanwaltschaft am Verwaltungsgerichtshofe steht unter der dienstlichen Aufsicht des Staatsministeriums des Innern.

Die Ernennung der Mitglieder des Verwaltungsgerichtshofes und der Staatsanwaltschaft an demselben erfolgt auf Vorschlag des Gesamtministeriums durch den König.

Art. 6.

Wird die Einteilung des Gerichtshofes in mehrere Senate erforderlich, so erfolgt dieselbe, einschließlich der Aufstellung der regelmäßigen Stellvertreter, je auf die Dauer eines Jahres durch Beschluß des Präsidenten unter Zuziehung des Direktors und des dem Dienstalter nach, bei gleichem Dienstalter des der Geburt nach ältesten Mitgliedes.

Jedes Mitglied des Gerichtshofes kann mehreren Senaten angehören. Der Direktor kann dem Senate, dessen Vorstand der Präsident ist, als Mitglied zugeteilt werden.

Im Falle der Verhinderung des regelmäßigen Vertreters eines Mitgliedes wird ein zeitweiliger Vertreter aus den Mitgliedern des Gerichtshofes durch den Präsidenten bestellt. Ist die genügende Anzahl von Mitgliedern nicht mehr vorhanden, so findet die Bestimmung in Art. 1 Abs. 3 Anwendung.

Art. 7.

Der Verwaltungsgerichtshof bildet die oberste Instanz in Verwaltungsrechtssachen.

Er ist nach Maßgabe der hierüber bestehenden oder zu erlassenden

Gesetzesbestimmungen berufen, in denjenigen Fällen, in welchen ein Beamter wegen der in Ausübung seines Amtes oder in Veranlassung der Ausübung seines Amtes vorgenommenen Handlungen strafrechtlich oder civilrechtlich verfolgt werden soll, die Vorfrage zu entscheiden, ob der Beamte sich einer Ueberschreitung seiner Amtsbefugnisse oder der Unterlassung einer ihm obliegenden Amtshandlung schuldig gemacht hat.

Art. 8.

Verwaltungsrechtssachen im Sinne dieses Gesetzes sind alle bestrittenen Rechtsansprüche und Verbindlichkeiten in nachbenannten Angelegenheiten:

1) Erwerbung und Besitz der Bundes- und Staatsangehörigkeit; Entlassung aus dem Staatsverbande.

Vgl. Ges. v. 1. Juni 1870, die Erwerbung und den Verlust der Bundes- und Staatsangehörigkeit betr., Beil. z. bayr. Ges.-Bl. 1870/71 S. 89; Reichsges. vom 20. Dezbr. 1875 über die Naturalis. von Ausländern, welche im Reichsdienste angestellt sind, R.-G.-Bl. S. 324; Min.-Entschl. v. 9. Mai 1871, den Vollz. d. Reichsges. v. 1. Juni 1870 betr. (abgedr. in den Kreisamtsbl.).

2) Besitz des Staatsbürgerrechts; Berechtigung und Verpflichtung zur Ableistung des Verfassungseides.

3) Freizügigkeit und Aufenthalt.

Vgl. Reichsges. v. 1. Novbr. 1867 Ges.-Bl. 1870/71, Beil. S. 13; Min.-Entschl. v. 4. Mai 1871 Nr. 3974 (abgedr. in den Kreisamtsbl.); Ges. v. $\frac{\text{16. April 1868}}{\text{23. Febr. 1872}}$ über Heimat, Verehel. u. Aufenthalt; Reichsverf. Art. 3.

4) Religiöse Kindererziehung.

Vgl. §§ 12—23. der II. Verf.-Beil.

5) Verweigerung des nach Art. 33 und 38 des Gesetzes über Heimat, Verehelichung und Aufenthalt vom 16. April 1868 auszustellenden Verehelichungszeugnisses oder Erteilung desselben gegen einen auf Grund des Art. 36 erhobenen Einspruch.

Vgl. Heimatges. v. 16. April 1868; Allerh. Dekl. v. 21. April 1884 G.-V.-Bl. S. 123.

6) Schließung von Vereinen auf Grund des Art. 19 Ziff. 1—5 des Gesetzes vom 26. Februar 1850, die Versammlungen und Vereine betreffend.

Vgl. Vollz.-Vorschr. hiezu v. 3. März 1850, Döll. Bd. 29 S. 341.

7) Wählbarkeit und Verpflichtung zum Eintritte in die durch die Gesetze vom 31. Mai 1856, betreffend die Kapitalrentensteuer und die Einkommensteuer, dann durch das Gesetz vom 1. Juli 1856, betreffend die Gewerbesteuer, vorgesehenen Steuerausschüsse.

Ziff. 7 wurde durch die Bestimmungen der neuen Steuergesetze modifizirt; unter Ziff. 7 fallen nur mehr Streitigkeiten über die „Verpflichtung zum Eintritt in die durch die Gesetze vom 19. Mai 1881 über die Einkommen-, Kapitalrenten- und Gewerbesteuer vorgesehenen Ausschüsse, bezw. Berufungskommissionen".

8) Befugniß zum Gewerbebetriebe auf Grund der Gewerbeordnung in jenen Fällen, in welchen das in §§ 20 und 21 der Gewerbeordnung vorgesehene Verfahren nach den jeweils geltenden Bestimmungen einzutreten hat.

9) Versagung der Zulassung einer eingeschriebenen Hülfskasse, sowie Schließung einer solchen nach § 4 Abs. 2 beziehungsweise § 29 des Gesetzes über die eingeschriebenen Hülfskassen v. 7. April 1876.

Vgl. Reichsges. v. 1. Juni 1884 – R.-G.-Bl. S. 54 –, Vdg. v. 1. Novbr. 1884 G. u. V.-Bl. S. 487, Min.-Entschl. 12. Novbr. 1884 M.-A.-Bl. S. 325.

10) Zwangsabtretung von Grundeigentum oder Belastung desselben mit Dienstbarkeiten, einschließlich der Frage, ob das betreffende Unternehmen vom gemeinen Nutzen erfordert werde und ob die Abtretung oder Belastung des angesprochenen Eigentums zur zweckmäßigsten Verwirklichung des Unternehmens notwendig sei, jedoch mit Ausnahme der nach Maßgabe des Berggesetzes vom 20. März 1869 stattfindenden Abtretungen oder Belastungen und vorbehaltlich der Bestimmung in Art. 47.

Hieher namentl. Ges. v. 17. Novbr. 1837 (G.-Bl. S. 109), dann die sogen. Wassergesetze.

11) Fixierung, Sicherung, Veränderung und Ablösung von Grundlasten, Forstberechtigungen, Ehehaftsreichnissen und der auf dem Zehentrechte lastenden kirchlichen Baupflicht.

12) Ausübung und Ablösung von Weiderechten auf fremdem Grund und Boden.

13) Zusammenlegung von Grundstücken.

Nunmehr gilt das Flurbereinigungsgesetz vom 29. Mai 1886 G. u. V.-Bl. S. 271; vgl. insbes. Art. 35 dieses Gesetzes.

14) Benützung des Wassers; Bewässerungs- und Entwässerungs-Unternehmungen.

Vgl. bes. die Wassergesetze vom 28. Mai 1852, ferner Gesetz vom 15. April 1875 – G.-V.-Bl. S. 360 –, sowie k. A. Vdg. v. 11. Januar 1855, das Verfahren bei Aufstellung der Höhenmaße betr. Reg.-Bl. S. 65.

15) Uferschutz und Schutz gegen Ueberschwemmungen, soweit nicht Kreis- oder Staatslasten in Frage stehen.

16) Vermarkung der Grundstücke.

S. Ges. v. 16. Mai 1868 G.-Bl. S. 573.

17) Ausübung der Jagd, soweit das Jagdrecht der Grundeigentümer oder der Vollzug des Art. 8 oder 9 des Gesetzes vom 30. März 1850, die Ausübung der Jagd betreffend, in Frage steht.

18) Verweigerung oder Entziehung von Jagdkarten.

S. Art. 13 der bayr. Ausf.-Ges. z. R.-Str.-Pr.-Ordg. G. u. V.-Bl. S. 789.

19) Das Recht zur Erhebung von Weg- und Pflaster-, Brücken- und Ueberfahrtsgeldern, soweit es sich nicht um das Verleihungsrecht der Staatsregierung handelt, sowie die Verbindlichkeit zur Entrichtung derartiger Gebühren.

S. bayr. Gemeindeordg. v. 29. April 1869.

20) Unterstützungspflicht des Staates gegenüber den Frauen und Kindern der Angehörigen der Reserve und Landwehr nach Art. 33 Abs. 1 des Gesetzes vom 30. Januar 1868 über die Wehrverfassung.

21) Berechtigung zur Teilnahme an einem Distriktsrate auf Grund des Art. 2 b des Distriktsratsgesetzes vom 28. Mai 1852.

22) Verpflichtungen einzelner Gemeinden aus besonderen Verbänden nach Art. 37 des Distriktsratsgesetzes vom 28. Mai 1852.

23) Ansprüche der Gemeinden an distriktive Anstalten, dann Ansprüche der Distrikte an die Gemeinden in Bezug auf den Bedarf oder Unterhalt solcher Anstalten.

24) Verbindlichkeit zur Teilnahme an Distriktsumlagen.

25) Zugehörigkeit von Grundstücken zu einem Gemeindeverband; Gemeindemarkungs- und Flurgrenzen.

26) Gemeindebürgerrecht und Heimatrecht; Stimmrecht in Gemeindeangelegenheiten.

Hieher gehören die Fragen über Recht und Pflicht des Erwerbes, über Besitz und Verlust des Bürger- und Heimatrechtes.

27) Bürgeraufnahme-, Gemeinderechts- und Heimatgebühren.

28) Ansprüche auf allgemeine und besondere Nutzungen des Gemeindevermögens und die damit zusammenhängenden Verpflichtungen.

29) Verteilung von Gemeindegründen.

30) Verbindlichkeit zur Teilnahme an Gemeindelasten mit Einschluß der Umlagen und anderer Leistungen für die Armenpflege.

31) Verpflichtung zur Entrichtung von gemeindlichen Verbrauchssteuern und sonstigen örtlichen Abgaben; Benützung der Gemeindeanstalten und Verbindlichkeit zur Entrichtung von besonderen Vergütungen hiefür; Ansprüche auf Rückvergütung des Lokalmalz- oder Bieraufschlages und sonstiger örtlicher Verbrauchssteuern und Abgaben.

32) Leistungen auf Grund des Art. 55 der Gemeindeordnung für die Landesteile diesseits des Rheins vom 29. April 1869 und des Art. 40 der Gemeindeordnung für die Pfalz vom nämlichen Tage.

33) Wahlrecht und Wählbarkeit zu Gemeindeämtern, einschließlich der Funktion eines Armenpflegschaftsrates, eines Bezirkspflegers und eines Feldgeschworenen; Giltigkeit solcher Wahlen; Verpflichtung zur Uebernahme jener Aemter; Berechtigung und Verpflichtung zum Austritt.

34) Oeffentliche Eigenschaft eines Weges mit Zugehörungen, einer Brücke oder eines Abzugskanales; Verbindlichkeiten in Bezug auf Herstellung und Unterhaltung der nicht in die Klasse der Staatsstraßen gehörigen öffentlichen Wege, Brücken, Fähren, Stege und Abzugskanäle, unbeschadet der gesetzlichen Befugnis der Verwaltungsbehörden, über die Anlage von Distriktsstraßen und Gemeindeverbindungswegen und über deren Unterhaltung aus Distrikts- und Gemeindemitteln zu beschließen.

35) Rechtsansprüche auf den Genuß oder Mitgenuß von Stiftungen; Rechte im Betreff der Stiftungsverwaltung und der Verleihung des Stiftungsgenusses.

Vgl. Seydel, B. St.-Recht, Bd. IV S. 618.

36) Ansprüche und Reichnisse aus dem israelitischen Kultusverbande.

S. Edikt v. 10. Juni 1813, die Verhältnisse d. jüd. Glaub.-Gen. betr., Kult.-Min.-Entschl. v. 29. Juni 1863, K.-M.-Bl. S. 318.
Umlagengesetz v. 22. Juli 1819.

37) Wahlrecht und Wählbarkeit bei Kirchenverwaltungswahlen; Giltigkeit solcher Wahlen; Recht und Pflicht zum Eintritt in die Kirchenverwaltung; Berechtigung und Verpflichtung zum Austritt aus derselben.

38) Verbindlichkeit zur Teilnahme an den Gemeindelasten, Diensten, Umlagen und anderen Leistungen für Schulzwecke.

S. das Schulbedarfsgesetz v. 10. Novbr. 1861.

39) Ansprüche hinsichtlich der Besetzung von Lehrstellen an Volksschulen und anderen Unterrichtsanstalten, dann von niederen Kirchendiensten.

40) Immobiliarbrandversicherung in jenen Fällen, in welchen das im Art. 27 des Gesetzes vom 3. April 1875, die Brandversicherungsanstalt für Gebäude in den Landesteilen rechts des Rheines betreffend, vorgezeichnete Einspruchsverfahren zulässig ist, oder die Art. 37 und 38 der Brandversicherungsordnung für die Pfalz vom 26. November 1817 zur Anwendung kommen.

Seit dem Gesetze v. 5. Mai 1890 (G. u. V.-Bl. S. 223) auch für die Rheinpfalz anwendbar.

Art. 9.

Soweit in den Fällen der Ziffer 1, 2, 4, 5, 7, 9, 13, 16, 17, 20, 21, 24, 25, 27, 31, 32, 33, 36, 37, 39, und 40 des Art. 8 nach den bestehenden Gesetzen oder Verordnungen die Distriktsverwaltungsbehörden zur Entscheidung in erster und zweiter Instanz berufen sind, geht die Berufung gegen deren Entscheidungen unmittelbar an den Verwaltungsgerichtshof.

In allen übrigen Fällen kann die Berufung an den Verwaltungsgerichtshof nur gegen Entscheidungen der Kreisregierungen, Kammern des Innern, ergriffen werden.

Soweit die Reichsgesetze nicht entgegenstehen, ist diese Berufung auch in denjenigen Fällen zulässig, in welchen eine Berufung an die dritte Instanz bisher gesetzlich ausgeschlossen war.

Art. 10.

Der Verwaltungsgerichtshof ist außer den in Art. 8 erwähnten Fällen zur letztinstanziellen Bescheidung von Beschwerden gegen Beschlüsse oder Verfügungen der Kreisregierungen, Kammern des Innern oder der Finanzen, des Oberbergamtes oder der Generalzolladministration in folgenden Angelegenheiten zuständig:

1) Verfügungen in Distriktsangelegenheiten, wenn wegen Auferlegung gesetzlich nicht begründeter Lasten, oder wegen gesetzwidriger Verteilung der Distriktslasten Beschwerde geführt wird.

2) Verfügungen in Gegenständen der Staatsaufsicht über Gemeindeangelegenheiten, wenn von einer Gemeinde behauptet wird, daß durch solche Verfügungen das ihr gesetzlich zustehende Selbstverwaltungsrecht verletzt oder daß ihr eine gesetzlich nicht begründete Leistung auferlegt sei.

3) Verfügungen in Gegenständen der Staatsaufsicht auf die Verwaltung des Kirchenvermögens, der kirchlichen Stiftungen und der Kirchengemeinde-Angelegenheiten, wenn von dem einschlägigen Verwaltungsorgane oder von der Kirchengemeinde behauptet wird, daß dem Kirchenvermögen, einer kirchlichen Stiftung oder der Kirchengemeinde eine rechtlich nicht begründete Leistung auferlegt oder daß eine von der Aufsichtsbehörde als rechtlich unzulässig beanstandete Ausgabe rechtlich statthaft sei.

4) Rechtsverhältnisse der nicht zu einem Gemeindeverband gehörigen Markungen, soweit nicht Verwaltungsrechtssachen in Frage stehen.

5) Verbindlichkeit zur Unterstützung eines Kranken oder Hilfsbedürftigen und zum Ersatz geleisteteter Unterstützungen oder Leichenkosten, soferne in einer dieser Beziehungen Streit zwischen Gemeinden, dem Fiskus oder anderen öffentlichen Kassen besteht; Ersatzansprüche von Privatpersonen für geleistete Armenhilfe.

6) Ersatzverbindlichkeit derjenigen Personen, welche öffentliche Armenunterstützung empfangen haben.

7) Verpflichtung zur Entrichtung von Krankenhausbeiträgen und die daraus entspringenden Rechte; Verbindlichkeit von Unternehmern und Arbeitgebern, für die Verpflegung ihrer erkrankten Arbeiter zu sorgen.

8) Verteilung gemeinschaftlicher Privatwaldungen auf gesondertes Eigentum. (Art. 20 des Forstgesetzes vom 28. März 1852).

9) Vollzug der Art., 136, 159 und 162 des Berggesetzes vom 20. März 1869.

10) Festsetzung der Grubenfeldabgabe. (Art. 7 des Gesetzes vom 6. April 1869, die Abgaben von den Bergwerken betreffend).

11) Kirchliche Simultanverhältnisse.

12) Zugehörigkeit zu einem Pfarr- und Kirchengemeindeverband; Pfarrsprengelgrenzen.

13) Ansprüche und Verbindlichkeiten aus dem Kirchen- und Pfarrverband; Dienste, Umlagen, Abgaben und andere Leistungen für kirchliche Zwecke; Verbindlichkeit zur Entrichtung besonderer Vergütungen für die Benützung kirchlicher Anstalten und Einrichtungen.

14) Ansprüche auf Interkalargefälle erledigter kirchlicher Pfründen; Verteilung der Diensteserträgnisse und Lasten bei Erledigung von kirchlichen Pfründen unter die Beteiligten.

15) Haftungen der kirchlichen Pfründebesitzer aus der Verwaltung und Nutznießung des Pfründevermögens einschließlich der Haftungen aus der baulichen Unterhaltung der Pfründegebäude (Baufallschätzungen); Ansprüche der Genannten wegen Meliorationen.

16) Beschränkung der verfassungsmäßig gewährleisteten Hausandacht (§§ 2 und 4 der II. Verfassungsbeilage).

17) Zugehörigkeit zu einem Schulverbande; Schulsprengelgrenzen.

18) Verbindlichkeit zur Errichtung neuer Schulen und Lehrerstellen auf Grund des Art. 2 des Gesetzes vom 10. November 1861, die Aufbringung des Bedarfes für die deutschen Schulen betr.

19) Verbindlichkeiten zu Leistungen für das Diensteinkommen des Lehrpersonals an den Volksschulen, für die Bau- und Unterhaltungskosten der Schulhäuser, sowie derjenigen Gebäude, welche zugleich Schul- und Meßnerhäuser sind, für die Einrichtung und Beheizung der Schullokalitäten und für den sonstigen Schulbedarf.

20) Verteilung und Aufbringung des Schulbedarfs in Schulsprengeln, die aus mehreren Gemeinden oder Bestandteilen von solchen bestehen.

21) Einführung, Aufhebung, Erhöhung und Entrichtung des Schulgeldes in Volksschulen; Befreiung von demselben.

22) Zugehörigkeit eines Bestandteiles des Lehrereinkommens zum Schuldienste oder zum niederen Kirchendienste.

23) Umfang der den niederen Kirchendienern obliegenden Dienstesverrichtungen, Verpflichtungen der Lehrer hinsichtlich besonderer, mit dem Schuldienste nicht wesentlich verbundener Nebenverrichtungen.

24) Verteilung der Dienstesbezüge und Lasten bei Erledigungen von Schuldiensten unter die Beteiligten.

25) Recht und Pflicht des Beitrittes zu den unter Staatsaufsicht stehenden Kreisvereinen für Unterstützung des dienstunfähigen Lehrpersonals an den Volksschulen, sowie der Witwen und Waisen der Lehrer an diesen Schulen; Rechtsverhältnisse zwischen den genannten Vereinen und ihren Mitgliedern; Ansprüche an diese Vereine.

26) Inanspruchnahme der gänzlichen oder teilweisen Befreiung von der Grund- oder Häusersteuer.

27) Verbindlichkeit zur Entrichtung der Gewerbesteuer, wenn der Beschluß eines Gewerbesteuer-Ausschusses auf rentamtliche Reklamation von der höheren Instanz infolge irriger Anwendung des Gesetzes zum Nachteile des Steuerpflichtigen abgeändert worden ist.

28) Verweigerung der Instruktion von Gesuchen um Steuernachlaß nach dem Gesetze vom 1. Juli 1834.

29**)

30**)

**) Ziff. 29 und 30 traten nicht in Kraft infolge des Art. 275 des Gesetzes über das Gebührenwesen vom 18. August 1879. GVBl. 1890 S. 9, S. nun Art. 197 u. 254 d. Geb.Ges.

31) Verbindlichkeit zur Entrichtung einer Gebühr für das Halten von Hunden.

Art. 11.

Wenn Änderungen im Bestande von Gemeinden, Distrikten, Kreisen oder Schulverbänden eintreten und sich die Beteiligten über die Teilung oder Auseinandersetzung des Gemeinde-, Distrikts-, Kreis- oder Schulvermögens, oder über die Rechte und Pflichten in Bezug auf bestehende Anstalten nicht gütlich zu einigen vermögen, so tritt in letzterer Beziehung schiedsrichterliche Entscheidung ein.

Diese steht zu:

1) einer von dem kgl. Staatsministerium des Innern delegierten Kreisregierung, Kammer des Innern, in denjenigen Fällen, in

denen eine Gemeinde, welche einer Kreisregierung unmittelbar untergeordnet ist, eine Distrikts- oder Kreisgemeinde beteiligt erscheint;

2) einem von der vorgesetzten Kreisregierung delegierten Bezirksamte in allen übrigen Fällen.

Gegen die Entscheidung der Kreisregierung, beziehungsweise — in den Fällen der Ziffer 2 — des Bezirksamtes findet Berufung an den Verwaltungsgerichtshof statt, welcher in letzter Instanz entscheidet.

Art. 12.

Was in Art. 8, 10 und 11 bezüglich der Gemeinden bestimmt ist, gilt auch von den zu einer Gemeinde vereinigten Ortschaften, in ihren Verhältnissen unter sich, zur Gemeinde und zu den Ortsangehörigen.

Art. 13.

Die Zuständigkeit des Verwaltungsgerichtshofes erstreckt sich nicht

1) auf Rechtssachen, welche vor die Zivil- oder Strafgerichte gehören,
2) auf vorsorgliche Maßregeln, dann auf administrative Aussprüche, welche unter dem gesetzlichen Vorbehalte der Zuständigkeit der Gerichte erfolgen,
3) auf Angelegenheiten und Fragen, in welchen die Verwaltungsbehörden nach ihrem Ermessen zu verfügen berechtigt sind.

Steht ein zur Zuständigkeit des Verwaltungsgerichtshofes nicht gehöriger Gegenstand mit einem bei dem Gerichtshofe anhängigen im Zusammenhang, so wird dadurch die Befugnis des Gerichtshofes, seine Zuständigkeit auf den ersteren Gegenstand auszudehnen, nicht begründet, auch wenn dieser in denselben Akten behandelt ist.

Art. 14.

Der Verwaltungsgerichtshof hat innerhalb seiner Zuständigkeit die Rechtmäßigkeit des Verfahrens zu prüfen und alle Umstände zu würdigen, welche auf die Feststellung der im Streit befangenen Rechte und Verbindlichkeiten Bezug haben.

Er erkennt über die Zuständigkeit und verweist die Sache erforderlichen Falles an die zuständige Verwaltungsbehörde.

Art. 15.

Beschlüsse in Angelegenheiten, welche nach Art. 8 zur Zuständigkeit des Verwaltungsgerichtshofes gehören, sowie Beschlüsse dieses Gerichtshofes in Gegenständen der Art. 10 und 11 können nicht von Oberaufsichtswegen durch die Ministerien aufgehoben werden. Die Zuständigkeit der letzteren in Fragen des freien administrativen Ermessens wird durch diese Bestimmung nicht berührt.

II. Von dem Verfahren in Verwaltungsrechtssachen.

A. Allgemeine Bestimmungen.

Art. 16.

Das Verfahren in Verwaltungsrechtssachen bemißt sich zunächst nach den Bestimmungen des gegenwärtigen Gesetzes.

Soweit hiemit die in einzelnen Landesgesetzen enthaltenen besonderen Vorschriften nicht im Widerspruche stehen, kommen dieselben auch ferner in Anwendung.

Die Staatsregierung ist ermächtigt, unter Beachtung der vorstehenden Grundsätze Vollzugsvorschriften zu dem Verfahren in Verwaltungsrechtssachen zu erlassen.

Nach dem Inslebentreten des Gesetzes ist der Verwaltungsgerichtshof vor Erlaß solcher Vollzugsvorschriften mit seinem Gutachten zu hören.

Die vor jenem Zeitpunkt erlassenen Vollzugsvorschriften sind innerhalb eines Jahres, vom Eintritte desselben an gerechnet, nach vorheriger Erholung des Gutachtens des Verwaltungsgerichtshofes zu revidieren.

Art. 17.

Die Zuständigkeit der Behörden im einzelnen Falle ist nach den über deren Wirkungskreis jeweils bestehenden Bestimmungen zu beurteilen.

Ist die Zuständigkeit mehrerer Behörden in einer und derselben Sache begründet, so hat die vorgesetzte Verwaltungsbehörde die etwa erforderliche Verfügung zu treffen.

Art. 18.

Die in den §§ 41 ff. der Zivilprozeßordnung für das deutsche Reich enthaltenen Bestimmungen über den Ausschluß und die Ablehnung eines Richters finden auf den Ausschluß und die Ablehnung von Beamten, welche zur Mitwirkung bei der Entscheidung einer Verwaltungsrechtssache berufen sind, vorbehaltlich besonderer gesetzlicher Bestimmungen, entsprechende Anwendung, und zwar mit der Maßgabe, daß Ablehnungsgesuche, welche gegen Vorstände der Bezirksämter erhoben und von diesen selbst nicht für begründet erachtet werden, von den Kreisregierungen, Kammern des Innern, und Ablehnungsgesuche, welche gegen ein Mitglied einer Kreisregierung, Kammer des Innern, oder des Verwaltungsgerichtshofes gerichtet sind, von dem Kollegium der Kreisregierung beziehungsweise des Verwaltungsgerichtshofes beschieden werden.

Beschwerden gegen abweisende Beschlüsse werden in dem für Verwaltungsrechtssachen vorgeschriebenen Instanzenzuge entschieden.

Wird infolge einer für begründet erachteten Ablehnung die betreffende Behörde beschlußunfähig, so hat die nächstvorgesetzte Verwaltungsbehörde das Erforderliche zu verfügen und nötigenfalls eine andere Behörde mit der Entscheidung der Sache zu beauftragen. Wird der Verwaltungsgerichtshof beschlußunfähig, so findet die Bestimmung des Art. 1 Abs. 3 Anwendung.

Art. 19.

Den Beteiligten und ihren gesetzlichen Stellvertretern ist gestattet, sich bei den Verhandlungen durch Bevollmächtigte vertreten zu lassen.

Die Behörden sind jedoch befugt, das persönliche Erscheinen der Beteiligten zum Zwecke der Feststellung des Sachverhaltes anzuordnen, wenn dasselbe nach Lage der Sache als notwendig erscheint.

Die Behörden sind ferner befugt, mehreren im gleichen Interesse Beteiligten die Bestellung eines gemeinsamen Bevollmächtigten aufzutragen und im Weigerungsfalle einen solchen von Amtswegen auf Kosten der Säumigen aufzustellen.

Der Staatsregierung bleibt vorbehalten, die Befugnis zur Übernahme einer Vertretung vor den einzelnen Instanzen näher zu regeln.

Art. 20.

Die Feststellung des Sachverhalts in Verwaltungsrechtssachen erfolgt von Amtswegen.

Zeugen und Sachverständige werden eidlich vernommen.

Bei Streitigkeiten von geringerem Werte kann jedoch mit Zustimmung der Beteiligten von der Eidesabnahme Umgang genommen werden.

Der Eidesleistung wird gleich geachtet, wenn ein Mitglied einer Religionsgesellschaft, welcher der Gebrauch gewisser Beteuerungsformeln an Stelle des Eides gesetzlich gestattet ist, eine Erklärung unter der Beteuerungsformel dieser Religionsgesellschaft abgibt.

Sind Sachverständige für die Erstattung von Gutachten der betreffenden Art im allgemeinen beeidigt, so genügt die Berufung auf den geleisteten Eid.

Hinsichtlich der Verpflichtung, sich als Zeuge oder Sachverständiger vernehmen zu lassen, sowie hinsichtlich der Folgen der Weigerung, dann bezüglich der Zulässigkeit der Beeidigung kommen die Bestimmungen der Zivilprozeßordnung für das deutsche Reich entsprechend zur Anwendung.

Eidliche Bestätigungen der Beteiligten zum Zwecke der Beweisführung finden nur insoferne statt, als besondere Gesetze dieselben zulassen.

Art. 21.

Bei Fällen der nach durchgeführtem Beweisverfahren zu erlassenden Entscheidung haben die Behörden, soweit nicht gesetzlich etwas anderes bestimmt ist, das Ergebnis der Beweisaufnahme nach freier Überzeugung zu würdigen.

Jeder Endbescheid, sowie jeder Zwischenbescheid, gegen welchen auf Grund besonderer gesetzlicher Bestimmung selbständig Beschwerde erhoben werden kann, ist mit Entscheidungsgründen zu versehen.

Mit jedem Endbescheid ist ein Beschluß über den Kostenpunkt nach Maßgabe der bestehenden Gesetze zu verbinden.

Die Entscheidungen sind den Beteiligten stets in schriftlicher Ausfertigung zuzustellen.

Art. 22.

Gegen die in Art. 21 Abs. 2 erwähnten Bescheide ist Beschwerde zulässig.

Die Beschwerden sind bei der ersten Instanz schriftlich einzureichen oder zu Protokoll zu geben.

Der Beschwerdeführer kann sich statt näherer Ausführung darauf beschränken, Entscheidung nach Lage der Sache zu beantragen. Bemängelungen des Sachverhaltes, welcher der Entscheidung zu Grund gelegt ist, sind genau anzugeben. In gleicher Weise sind etwaige Anträge auf Ergänzung des Beweismaterials zu stellen.

Die Frist für Einlegung der Beschwerde beträgt, soferne nicht in einzelnen Gesetzen eine kürzere Frist bestimmt ist, vierzehn Tage.

Die Frist beginnt mit der Zustellung des schriftlichen Bescheides; sie ist unerstrecklich.

Bezüglich der Berechnung des Laufes dieser, sowie sonstiger Fristen und bezüglich der Wiedereinsetzung in den vorigen Stand bei Fristversäumung kommen die Bestimmungen der Zivilprozeßordnung für das deutsche Reich entsprechend zur Anwendung.

Art. 23.

Die einkommenden Beschwerden sollen von der ersten Instanz den übrigen an der Sache Beteiligten zur Kenntnisnahme und Wahrung ihrer Interessen in Abschrift mitgeteilt werden.

Zu diesem Behufe hat, wenn eine Beschwerde schriftlich eingereicht wird, der Beschwerdeführer außer der Urschrift so viele Abschriften der Beschwerde mit einzureichen, als weitere Beteiligte oder gemeinsame Bevollmächtigte derselben (Art. 19 Abs. 3) in der Sache vorhanden sind.

Wird die Beschwerde zu Protokoll gegeben, so hat der Beschwerdeführer die Kosten der durch die Behörde zu veranlassenden Abschriftnahme vorzuschießen.

Art. 24.

Die Beschwerden haben, soferne nicht durch besondere gesetzliche Bestimmungen etwas anderes vorgeschrieben ist, aufschiebende Wirkung, vorbehaltlich des Rechtes der Verwaltungsbehörden, bei Gefahr auf Verzug oder bei drohendem Nachteile für Leben, Gesundheit oder Eigentum im öffentlichen Interesse vorsorgliche Anordnungen zu treffen.

Art. 25.

Enthält eine Beschwerde einen groben Verstoß gegen den öffentlichen Anstand, so kann der Beschwerdeführer in eine Geldstrafe bis zu 200 ℳ verurteilt werden, welche für den Fall der Uneinbringlichkeit sofort in entsprechende Haft nach Maßgabe der Bestimmungen des Strafgesetzbuches für das deutsche Reich umzuwandeln ist.

Der Strafausspruch erfolgt gleichzeitig mit der Entscheidung in der Hauptsache und ist selbständig anfechtbar.

Art. 26.

Eine Wiederaufnahme des Verfahrens kann von derjenigen Behörde, welche den letzten, rechtskräftig gewordenen Endbescheid erlassen hat, beschlossen werden, wenn glaubhaft dargethan ist, daß eine bei den vorausgegangenen Verhandlungen nicht hinreichend bekannt gewesene Thatsache vorliegt, deren Berücksichtigung zu einem von dem früheren abweichenden Endbescheide zu führen geeignet ist.

Gegen die hienach von den Distriktsverwaltungsbehörden oder den Kreisregierungen erlassenen Beschlüsse ist Beschwerdeführung im regelmäßigen Instanzenzuge zulässig.

B. Besondere Bestimmungen.

Art. 27.

Die Distriktsverwaltungsbehörden haben vor allem für richtige Ermittelung des Sachverhaltes zu sorgen und zu diesem Behufe nicht blos das von den Beteiligten gebotene, sondern auch das sonst zur Aufklärung dienende Material zu den Akten zu bringen, insbesondere aufschlußgebende Vorakten und Urkunden beizufügen, Zeugen und Sachverständige zu vernehmen und etwaige Nebenpunkte gleichzeitig mit der Hauptsache zu erheben.

Über zweifelhaftes Beweismaterial oder wenn zur Klarstellung der Sache ein Augenschein notwendig erscheint, ist eine mündliche Verhandlung mit den Beteiligten ohne Zulassung von Schriftenwechsel zu pflegen.

Außerdem hat vor der Beschlußfassung eine mündliche Verhandlung stattzufinden, wenn besondere Gesetze solche vorschreiben oder die Beteiligten übereinstimmend darauf antragen.

Zu dieser Verhandlung sind die Beteiligten oder deren Bevollmächtigte, vorbehaltlich der Bestimmung in Art. 19 Abs. 2 und unbeschadet der in einzelnen Gesetzen vorgeschriebenen besonderen Rechtsnachteile, mit dem Eröffnen zu laden, daß im Falle ihres Nichterscheinens nach Lage der Sache erkannt werden würde.

Art. 28.

Bei den mündlichen Verhandlungen kann die Öffentlichkeit zugelassen werden, soferne nach dem Ermessen des Beamten die Wahrung der Sittlichkeit oder des öffentlichen Wohles nicht entgegensteht.

Art. 29.

Das Ergebnis der mündlichen Verhandlungen über den Sachverhalt ist zu Protokoll zu nehmen und von den Beteiligten anerkennen zu lassen; dabei ist auszuscheiden, was von den Beteiligten als feststehend anerkannt wird und was sie bestreiten, mit Angabe von Gründen und Beweismitteln.

Art. 30.

Die für die Beschlußfassung der Magistrate erforderlichen vorbereitenden Verhandlungen sind, soweit thunlich, durch ein rechtskundiges Magistratsmitglied zu pflegen.

Bei der Beschlußfassung hat, soweit thunlich, ein rechtskundiges Magistratsmitglied Vortrag zu erstatten. Dieselbe kann in Senaten erfolgen, welche mit Einschluß des Vorsitzenden aus mindestens fünf Mitgliedern zu bestehen haben.

Art. 31.

In denjenigen Fällen, in welchen die Kreisregierungen, Kammern des Innern, als erste Instanz zu entscheiden haben, sind die erforderlichen Vorerhebungen durch die damit zu beauftragenden Distriktsverwaltungsbehörden zu pflegen, soferne nicht durch besondere Gesetze etwas anderes bestimmt ist.

Die Kreisregierungen, Kammern des Innern, entscheiden in Verwaltungsrechtssachen durch Senate, welche mit Einschluß des Vorsitzenden aus drei Mitgliedern bestehen.

Die Zuständigkeit dieser Senate erstreckt sich auch auf Fragen des freien administrativen Ermessens, welche sich in den durch Art. 8 als Verwaltungsrechtssachen erklärten Angelegenheiten überhaupt ergeben.

Art. 32.

Beschwerden, welche nicht rechtzeitig erhoben wurden oder wegen eingetretener Rechtskraft offenbar unzulässig sind, können durch Senatsbeschluß in geheimer Sitzung ohne weiteres Verfahren zurückgewiesen werden.

Beschwerden in Bezug auf Ablehnung oder Ausschließung eines Beamten, sowie in Bezug auf Zwangsvollstreckung werden von dem Senate in geheimer Sitzung verhandelt und entschieden.

Gegen die in Abs. 1 und 2 erwähnten Entscheidungen findet Beschwerde an den Verwaltungsgerichtshof statt.

Art. 33.

Außer den in Art. 32 bezeichneten Fällen erfolgen die Entscheidungen der Senate auf Grund öffentlicher und mündlicher Verhandlung.

Art. 34.

Vorbehaltlich besonderer gesetzlicher Vorschriften kann die Öffentlichkeit der Verhandlung durch Beschluß des Senats aus Rücksichten auf das öffentliche Wohl oder die Sittlichkeit beschränkt werden.

Bei beschränkter Öffentlichkeit hat jeder Beteiligte die Befugnis, drei Vertrauensmänner zur Verhandlung beizuziehen.

Der Vorsitzende kann aus der öffentlichen Sitzung jeden entfernen lassen, der Zeichen des Beifalls oder des Mißfallens gibt oder sonst Störung verursacht.

Art. 35.

Zu der öffentlichen Verhandlung sind die Beteiligten, unbeschadet der in einzelnen Gesetzen etwa vorgesehenen besonderen Rechtsnachteile, mit dem Eröffnen zu laden, daß auch im Falle ihres Nichterscheinens Beschluß gefaßt werden würde.

Die Sitzungen, sowie die Vorbereitungen für dieselben, werden von dem Präsidenten der Kreisregierung angeordnet. In gleicher Weise werden die vor Abhaltung der Sitzungen etwa für notwendig erachteten Vorerhebungen und Aktenergänzungen verfügt.

Art. 36.

In der öffentlichen Sitzung hat zunächst der von dem Senatsvorstande bestellte Referent über die Sachlage, jedoch ohne Stellung eines Schlußantrages, Vortrag zu erstatten. Hierauf werden die Beteiligten mit ihren Erinnerungen und Anträgen gehört und die etwa erforderlichen Beweisaufnahmen vollzogen.

Über den Gang und die wesentlichen Ergebnisse der Verhandlung wird durch einen vereideten Schriftführer ein Protokoll aufgenommen.

Der Senat kann erforderlichen Falles die Vervollständigung des Beweismateriales anordnen und die Sitzung zu diesem Zwecke vertagen, oder die Aufhebung des Verfahrens wegen wesentlicher Mängel desselben von der Zeit des eingetretenen Beschwerdegrundes an aussprechen und die geeignete Sachinstruktion und Beschlußfassung verfügen.

Auf Grund des erhobenen Sachverhaltes und Beweismateriales ist der Senat auch zum Nachteile des Beschwerdeführers zu erkennen berechtigt.

Die Beratung und Abstimmung über die zu fassenden Beschlüsse erfolgt, wenn thunlich, unmittelbar nach Schluß der öffentlichen Verhandlung. Die Beschlüsse sind öffentlich zu verkünden. Kann die Verkündung nicht sofort stattfinden, so hat sie an einem sogleich anzuberaumenden und bekannt zu gebenden Termine zu geschehen, welcher nur aus einem besonderen Anlasse über eine Woche hinaus verlegt werden darf.

Art. 37.

Bezüglich der Beratung und Abstimmung im Senate der Kreisregierung kommen bei allen Entscheidungen, sowohl in geheimer Sitzung, als auf Grund öffentlicher und mündlicher Verhandlung, die Bestimmungen der §§ 194 bis 199 des Gerichtsverfassungsgesetzes für das deutsche Reich vom 27. Januar 1877 zur Anwendung.

Art. 38.

Bei der Beratung und Abstimmung des Senates darf, unbeschadet der Bestimmung in § 195 Abs. 2 des Gerichtsverfassungsgesetzes für das deutsche Reich, der zur Sitzung beigezogene Protokollführer nicht anwesend sein.

Art. 39.

Die Entscheidungen des Verwaltungsgerichtshofes erfolgen, soweit nicht gesetzlich etwas anderes bestimmt ist, durch Senate, welche mit Einschluß des Vorsitzenden aus fünf Mitgliedern bestehen.

Art. 40.

Der Verwaltungsgerichtshof entscheidet auf Grund des von den Vorinstanzen erhobenen Sachverhaltes; eine Beweisaufnahme findet vor demselben nicht statt.

Dem Gerichtshofe bleibt jedoch unbenommen, die Vervollständigung des Beweismateriales durch die Vorinstanzen zu veranlassen, technische Obergutachten zu erholen und Sachverständige, welche dieselben verfaßt oder bei deren Abfassung mitgewirkt haben, zur öffentlichen Sitzung beizuziehen.

Sind auf Grund besonderer gesetzlicher Bestimmungen die Erinnerungen anderer Behörden vor der Beschlußfassung zu erholen, so hat dies nach Anordnung des Präsidenten zu erfolgen.

Entscheidet der Verwaltungsgerichtshof in dritter Instanz und wird die Beschwerde verworfen, so kann der Beschwerdeführer, wenn ihm Mutwille zur Last fällt, in eine Geldstrafe bis zu 200 ℳ verurteilt werden.

Art. 41.

Jede beim Verwaltungsgerichtshofe eingelaufene Beschwerde ist einem Referenten zuzuteilen, welcher im Benehmen mit dem Staatsanwalte unter Würdigung der in der Beschwerde etwa enthaltenen Bemängelungen zu prüfen hat, ob eine Ergänzung des Sachverhaltes oder des Beweismateriales erforderlich ist.

Einigen sich dieselben, so ist sofort das Erforderliche durch Verweisung in die öffentliche Sitzung oder Anordnung der Ergänzung zu verfügen; außerdem hat der zuständige Senat in geheimer Sitzung über das Erfordernis einer Ergänzung zu beschließen.

Im übrigen finden die Bestimmungen des Art. 32 Abs. I und II, dann der Art. 33 bis 38 Anwendung.

Art. 42.

Der Staatsanwalt oder sein Vertreter hat das Recht, bei jeder zur Verhandlung kommenden Sache mit seiner Äußerung gehört zu werden; ebenso vor jeder Beschlußfassung des Verwaltungsgerichtshofes, welche über die Ausschließung oder Ablehnung eines Mitgliedes des Verwaltungsgerichtshofes oder gemäß Art. 41 letztem Absatz über eine Beschwerde der in Art. 32 Abs. I und II gedachten Art erfolgt.

Bei der Beratung und Abstimmung des Verwaltungsgerichtshofes darf der Staatsanwalt nicht anwesend sein.

In denjenigen Fällen, welche ohne vorherige öffentliche Verhandlung zu erledigen sind, hat sich der Staatsanwalt nach der auf den Vortrag des Referenten abgegebenen Äußerung zu entfernen.

Art. 43.

Will ein Senat in einer Rechtsfrage von einer früheren Entscheidung des Verwaltungsgerichtshofes oder eines Senates desselben abweichen, so hat er die Verhandlung und Entscheidung der Sache vor das Plenum des Verwaltungsgerichtshofes zu verweisen.

Art. 44.

Zur Fassung einer Plenarentscheidung ist die Teilnahme von mindestens zwei Dritteilen aller Mitglieder des Verwaltungsgerichtshofes erforderlich. Bei Stimmengleichheit gibt die Stimme des Vorsitzenden den Ausschlag.

III. Behandlung der in Art. 10 und 11 aufgeführten Angelegenheiten.

Art. 45.

Die Erledigung der in Art. 10 und 11 aufgeführten Angelegenheiten erfolgt bei den unteren Instanzen nach den für das Verfahren vor denselben in Verwaltungssachen jeweils bestehenden Vorschriften.

Die nach den genannten Artikeln zulässigen Beschwerden müssen innerhalb einer unerstrecklichen Frist von vierzehn Tagen, von Eröffnung der betreffenden Verfügung an gerechnet, bei derjenigen Behörde eingelegt werden, welche den beschwerenden Beschluß erlassen hat.

Die Behandlung dieser Beschwerden beim Verwaltungsgerichtshofe bemißt sich nach den für das Verfahren des Verwaltungsgerichtshofes in Verwaltungsrechtssachen geltenden Bestimmungen.

In den Fällen des Art. 10 Ziff. 11 entscheiden die Distriktsverwaltungsbehörden in erster, die Kreisregierungen, Kammern des Innern, in zweiter Instanz.

IV. Zwangsvollstreckungs-Verfahren.

Art. 46.

Die Verwaltungsbehörden sind in den im gegenwärtigen Gesetze bezeichneten Angelegenheiten berechtigt ihre rechtskräftig gewordenen Entscheidungen im Zwangswege mit denselben Mitteln in Vollzug zu setzen, welche zum Vollzuge rechtskräftiger Urteile in bürgerlichen Rechtsstreitigkeiten gegeben sind.

Inwieferne hiebei eine Mitwirkung der Gerichte stattzufinden hat, bemißt sich nach den besonderen gesetzlichen Bestimmungen.

Die Zwangsvollstreckung obliegt, vorbehaltlich besonderer gesetzlicher Vorschriften, den Distriktsverwaltungsbehörden, welche sich hiebei sowohl ihrer eigenen Vollzugsorgane als der Gerichtsvollzieher bedienen können.

Beschwerden gegen Verfügungen und Beschlüsse, welche die Zwangsvollstreckung betreffen, werden im verwaltungsrechtlichen Instanzenzuge beschieden.

Sonstige Bestimmungen.

Art. 47.

Bei Abtretungen und Belastungen für Zwecke der Landesverteidigung wird die Frage des gemeinen Nutzens und der zur zweckmäßigsten Verwirklichung des Unternehmens notwendigen Eigentumsabtretung oder Belastung durch Beschluß des Gesamtstaatsministeriums entschieden.

Art. 48.

Art. 28 des Gesetzes vom 28. Mai 1852, die Distriktsräte betreffend, erhält folgende Fassung:

> Als Distriktsstraßen sollen nur jene Straßen erklärt werden, welche einen über die nachbarliche Verbindung einzelner Gemeinden erheblich hinausgehenden Verkehr zu vermitteln bestimmt oder geeignet sind.
>
> Bei eingelegtem Widerspruche des Distriktsrates entscheidet in erster Instanz in kollegialer Beratung die Kreisregierung, Kammer des Innern, in zweiter und letzter Instanz das zuständige Staatsministerium, vorbehaltlich des Art. 10 Ziff. 1 des Gesetzes vom 8. August 1878, betreffend die Errichtung eines Verwaltungsgerichtshofes und das Verfahren in Verwaltungsrechtssachen.

Art. 49.

Wenn bei Angelegenheiten, welche im gegenwärtigen Gesetze behandelt sind, in ein und derselben Entscheidung einer unteren Instanz gleichzeitig Fragen erledigt werden, welche zur Zuständigkeit verschiedener

Oberbehörden gehören, so sind die an die beiderseitigen Oberbehörden zu ergreifenden Beschwerden innerhalb der gesetzlichen Beschwerdefrist einzureichen.

Ist nur ein Beteiligter in der Sache vorhanden, so hängt es von dessen Antrage ab, an welche Oberbehörde die Akten zunächst zur Entscheidung einzusenden sind. In Ermangelung eines solchen Antrages, oder wenn mehrere Beteiligte vorhanden sind, entscheidet zunächst der Verwaltungsgerichtshof.

Art. 50. *) . . . .

*) Art. 50 trat nicht in Kraft, infolge Art. 29 des Gesetzes, die Entscheidung von Kompetenzkonflikten zwischen den Gerichten und den Verwaltungsbehörden betr., vom 18. August 1879, G.- u. V.-Bl. S. 991. Art. 29 ist wegen Raumersparnis hier nicht abgedruckt.

Art. 51.

Der Tag, an welchem dieses Gesetz in Kraft tritt, wird durch ein besonderes Gesetz bestimmt.

Vom Tage der Wirksamkeit des Gesetzes an erlöschen alle entgegenstehenden Bestimmungen.

Art. 52.

Gegenstände, welche vor dem Tage, an welchem dieses Gesetz in Wirksamkeit tritt, nach den bisherigen Vorschriften ihre endgiltige Erledigung gefunden haben, können, soferne nicht eine Wiederaufnahme des Verfahrens in Frage steht, nicht mehr vor den Verwaltungsgerichtshof gebracht werden. Gesuche um Wiederaufnahme des Verfahrens werden in solchen Fällen von derjenigen Behörde nach Maßgabe der Bestimmungen des gegenwärtigen Gesetzes entschieden, welche hienach zur erstinstanziellen Bescheidung in der Hauptsache zuständig wäre.

Gegenstände, in welchen vor dem erwähnten Zeitpunkte Beschwerde an die Ministerialinstanz oder in den Fällen des Art. 9 Abs. I an eine Kreisregierung, Kammer des Innern, nach den bisherigen Vorschriften erhoben wurde, sind hiernach zu bescheiden. Gegen den Bescheid der Kreisregierung ist jedoch Beschwerde an den Verwaltungsgerichtshof zulässig.

Art. 53.

Die Bestimmung des Art. 2 Abs. I kann nur unter den für Veränderungen der Verfassung vorgeschriebenen Formen aufgehoben oder geändert werden.

Gegeben in Hohenschwangau den 8. August 1878.

2) Vollzugsvorschriften v. 1. September 1879 zu dem Gesetze v. 8. August 1878, betr. die Errichtung eines Verwaltungsgerichtshofes. (G.- u. V.-Bl. 1879 S. 1014 ff.)

Königliches Staatsministerium des Innern.

Zum Vollzuge des Gesetzes vom 8. August 1878, betreffend die Errichtung eines Verwaltungsgerichtshofes und das Verfahren in Verwaltungsrechtssachen, erläßt das k. Staatsministerium des Innern im Einverständnisse mit den übrigen k. Ministerien nachstehende Vorschriften:

I. Verfahren in Verwaltungsrechtssachen.

A) Im Allgemeinen.

(Zu Art. 16—26 des Gesetzes.)

§ 1.

Das Verfahren in Verwaltungsrechtssachen bemißt sich zunächst, soweit nicht die Reichsgesetze einschlägige Bestimmungen enthalten oder die besonderen Vorschriften der einzelnen Landesgesetze ausdrücklich vorbehalten sind, nach den Vorschriften des Gesetzes vom 8. August 1878, betreffend die Errichtung eines Verwaltungsgerichtshofes und das Verfahren in Verwaltungsrechtssachen.

Die in einzelnen Landesgesetzen enthaltenen besonderen Vorschriften bleiben, abgesehen von den vorerwähnten Fällen eines ausdrücklichen Vorbehaltes, nur insoweit in Kraft, als sie mit den Grundsätzen und Vorschriften des angeführten Gesetzes vom 8. August 1878 nicht im Widerspruche stehen.

Die Vorschriften der Ministerialbekanntmachung vom 6. April 1874, die Vereinfachung des dienstlichen schriftlichen Verkehres betreffend (Reg.-Bl. 1874 S. 123 ff.), und die Entschließung des kgl. Staatsministeriums des Innern vom 22. April 1874 gleichen Betreffs (Amtsblatt 1874 S. 255 ff.) finden in Verwaltungsrechtssachen unbeschadet der nachfolgenden Bestimmungen gleichmäßige Anwendung. In Ansehung der Vorschriften der angeführten Ministeralbekanntmachung vom 6. April 1874 über die Korrespondenzform ist der Verwaltungsgerichtshof dem obersten Gerichtshofe (obersten Landesgerichte) gleichzuachten.

§ 2.

Die in Art. 17 Abs. 2 des Gesetzes für den Fall einer gleichzeitigen Zuständigkeit mehrerer Behörden vorgesehene Verfügung hat, soweit die Zuständigkeit mehrerer Distriktsverwaltungsbehörden in Frage steht, von der den letzteren gemeinsam vorgesetzten Kreisregierung, Kammer des Innern, wenn aber die beteiligten Distriktsverwaltungsbehörden verschiedenen Kreisregierungen untergeordnet sind, desgleichen wenn die Zuständigkeit mehrerer Kreisregierungen, Kammern des Innern, in derselben Sache begründet ist, von dem k. Staatsministerium des Innern auszugehen.

§ 3.

Die gemäß Art. 18 Abs. 3 des Gesetzes von der „nächst vorgesetzten Verwaltungsbehörde" zu treffende Verfügung steht, wenn eine Distriktsverwaltungsbehörde beschlußunfähig geworden ist, der vorgesetzten Kreisregierung, Kammer des Innern, wenn aber eine Kreisregierung, Kammer des Innern, beschlußunfähig geworden, dem k. Staatsministerium des Innern zu.

§ 4.

Zu Bevollmächtigten und Beiständen können nur prozeßfähige Personen (§§ 50 ff. der Reichs-Civilprozeßordnung vom 30. Januar 1877) bestellt werden.

Die Vertretung des k. Aerars richtet sich nach den hierüber bestehenden Vorschriften.

Im Übrigen kann Personen, welche, ohne Rechtsanwälte zu sein, die Vertretung oder Beistandsleistung vor Gerichten oder Verwaltungsbehörden geschäftsmäßig betreiben, die Zulassung als Vertreter oder Beistände in Verwaltungsrechtssachen *versagt* werden.

Die Bevollmächtigten haben, mit Ausnahme der k. Fiskale, die Bevollmächtigung durch eine schriftliche (auch protokollarische) Vollmacht nachzuweisen und diese zu den Akten abzugeben. Privaturkunden müssen durch eine öffentliche Behörde beglaubigt sein.

Die Beigabe von Armenanwälten findet nicht statt.

§ 5.

Das Verfahren bei Abnahme des Eides richtet sich nach den Vorschriften der Reichs-Civilprozeßordnung § 356 Abs. 1, § 357, §§ 440—445.

Sachverständige haben vor Erstattung des Gutachtens einen Eid dahin zu leisten:

daß sie das von ihnen geforderte Gutachten unparteiisch und nach bestem Wissen und Gewissen erstatten werden.

Sind die Sachverständigen für die Erstattung von Gutachten der betreffenden Art im allgemeinen beeidigt, so genügt die Berufung auf den geleisteten Eid.

Hinsichtlich des Gebrauches gewisser Beteuerungsformeln an Stelle des Eides seitens der Mitglieder einzelner Religionsgesellschaften kommen die Bestimmungen des § 446 der Reichs-Civilprozeßordnung und des Art. 22 des Ausführungsgesetzes vom 23. Februar 1879 zur Reichs-Civilprozeßordnung und Konkursordnung entsprechend zur Anwendung.

§ 6.

Über wichtigere Zustellungen, namentlich über die Zustellung von Verfügungen, welche für die Adressaten Rechtsnachteile im Gefolge haben können, ist amtlicher Nachweis zu den Akten zu bringen. Solche Zustellungen sind in der Regel durch die Post gegen Zustellschein (Retour-Rezepisse) oder durch den betreffenden Bürgermeister zu bewerkstelligen.

Hat ein Beteiligter einen Prozeßbevollmächtigten oder einen Zustellungsbevollmächtigten aufgestellt, so erfolgt die Zustellung an diesen. Bei Zustellungen an den gemeinsamen Vertreter mehrerer Beteiligten genügt die Übergabe einer einzigen Ausfertigung oder Abschrift. Einem Zustellungsbevollmächtigten mehrerer Beteiligten dagegen sind, soferne sich nicht die letzteren mit einfacher Zustellung zufrieden erklären und unbeschadet der etwa auf Grund des Art. 19 Abs. 3 des Gesetzes ergehenden Verfügung, so viele Ausfertigungen oder Abschriften zu übergeben, als Beteiligte vorhanden sind.

Wohnt ein Beteiligter nicht innerhalb des Amtsbezirkes derjenigen Distriktsverwaltungsbehörde, welche in erster Instanz zuständig oder in den Fällen des Art. 31 Abs. 1 des Gesetzes mit der Sachinstruktion betraut ist, so kann demselben, soferne nicht ein innerhalb jenes Bezirkes wohnhafter Prozeßbevollmächtigter bestellt wurde, die Aufstellung eines daselbst wohnhaften Zustellungsbevollmächtigten aufgetragen werden. Der Auftrag erfolgt unter der Warnung, daß, falls demselben nicht entsprochen würde, alle späteren Zustellungen in der Art bewirkt werden würden, daß die zuzustellenden Schriftstücke unter der Adresse des Beteiligten nach dessen Wohnort zur Post gegeben und mit der Aufgabe zur Post, selbst wenn die Sendung als unbestellbar zuückkommen sollte, als gehörig zugestellt angesehen würden. Solche Postsendungen sind mit der Bezeichnung „Einschreiben" zu versehen.

Im Übrigen kommen bezüglich der Zustellung die Bestimmungen der §§ 160—170 der Reichs-Civilprozeßordnung sowie die Vorschriften der Ziff. 1 der gemeinschaftlichen Bekanntmachung der k. Staatsministerien der Justiz und des Innern vom 16. August 1879, den Vollzug der §§ 167, 678, 679 der Reichs-Civilprozeßordnung betr. (Gesetz- und Verordnungsblatt Nr. 53), dann, wenn ein Beteiligter sich im Auslande (außerhalb des Deutschen Bundesgebietes) aufhält oder der Aufenthalt desselben unbekannt ist, die Bestimmung der §§ 182—189 der Reichs-Civilprozeßordnung, unbeschadet der aus Art. 35 Abs. 2 des Gesetzes vom 8. August 1878 sich ergebenden Abweichungen, entsprechend zur Anwendung.

Anstatt der Niederlegung auf der Gerichtsschreiberei in den Fällen des § 167 a. a. O. erfolgt die Niederlegung bei derjenigen Distriktsverwaltungsbehörde, in deren Bezirk der Ort der Zustellung gelegen ist.

Bei Zustellungen an Militärpersonen, sowie bei Ladung derselben in der Eigenschaft von Zeugen und Sachverständigen sind die Vorschriften des Art. 20 des Gesetzes vom 23. Februar 1879 zur Ausführung der Reichs-Civilprozeßordnung und Konkursordnung, bei

Ladung öffentlicher Beamten und Bediensteten die desfalls bestehenden besonderen Vorschriften zu beobachten.

B. Verfahren der Distriktsverwaltungsbehörden.

(Zu Art. 27—30 des Gesetzes.)

§ 7.

Bei dem Verfahren der Distriktsverwaltungsbehörden ist auf vollständige und verlässige Erhebung aller für die rechtliche Beurteilung der Sache erheblichen thatsächlichen Verhältnisse Bedacht zu nehmen. Im Übrigen ist, unter Beobachtung der durch Gesetz oder sonstige Vorschriften besonders gebotenen Formen, je nach Umständen die möglichst einfache, die Beteiligten wenigst belästigende Behandlung der Sache anzustreben.

§ 8.

In den in Art. 27 Abs. 2 und 3 des Gesetzes bezeichneten Fällen hat eine mündliche Verhandlung mit den Beteiligten stattzufinden. Den Distriktsverwaltungsbehörden ist jedoch unbenommen, solche nach ihrem Ermessen auch außerdem anzuordnen, wenn dies zur Aufklärung der Sache oder zur Vereinfachung des Verfahrens oder auch zur gütlichen Beilegung des Streites dienlich erscheint.

§ 9.

Das über die mündliche Verhandlung aufzunehmende Protokoll soll keine nach der Zeitfolge fortlaufende Wiedergabe der Erklärungen und Gegenerklärungen sein, sondern außer den erforderlichen Angaben über den äußeren Verlauf der Verhandlung eine möglichst bündige Darlegung des Ergebnisses derselben erhalten. Insbesondere soll daraus ersichtlich sein, was von den Beteiligten als feststehend anerkannt ist und was sie bestreiten, nebst den desfalls vorgebrachten Gründen und Beweismitteln.

Schriftliche Ausführungen zu Protokoll einzulegen oder Erklärungen zu Protokoll zu diktieren, ist den Beteiligten nicht zu gestatten.

Die Zuziehung eines Protokollführers ist zulässig, aber nicht geboten.

Das Protokoll ist den anwesenden Beteiligten vorzulesen oder zur Durchsicht vorzulegen und sodann von denselben sowie von dem die Verhandlung leitenden Beamten und von dem etwa beigezogenen Protokollführer zu unterschreiben. Können die Beteiligten wegen Schreibensunkunde oder aus anderen Gründen nicht unterschreiben oder nur mit einem Handzeichen unterzeichnen, oder verweigern dieselben die Unterschrift, so ist dies unter Beifügung des Grundes am Schlusse des Protokolles zu bemerken.

§ 10.

Die Zulassung der Öffentlichkeit bei der mündlichen Verhandlung ist, soweit nicht Rücksichten der Sittlichkeit oder des öffentlichen Wohles entgegenstehen, dem Ermessen der Behörde anheimgestellt. Einer desfallsigen öffentlichen Bekanntmachung bedarf es nicht.

§ 11.

Zur Abnahme des Eides oder der Beteuerung an Eidesstatt (§ 5), sowie zur Vernehmung von Zeugen und Sachverständigen, insoweit die letzteren nicht ihr Gutachten schriftlich abgeben, ist ein Protokollführer beizuziehen. Die Vorschriften des § 9 Abs. 4 finden hiebei entsprechende Anwendung.

C. Verfahren der Kreisregierungen, Kammern des Innern.

(Zu Art. 31—38 des Gesetzes.)

§ 12.

Die Bildung der Senate erfolgt im Benehmen mit dem Regierungsdirektor durch den Regierungspräsidenten. Derselbe bestimmt die ständigen Mitglieder des oder der Senate, sowie deren Stellvertreter. Hiebei ist thunlichst darauf Bedacht zu nehmen, daß je nach dem Gegenstande der Verhandlung der durch die allgemeine Geschäftsordnung bezeichnete Sachreferent dem betreffenden Senate angehöre. Die Senatsbildung kann zu diesem Zwecke auch in der Weise geschehen, daß als drittes Senatsmitglied der jeweilige Sachreferent einzutreten hat.

Ist die Bildung mehrerer Senate veranlaßt, so ist deren Geschäftskreis in der Regel nach dem Betreffe der Gegenstände auszuscheiden. Ausnahmsweise kann bezüglich einzelner Gattungen von Streitsachen die Verteilung nach Verwaltungsbezirken erfolgen.

Die mehreren Senate führen die Bezeichnung: „erster Senat“, „zweiter Senat“ u. s. w.

Mit der Bildung der Senate erfolgt zugleich die Bezeichnung der Senatsvorstände und ihrer Stellvertreter. Hiebei ist der Rang, bei gleichem Range das Dienstalter, bei gleichem Dienstalter das Lebensalter der Senatsmitglieder entsprechend zu beachten.

Die Bestellung der Referenten für die einzelnen Gegenstände aus der Mitte der dem betreffenden Senate zugehörigen Mitglieder steht gemäß Art. 36 Abs. 1 des Gesetzes dem Senatsvorstande zu. Es empfiehlt sich, hiebei auf die allgemeine Geschäftsverteilung thunlichste Rücksicht zu nehmen. Der Senatsvorstand kann auch sich selbst als Referenten bezeichnen.

§ 13.

Gemäß Art. 31 Abs. 3 des Gesetzes erstreckt sich die Zuständigkeit der Senate auch auf Fragen des freien administrativen Ermessens, welche sich in den durch Art. 8 als Verwaltungsrechtssachen erklärten (streitigen) Angelegenheiten überhaupt, sei es im Zusammenhange mit Rechtsfragen oder für sich allein, ergeben. Das Verfahren in diesen Fällen ist das nämliche, wie solches für Verwaltungsrechtssachen vorgeschrieben ist.

§ 14.

In den Fällen des Art. 31 Abs. 1 des Gesetzes ist den betreffenden Distriktsverwaltungsbehörden, soweit nicht besondere gesetzliche Bestimmungen entgegenstehen, unbenommen, die erforderlichen Vorerhebungen hinsichtlich der bei ihnen anhängig gewordenen Angelegenheiten sofort ohne vorausgegangenen Auftrag zu pflegen und die hierüber erwachsenen Akten der Kreisregierung, Kammer des Innern, zur weiteren Verfügung vorzulegen.

§ 15.

Anträge und Beschwerden, welche sich zur Verhandlung vor dem Senate eignen, gelangen in den Einlauf der Kreisregierung, Kammer des Innern, und unterliegen derselben geschäftsmäßigen Behandlung, wie andere Regierungseinläufe. Dieselben sind jedoch dem Vorstande des betreffenden Senates zur Bestellung des Referenten und sodann diesem zur weiteren Behandlung vorzulegen.

Prozeßleitende Verfügungen jeder Art, insbesondere die etwa vor der öffentlichen Verhandlung nötig befundenen Anordnungen behufs Ergänzung der Akten und Erholung technischer Gutachten, desgleichen die zum Vollzuge von Entscheidungen oder von Zwischenbescheiden der Senate erforderlichen Verfügungen werden von der Kreisregierung, Kammer des Innern, im Bureauwege erlassen und von dem Regierungspräsidenten unterfertigt. Die Entwürfe solcher Verfügungen sind von dem Referenten vor deren Vorlage an den Präsidenten dem Senatsvorstande zur Einsicht und Mitzeichnung oder etwaigen Erinnerung mitzuteilen.

§ 16.

Ist eine Sache zur mündlichen Verhandlung vor dem Senate der Kreisregierung bereift, so ist auf Vorschlag des Referenten und des Senatsvorstandes Tag und Stunde der öffentlichen Verhandlung anzuberaumen und die schriftliche Vorladung der Beteiligten sowie der Zeugen und Sachverständigen unter Hinweisung auf die Folgen des Nichterscheinens zu bethätigen.

Die Ladungsurkunden sind den Beteiligten sowie den Zeugen und Sachverständigen nach Maßgabe des § 6, und zwar in der Regel mit Umgehung der Vermittlung der Bezirksämter, gegen Nachweis zuzustellen.

Die Kreisregierungen haben sich hiebei thunlichst gedruckter Formulare nach Anlage A, B und C zu bedienen.

§ 17.

Bei den mündlich-öffentlichen Verhandlungen (Art. 33 des Gesetzes) tragen die Mitglieder des Senates das in der Bekanntmachung des k. Staatsministeriums des Innern vom 10. Mai 1876 (Amtsblatt des genannten k. Staatsministeriums S. 219 ff.) vorgeschriebene Interimsdienstkleid (Überrock mit schwarzem Beinkleid, ohne Degen).

Der Protokollführer erscheint in schwarzer Kleidung (Frack).

§ 18.

Die Senatssitzungen sind regelmäßig an im Voraus ein für allemal zu bestimmenden und öffentlich bekannt zu gebenden Tagen der Woche oder des Monats abzuhalten, unbeschadet der Anberaumung außerordentlicher Sitzungen, wenn dies die Umstände erheischen.

Die jeweilige Tagesordnung ist durch Anschlag vor dem Sitzungssaale rechtzeitig zu veröffentlichen. Fällt an einem ordentlichen Sitzungstage die Sitzung aus, so ist dies gleichfalls durch Anschlag bekannt zu machen.

Den Senatsmitgliedern ist ein Exemplar der Tagesordnung zuzustellen und die Einsichtnahme der Akten vor der Verhandlung zu gestatten.

§ 19.

Die mündliche Verhandlung der Senate ist regelmäßig öffentlich (Art. 33 des Gesetzes).

Über die Beschränkung der Öffentlichkeit (Art. 34 Abs. 1 und 2) wird in nicht öffentlicher Sitzung verhandelt. Der Beschluß, welcher die Öffentlichkeit beschränkt, muß öffentlich verkündet werden.

§ 20.

Der Vorsitzende leitet die Verhandlung. Derselbe hat jedem der beisitzenden Mitglieder des Senates auf Verlangen zu gestatten, Fragen an die Beteiligten sowie an die Zeugen und Sachverständigen zu stellen. Auch die Beteiligten und deren Vertreter dürfen durch den Vorsitzenden oder mit Bewilligung des letzteren unmittelbar an die Zeugen und Sachverständigen Fragen richten. Zweifel über die Zulässigkeit einer Frage, desgleichen sonstige Anstände, welche sich in Ansehung der auf die Sachleitung bezüglichen Anordnungen des Vorsitzenden ergeben, entscheidet der Senat.

§ 21.

An der Beschlußfassung auf eine mündliche Verhandlung dürfen nur solche Senatsmitglieder teilnehmen, vor welchen jene Verhandlung stattgefunden hat.

§ 22.

Die Entscheidungen der Senate erhalten die Überschrift: „Im Namen Seiner Majestät des Königs von Bayern."

Dieselben sollen enthalten:

1) die Bezeichnung der entscheidenden Stelle (Kreisregierung, Kammer des Innern) und des Senates, sowie den Tag der Verhandlung;
2) die Entscheidungsformel;
3) die Entscheidungsgründe mit einer gedrängten Darstellung des Sach- und Streitbestandes (Thatbestandes) und Angabe der bei der Verhandlung anwesenden Beteiligten und ihrer Vertreter;
4) die Bezeichnung der Senatsmitglieder und den Tag der Verkündung der Entscheidung.

Die Bezugnahme auf die Entscheidungsgründe der Vorinstanz ist nicht ausgeschlossen.

Die Bescheide sind in der Urschrift von den Senatsmitgliedern, welche bei der Beschlußfassung mitgewirkt haben, zu unterzeichnen.

§ 23.

Die Verkündung der Bescheide erfolgt durch Verlesung der Entscheidungsformel und der Entscheidungsgründe. Den Beteiligten sind die Bescheide überdies in schriftlicher Ausfertigung zuzustellen.

Die Ausfertigungen sind von der Kreisregierung, Kammer des Innern, zu erteilen.

§ 24.

Über den Gang und die wesentlichen Ergebnisse der Verhandlung ist unter der Leitung des Vorsitzenden durch einen vereideten Schriftführer ein Protokoll aufzunehmen (Art. 36 Abs. 2 des Gesetzes).

Dasselbe hat insbesondere zu enthalten:

1) den Ort und den Tag der Verhandlung;
2) die Namen des Senatsvorstandes und der übrigen Senatsmitglieder, dann des Schriftführers;
3) den Betreff der Verhandlung;
4) die Namen der erschienenen Beteiligten, gesetzlichen Vertreter, Bevollmächtigten und Beistände;
5) die Angabe, ob öffentlich oder bei beschränkter Öffentlichkeit verhandelt, dann letzteren Falles, ob und welche Vertrauensmänner von den Beteiligten beigezogen worden sind;
6) die Bezeichnung der Referenten;
7) die Anerkenntnisse, Verzichtleistungen und Vergleiche, durch welche der geltend gemachte Anspruch ganz oder teilweise erledigt wurde;
8) die Anträge der Beteiligten;
9) die Aussagen der Zeugen und Sachverständigen, oder, wenn dieselben schon früher abgehört worden waren, die Angabe, ob und wie ferne sie von ihren früheren Aussagen abgewichen;

10) die Entscheidungsformel;
11) die Verkündung der Entscheidung.

Das Protokoll ist von dem Senatsvorstande und dem Schriftführer zu unterzeichnen.

§ 25.

Die bei der Kreisregierung zu ihrer Ausbildung beschäftigten Accessisten und Praktikanten sind zu den mündlichen Verhandlungen sowie zu den Beratungen der Senate beizuziehen. Dieselben können als Schriftführer verwendet werden.

§ 26.

Zum Zwecke der Zustellung der Bescheide an die Beteiligten ist den Distriktsverwaltungsbehörden außer dem für die Amtsakten bestimmten Exemplare die erforderliche Anzahl von Ausfertigungen für die Beteiligten mitzuteilen.

§ 27.

Über die bei der Erledigung einzelner Verwaltungsrechtssachen erfolgten Entscheidungen zweifelhafter und wichtiger Rechtsfragen ist ein besonderes mit einem alphabetischen Register zu versehendes Präjudizienbuch zu führen. Die Eintragung geschieht auf Anregung des Referenten oder eines anderen Senatsmitgliedes auf Grund eines, zugleich den Wortlaut feststellenden, Senatsbeschlusses. Die Eintragung wird von dem Protokollführer unter Aufsicht des Referenten bewirkt.

Erfährt eine im Präjudizienbuch eingetragene Entscheidung im Instanzenzuge Bestätigung oder Abänderung, so ist dies in der Spalte „Bemerkungen" vorzutragen.

Bestehen mehrere Senate, so haben sich die Mitglieder des einen Senates auch bezüglich der von den anderen Senaten erlassenen, im Präjudizienbuche vorgetragenen Entscheidungen fortwährend in Kenntnis zu erhalten.

D. Verfahren des Verwaltungsgerichtshofes.

(Zu Art. 39—44 des Gesetzes.)

§ 28.

Dem Präsidenten des Verwaltungsgerichtshofes liegt die Leitung und Beaufsichtigung des gesamten Geschäftsganges des Gerichtshofes (mit Ausschluß der Staatsanwaltschaft) ob. Derselbe läßt die unter der Adresse des Gerichtshofes eingehenden Sendungen öffnen und mit dem Tage des Einlaufes versehen.

Vorbehaltlich der nachfolgenden besonderen Bestimmungen verteilt der Präsident die Geschäfte, zeichnet die Verfügungen u. s. w. und bestimmt die Sitzungstage.

Er verfügt in den den Verwaltungsgerichtshof als solchen betreffenden Angelegenheiten sowie in allen Verwaltungsangelegenheiten, insbesondere in denjenigen, welche das Regie- und Etatswesen, die nötigen Anschaffungen für die Bibliothek, die Erhaltung der Geschäftsräume u. dgl. betreffen, und erläßt die bezüglich des Geschäftsganges und der Geschäftskontrole, insbesondere der Tagebuchführung, des Kanzlei-, Registratur- und des Botendienstes, der Abhaltung der Sitzungen u. s. w., erforderlichen äußerlichen Anordnungen. Hiebei kann sich der Präsident der Mitwirkung des Direktors sowie der übrigen Mitglieder des Verwaltungsgerichtshofes bedienen. Wichtigere Angelegenheiten sind der Beratung und Beschlußfassung des Kollegiums (Plenums) zu unterstellen.

Für die Erhaltung des übernommenen Inventars ist der Präsident verantwortlich.

§ 29.

Der Verwaltungsgerichtshof entscheidet in Verwaltungsrechtsiachen in Senaten von fünf Mitgliedern und nur ausnahmsweise, nämlich über Ablehnungsgesuche gegen Mitglieder des Verwaltungsgerichtshofes sowie in den Fällen des Art. 43 des Gesetzes, im Plenum.

Prozeßleitende Verfügungen werden, unbeschadet der Vorschriften des Art. 41 Abs. 1 und 2 des Gesetzes (§ 33 Abs. 2 der gegenwärtigen Vollzugsvorschriften), namens des Verwaltungsgerichtshofes im Bureauwege durch den Präsidenten erlassen. Die Entwürfe solcher Verfügungen sind von dem Referenten vor deren Vorlage an den Präsidenten dem Senatsvorstande zur Einsicht und Mitzeichnung oder etwaigen Erinnerung vorzulegen.

§ 30.

Die Bildung der Senate einschließlich der Aufstellung der regelmäßigen Stellvertreter geschieht nach Maßgabe des Art. 6 des Gesetzes durch den Präsidenten unter Zuziehung des Direktors und des ältesten Rates (Präsidium) und zwar alljährlich vor Beginn eines neuen Kalenderjahres und auf die Dauer des letzteren. Die erstmalige Senatsbildung erfolgt alsbald nach dem Inslebentreten des Verwaltungsgerichtshofes und erstreckt ihre Wirksamkeit bis zum Schlusse des Jahres 1879.

Ergibt sich im Laufe eines Jahres durch einen Wechsel im Personal des Verwaltungsgerichtshofes oder durch länger andauernde Verhinderung einzelner Mitglieder die Notwendigkeit einer Änderung der Senatseinteilung, so erfolgt erstere in gleicher Weise, wie die regelmäßige Senatsbildung.

Mit der Senatsbildung bestimmt das Präsidium zugleich die Senatsvorstände und deren Stellvertreter, wobei der Rang, bei gleichem Range das Dienstalter, bei gleichem Dienstalter das Lebensalter der Senatsmitglieder maßgebend ist.

§ 31.

Gleichzeitig mit der Bildung der Senate verteilt das Präsidium die Geschäfte unter die Senate, unbeschadet der etwa im Laufe des Jahres infolge von Geschäftsüberbürdung oder aus anderen Ursachen notwendig werdenden Änderungen. Die Verteilung der Geschäfte erfolgt in der Regel nach Gattungen; ausnahmsweise kann dieselbe hinsichtlich einzelner Gattungen von Streitsachen nach Verwaltungsbezirken geschehen.

Die Bestellung der Referenten für die einzelnen Verwaltungsrechtssachen aus der Mitte der dem Senate zugehörigen Mitglieder steht gemäß Art. 36 Abs. 1 und Art. 41 Abs. 3 des Gesetzes dem Senatsvorstande zu. Derselbe kann auch sich als Referenten bezeichnen.

§ 32.

Die Beiziehung von Mitgliedern des obersten Landesgerichtes zur vorübergehenden Dienstleistung am Verwaltungsgerichtshofe wird im gegenseitigen Benehmen der Präsidenten des Verwaltungsgerichtshofes und des obersten Landesgerichtes herbeigeführt. Dieselben haben hierüber in jedem einzelnen Falle den vorgesetzten k. Staatsministerien und zwar der Präsident des Verwaltungsgerichtshofes dem k. Staatsministerium des Innern, der Präsident des obersten Landesgerichtes dem k. Staatsministerium der Justiz Anzeige zu erstatten.

§ 33.

Einkommende Beschwerden sind dem Vorstande des betreffenden Senates zur Ernennung des Referenten und sodann diesem zur weiteren Behandlung vorzulegen.

Nach Prüfung der Akten hat der Referent dieselben dem Staatsanwalt zur Einsicht mitzuteilen und sich mit demselben auf kürzestem Wege über die etwa vor der Verhandlung nötigen Ergänzungen zu benehmen und im Falle beiderseitigen Einverständnisses im Benehmen mit dem Senatsvorstande bei dem Präsidenten die Anberaumung der mündlichen Verhandlung und die Ladung der Beteiligten u. s. w., oder die Anordnung der erforderlichen Ergänzungen zu veranlassen; — andernfalls aber, wenn sich Referent und Staatsanwalt über die nötig scheinenden Ergänzungen nicht einigen können, Beschlußfassung in geheimer Sitzung zu beantragen.

§ 34.

Die Enscheidungen des Verwaltungsgerichtshofes erhalten die Überschrift: „Im Namen Seiner Majestät des Königs von Bayern."

Bei Entscheidungen der Senate ist neben der Benennung der entscheidenden Stelle (des Verwaltungsgerichtshofes) auch der Senat, welcher die Entscheidung erläßt, zu bezeichnen; bei Entscheidungen, welche vom Plenum ausgehen, ist dieser Umstand besonders zu erwähnen.

Die Entscheidungen der Senate und des Plenums sind in der Urschrift von sämtlichen Mitgliedern, welche bei der Entscheidung mitgewirkt haben, zu unterzeichnen. Die übrigen Erlasse, Berichte u. s. w. des Verwaltungsgerichtshofes werden von dem Präsidenten unterfertigt, welcher auch die Ausfertigungen der Entscheidungen namens des Verwaltungsgerichtshofes erteilt.

In den Entscheidungen sowie in dem über die Verhandlung aufzunehmenden Protokolle (§§ 22, 24, 35) ist auch der Name des bei der Verhandlung anwesenden Staatsanwaltes zu erwähnen.

§ 35.

Im Übrigen finden die Bestimmungen des § 12 Abs. 3, §§ 16 bis 21, § 22 Abs. 2 und 3, § 23 Abs. 1, §§ 24, 26, § 27 Abs. 1 und 3 auf den Verwaltungsgerichtshof entsprechende Anwendung.

§ 36.

Dem Staatsanwalt ist von jeder Verfügung, durch welche eine öffentlich-mündliche Verhandlung anberaumt wird, Kenntnis zu geben; auch ist demselben ein Exemplar der jeweiligen Tagesordnung (§ 18 Abs. 2) zuzustellen.

Zu geheimen Sitzungen, welche zur Beschlußfassung über die Ausschließung oder Ablehnung eines Mitgliedes des Verwaltungsgerichtshofes oder über eine Beschwerde der in Art. 32 Abs. 1 und 2 des Gesetzes bezeichneten Art stattfinden, ist der Staatsanwalt gleichfalls beizuziehen.

§ 37.

Der Staatsanwalt hat den in § 36 Abs. 1 und 2 bezeichneten Verhandlungen beizuwohnen. Demselben ist auf Verlangen im Laufe der Verhandlung, jedenfalls aber vor Abschluß der letzteren, das Wort zu gewähren.

Das gemäß § 20 und § 35 den beisitzenden Mitgliedern des Senats zustehende Recht der Fragestellung gebührt, soweit letztere bei Verhandlungen vor dem Verwaltungsgerichtshofe Platz greift, auch dem Staatsanwalt.

§ 17 Abs. 1 findet auch auf den Staatsanwalt Anwendung.

§ 38.

Der Staatsanwalt darf sich bei allen Verhandlungen durch seine Nebenbeamten vertreten lassen; die letzteren sind, wenn sie für ihn auftreten, zu allen Amtsverrichtungen desselben ohne den Nachweis eines besonderen Auftrages berechtigt. Ein Wechsel in der Person des Staatsanwalts bei Verhandlungen in einer und derselben Sache ist nicht ausgeschlossen, aber thunlichst zu vermeiden.

§ 39.

Außer dem für wichtigere Entscheidungen der Senate anzulegenden Präjudizienbuch (§ 27 Abs. 1 und 3, § 35) ist bezüglich der Plenar-

Entscheidungen des Verwaltungsgerichtshofes ein besonderes Präjudizienbuch zu führen.

Hinsichtlich der zeitweisen Veröffentlichung der prinzipiell wichtigeren Entscheidungen des Verwaltungsgerichtshofes durch den Druck wird das k. Staatsministerium des Innern das Erforderliche einleiten.

§ 40.

Am Schlusse des Jahres hat der Verwaltungsgerichtshof dem k. Staatsministerium des Innern eine Übersicht der erledigten sowie der noch unerledigten Geschäfte einzureichen.

II. Verfahren in den Fällen des Art. 7 Abs. 2 des Gesetzes.

§ 41.

In den in Art. 7 Abs. 2 des Gesetzes bezeichneten Fällen sind die Vorschriften über das Verfahren des Verwaltungsgerichtshofes in Verwaltungsrechtssachen entsprechend in Anwendung zu bringen.

Vor der Verhandlung der Sache sind die allenfalls nötigen Erhebungen zu pflegen. Auch ist die dem beklagten Beamten vorgesetzte Dienstesstelle einzuvernehmen.

Zur Verhandlung ist sowohl der Kläger als der Beklagte zu laden.

Die Entscheidung des Verwaltungsgerichtshofes ist der bezeichneten Dienstesstelle in beglaubigter Abschrift mitzuteilen.

III. Verfahren in den in Art. 10 und 11 des Gesetzes aufgeführten Angelegenheiten.

(Zu Art. 45 des Gesetzes.)

§ 42.

Die Erledigung der in Art. 10 und 11 des Gesetzes aufgeführten Angelegenheiten erfolgt gemäß Art. 45 bei der unteren Instanz und bei der Mittelinstanz nach den für das Verfahren vor denselben in Verwaltungssachen jeweils bestehenden Vorschriften.

Bezüglich der zum Verwaltungsgerichtshofe erhobenen Beschwerden bemißt sich das weitere Verfahren nach den bezüglichen allgemeinen und besonderen Bestimmungen des II. Abschnittes des Gesetzes.

IV. Zwangsvollstreckungsverfahren.

(Zu Art. 46 des Gesetzes.)

§ 43.

Die Zwangsvollstreckung obliegt gemäß Art. 46 des Gesetzes, soweit nicht besondere gesetzliche Bestimmungen bestehen, den Distriktsverwaltungsbehörden.

Zuständig ist diejenige Distriktsverwaltungsbehörde, welche in erster Instanz entschieden hat, oder, falls die erstinstanzielle Entscheidung von der Kreisregierung, Kammer des Innern, ausgegangen ist, diejenige Distriktsverwaltungsbehörde, welche gemäß Art. 31 Abs. 1 des Gesetzes und § 14 der gegenwärtigen Vollzugsvorschriften die Instruktion der Sache vorgenommen hat.

V. Sonstige Bestimmungen.

§ 44.

Wenn in einer Angelegenheit gegen die Entscheidung einer unteren Instanz zugleich an die höhere Verwaltungsbehörde und an den Verwaltungsgerichtshof Beschwerde erhoben wurde, so hat diejenige Oberbehörde, welche nach Maßgabe des Art. 49 des Gesetzes zunächst zur Entscheidung berufen ist, nach Erlassung der letzteren und Eröffnung derselben an die Beteiligten die Akten an die außerdem angerufene Oberbehörde zur weiteren Behandlung abzugeben. Hat jedoch in einem der in Art. 9 Abs. 1 des Gesetzes bezeichneten Fälle in der Ermessensfrage zunächst die Kreisregierung, Kammer des Innern, entschieden, und ist gegen deren Entscheidung die Berufung an das betreffende Ministerium zulässig, so hat die Abgabe der Akten an den Verwaltungsgerichtshof erst dann zu erfolgen, wenn die etwa eingekommene Berufung von dem zuständigen Ministerium beschieden oder die Berufungsfrist verstrichen ist, ohne daß die Berufung an das Ministerium erhoben worden wäre.

§ 45.

Als Vertreter oder Beistände der Beteiligten bei den Verhandlungen des Kompetenzsenates des Verwaltungsgerichtshofes (Art. 23 Ziff. 3 und 4 des Gesetzes vom 18. August 1879, die Entscheidung der Kompetenzkonflikte zwischen den Gerichten und den Verwaltungsbehörden oder dem Verwaltungsgerichtshofe betreffend) sind nur Rechtsanwälte sowie die k. Fiskale zuzulassen.

München, den 1. September 1879.

v. Pfeufer.

Der General-Sekretär.
An dessen Statt:
Neumayr, Oberregierungsrat.

3. Einige Bestimmungen des Gesetzes über das Gebührenwesen.

Art. 2.

Der Mindestbetrag einer Gebühr ist 20 Pfennig, vorbehaltlich der Bestimmung in Art. 238 Abs. 4.

Pfennigbeträge, welche ohne Bruch nicht durch zehn teilbar sind, werden auf den nächst höheren durch zehn teilbaren Betrag abgerundet.

Art. 3.

Gebühren werden nicht erhoben:

1) für Amtshandlungen, welche unabhängig von dem Verschulden einer Partei im öffentlichen Interesse von Amtswegen gepflogen werden;
2) wenn die Gebühr aus der Reichs- oder Staats-Kasse bezahlt werden müßte;
   Gleiches gilt von der Zivilliste des Königs.
3) wenn die Tax- und Stempel- oder Gebührenfreiheit durch Gesetze, Verordnungen oder Staatsverträge ausgesprochen ist;
4) in Gegenständen der Dienstaufsicht und Disziplin;
5) in dem Verfahren wegen Verhängung von Ordnungs- und Ungehorsamsstrafen im Sinne des Art. 3 Ziff. 1 des Gesetzes zur Ausführung der Reichs-Strafprozeßordnung. In der Beschwerdeinstanz findet diese Bestimmung keine Anwendung.

Art. 4.

Personen, deren Zahlungsunfähigkeit notorisch oder durch obrigkeitliche Zeugnisse bescheinigt ist, haben auch in Gegenständen der nichtstreitigen Rechtspflege, der Verwaltung und der Verwaltungsrechtspflege auf einstweilige Befreiung von den Gebühren Anspruch.

Art. 164.

Auf dem Gebiete der Justiz-, inneren, Polizei- und Finanz-Verwaltung, sowie der Verwaltungsrechtspflege unterliegen der Gebühr:

Protokolle, Beschlüsse und Verfügungen, Bescheide, Zeugnisse, Beglaubigungen und die außerdem noch in dem Gesetze speziell bezeichneten Gegenstände und Amtshandlungen.

Art. 165.

Bei den Distriktsverwaltungsbehörden und den ihnen nach Art. 167 gleichzuachtenden Behörden kommen, soweit in den folgenden Artikeln nicht ein anderes bestimmt ist, zur Erhebung:

1) für Protokolle 1 Mark für jede angefangene Stunde der Geschäftsdauer,

2) für Beschlüsse und Verfügungen, Bescheide, Zeugnisse (Atteste, Bescheinigungen),
   a. 2 Mark, wenn sie einfach und kurz sind und eine weitläufige Verhandlung oder umfassendes Aktenstudium nicht erfordern;
   b. 5 bis 25 Mark in allen übrigen Fällen;
3) für die Beglaubigung einer Privatabschrift oder der Unterschrift in einer öffentlichen oder Privaturkunde (Legalisation) 1 Mark.

Art. 166.

Die Gebührensätze des Art. 165 erhöhen sich bei den Mittelstellen um die Hälfte, bei den Ministerien, dem obersten Landesgerichte und dem Verwaltungsgerichtshofe auf den doppelten Betrag.

Art. 186.

Für die von Amtswegen zu erteilenden Ausfertigungen, Abschriften und Auszüge werden auch in Parteisachen keine besonderen Gebühren erhoben.

Wird jedoch auf Verlangen einer Partei eine weitere Ausfertigung, eine beglaubigte Abschrift oder ein beglaubigter Auszug erteilt, so ist hiefür die Beglaubigungsgebühr (Art. 165 Ziff. 3) und außerdem noch eine Schreibgebühr von 10 Pfennig für jede angefangene Seite zu entrichten.

Einfache Abschriften unterliegen lediglich der in Abs. 2 bestimmten Schreibgebühr.

Bei Duplikaten und weiteren Ausfertigungen von rentamtlichen Steuerkatasterextrakten, sowie bei Auszügen aus den rentamtlichen Grundbüchern ist für das erste Blatt eine Gebühr von 50 Pfennig und für jede folgende angefangene Seite die einfache Schreibgebühr von 10 Pfennig zu entrichten.

Die Gebührensätze für Abschriften oder Auszüge, deren Fertigung besondere paläographische oder Sprachkenntnisse erfordert, bestimmt die Staatsregierung.

Hinsichtlich der Schreibgebühren für Duplikate von Militärpapieren und des Bezuges dieser Gebühren bewendet es bei den bestehenden Vorschriften.

Art. 188.

Bei den einer Distriktspolizeibehörde untergeordneten Gemeindebehörden werden die in Art. 165 und 175 Ziff. 3 bezeichneten Gebühren nur zur Hälfte erhoben.

Die nähere Bezeichnung der Angelegenheiten, in welchen bei den genannten Gemeindebehörden die in Art. 165 bezeichneten Gebühren zur Erhebung gelangen, bleibt Königlicher Verordnung vorbehalten.

Art. 191.

Schuldner der Gebühren ist derjenige, welcher die gebührenpflichtige Amtshandlung veranlaßt hat.

Art. 192.

Bei Anträgen auf Vornahme einer Handlung, mit welcher bare Auslagen verbunden sind, ist auf Erfordern ein zur Deckung derselben hinreichender Vorschuß von dem Antragsteller zu zahlen.

Die Ladung und Vernehmung von Zeugen oder Sachverständigen auf Antrag der Parteien kann von der vorgängigen Zahlung eines zur Deckung der Auslagen hinreichenden Vorschusses abhängig gemacht werden.

Art. 194.

Gebühren werden nicht erhoben:

1) für Berichte und Schreiben an andere Behörden;
2) für Verfügungen, welche ausschließlich die formelle Handhabung und Kontrolle des innern Dienstes zum Gegenstand haben oder lediglich die Sachleitung betreffen, einschließlich der Bestimmung oder Änderung von Fristen und Terminen, soferne keine Verschulden einer Partei vorliegt;
3) in dem Verfahren wegen Ablehnung eines Beamten;
4) für die Verhandlung und Entscheidung über die Pflicht zur Abgabe eines Zeugnisses oder Gutachtens;
5) für die Verhandlungen und Entscheidungen des Verwaltungsgerichtshofes über die Vorfrage, ob ein Beamter sich einer Ueberschreitung seiner Amtsbefugnisse oder der Unterlassung einer ihm obliegenden Amtshandlung schuldig gemacht hat;
6) für das Verfahren in der Beschwerdeinstanz, soferne der Beschwerde vollständig stattgegeben wird und die Kosten nicht einem Gegner zur Last fallen.

   Wird der Beschwerde nur zum Teil stattgegeben, so kann die entscheidende Behörde teilweise oder auch vollständige Gebührenfreiheit gewähren.
7) in der Zwangsvollstreckung mit Ausnahme des Verfahrens in der Beschwerdeinstanz;
8) bei Gesuchen um Gewährung von Stundungen, Zahlungsfristen und Nachlässen;
9) für Verhandlungen und Beschlüsse in Innungsangelegenheiten;
10) für die Gestattung der Einsicht der bezirksbergamtlichen Bücher;
11) bei Gesuchen um Verleihung von Unterstützungen, Stipendien, Freiplätzen, Erziehungsbeiträgen und Präbenden, dann bei Gesuchen um Anweisung des Tischtitelgenusses;

12) in Begnadigungssachen;
13) für Verhandlungen, welche im kaufmännischen oder sonstigen gewerblichen Verkehr öffentlicher Behörden und Anstalten mit Privaten gepflogen werden:
14) für Zeugnisse über Armut oder Unterstützungsbedürftigkeit;
15) für Zeugnisse zu Zwecken der Regulierung von Pensionen, Sustentationen, Unterhaltsbeiträgen und dergleichen;
16) für die Legalisation von Leumundszeugnissen oder Führungsattesten, Familienstandszeugnissen und Lebensattesten;
17) für Zeugnisse zur Preisbewerbung bei landwirtschaftlichen Festen;
18) für Zeugnisse zur Aufnahme in die Hebammenschule;
19) für Schul-, Studien-, Abgangs-, Absolutorial-, Prüfungs- und sonstige derartige Zeugnisse der öffentlichen Unterrichtsanstalten.

Die Bestimmungen über die besonderen Gebühren, welche für die Ausfertigung solcher Zeugnisse behufs Verwendung zur Exigenz jener Anstalten oder behufs Deckung der Prüfungskosten zur Erhebung gelangen, bleiben unberührt.
20) für Zeugnisse der Vermittlungsämter;
21) für Bescheinigungen über Gewerbebetriebs-Anzeigen.

Art. 195.

Die Verwaltungsbehörden sind unbeschadet des ärarialischen Erinnerungs- und Beschwerderechtes befugt, Gebühren, welche durch eine unrichtige Behandlung der Sache ohne Schuld der Beteiligten entstanden sind, niederzuschlagen und für abweisende Bescheide, wenn der Antrag auf nicht anzurechnender Unkenntnis der Verhältnisse oder auf Unwissenheit beruht, Gebührenfreiheit zu gewähren.

Art. 196.

Ist ein Verfahren, für welches nach den bestehenden Landesgesetzen oder Verordnungen eine Gebühr nicht zu erheben wäre, nach freier Überzeugung der Behörde durch offenbar unbegründete Anträge, Einwendungen oder Beschwerden veranlaßt worden, so hat die Behörde von Amtswegen die Erhebung von Gebühren nach Maßgabe der Bestimmungen des gegenwärtigen Gesetzes zu beschließen.

Art. 197.

Streitfragen über die Pflicht zur Entrichtung von Gebühren und Auslagen oder über deren Größe werden, soweit dieselben bei den in Art. 188 bezeichneten Gemeindebehörden anfallen, von den vorgesetzten Distriktsverwaltungsbehörden in erster und auf erhobene Beschwerde von der Kreisregierung, Kammer des Innern, in zweiter und letzter Instanz entschieden.

Streitfragen in bezug auf Gebühren und Auslagen, welche bei den in Art. 166 bezeichneten Mittelstellen oder den ihnen untergeordneten Behörden anfallen, werden von den genannten Mittelstellen in erster und auf erhobene Beschwerde von dem einschlägigen Ministerium in zweiter und letzter Instanz entschieden.

Wird in einer zur Zuständigkeit des Verwaltungsgerichtshofes gehörigen Angelegenheit in der Hauptsache Beschwerde an den Verwaltungsgerichtshof ergriffen, so entscheidet dieser auch über etwaige Beschwerden wegen der Gebühren und Auslagen, wenn dieselben mit der Beschwerde in der Hauptsache verbunden werden.

Hinsichtlich des Ansatzes der bei den Ministerien, dem obersten Landesgerichte und dem Verwaltungsgerichtshofe anfallenden Gebühren und Auslagen findet nur Gegenvorstellung statt.

Das Verfahren in erster Instanz sowie die Bescheidung von Gegenvorstellungen ist gebührenfrei.

Die Gegenvorstellungen und Beschwerden haben keine aufschiebende Wirkung.

Art. 198.

Die Ansätze von Gebühren und Auslagen, sowie die Entscheidungen über die Pflicht zur Entrichtung derselben oder über deren Größe können von der Behörde der Instanz oder den Oberbehörden auch von Amtswegen geändert werden.

Art. 253.

Wo das Gesetz für den Ansatz der Gebühr einen Spielraum gewährt, hat die Behörde innerhalb desselben den Gebührensatz unter Berücksichtigung des Umfanges und der Schwierigkeit der Sache, der Bedeutung derselben für das bürgerliche Leben und der Leistungsfähigkeit des Pflichtigen zu bestimmen.

Die Staatsregierung ist ermächtigt, hierüber nähere Vollzugsvorschriften zu erlassen.

Art. 254.

In allen Fällen, in welchen für die Partei ein Rechtsanwalt handelt, ist für die Entrichtung der Gebühren, Auslagen und desfallsigen Vorschüsse nicht der Anwalt, sondern die von ihm vertretene Partei verhaftet, wenn nicht der Anwalt ausdrücklich die Zahlung für die Partei übernommen hat.

4. Advokatengebührenordnung vom 15. Dezember 1852 und Gebührenordnung vom 23. Dezember 1875 für die Landestheile diesseits des Rheins.

I. Gebühren allgemeiner Art.

	Von ℳ	Von ₰	bis ℳ	bis ₰
1) Für Information u. Akteneinsicht (incl. d. sog. arrha)	2	—	20	—
2) Für eine im Laufe des Geschäftes nötige Unterredung mit dem Vollmachtgeber oder mit anderen Personen	—	50	2	—
3) Für einen einfachen Brief	—	50	—	—
4) Für einen Brief mit tieferem Eingehen in die Sache	1	—	6	—
5) Für den Entwurf einer einfachen Vollmacht	—	50	—	—
6) Für den Entwurf einer Vollmacht mit tieferem Eingehen in die Sache	—	50	6	—
7) Für die Reinschrift des Originals jeder Eingabe, dann des Duplikats und mehrfacher Ausfertigungen und der zu den Eingaben und Handakten anzufertigenden Abschriften und zwar für jede Seite des Bogens, welche zwei und zwanzig Zeilen in nicht gedehnter Schrift enthalten muß,				
a) halbbrüchig	—	7	—	—
b) breitgeschrieben	—	10	—	—
Die Titelseite, die erste und die letzte Seite des Textes der Schrift werden, auch wenn sie keine zweiundzwanzig Zeilen enthalten, für volle Seiten vergütet.				
c) bei Briefen wird für jede Seite an Schreibgebühren vergütet	—	7	—	—
d) für jeden Bogen Papier zu den Ausfertigungen der Schriften, insoferne kein Stempelpapier nötig ist	—	3	—	—
8) Stempelpapier und Porto, und im Falle nachweisbaren Bedürfnisses Auslagen für eigene Boten, Estafetten, telegraphische Depeschen und dergl. werden besonders vergütet.				
9) Für das Konzept, Kollationierung der Schriften, Verpackung, Siegelung, Übergabe zur Post, Aktenheften, Tektur und ähnliche kleine Ausgaben wird nichts vergütet.				
10) Für eine Erinnerungseingabe (Monitorium, Sollicitation)	—	20	—	—
11) Für die Empfangnahme richterlicher Dekrete und Erkenntnisse	—	20	—	—

	Von M.	Pf.	"	" M.
12) Für Insinuation an einen besonders aufgestellten Insinuations-Mandatar				
a) an Gebühr für jede Insinuation	—	40	0	–0
b) für einen notwendigen Brief des Insinuations-Mandatars	—	40	0	-40
13) Für eine Beschwerde wegen verweigerter oder verzögerter Entschließung	1	50	0	-50
14) Für eine außergerichtliche Beschwerde oder ein Gerichtserbittungsgesuch	2	—	—	—
15) Für eine Refursschrift oder Remonstration wegen Ermäßigung oder Abstrichs von Gebühren, sowie wegen Eingaben und Verhandlungen in allen Disziplinarstraffällen des Advokaten kann dieser nichts anrechnen. Nur wenn die Gebührenfestsetzung durch denjenigen, welcher Zahlung leisten soll, angefochten und das Vorbringen desselben unbegründet befunden wird, desgleichen, wenn die Gebühren vom Advokaten eingeklagt oder im Wege der Hilfsvollstreckung beigetrieben werden müssen, sind die gewöhnlichen Ansätze für Schriften oder Verhandlungen statthaft.				
16) Für Einkassierung von Geldern nebst Ablieferung an den Vollmachtgeber oder an einen Dritten gebührt dem Advokaten bis zu der Summe von eintausend Gulden ein Prozent und für jeden weiteren Betrag 1/2 Prozent desselben.				
17) Für eine Tagfahrt	2	—	—	—
und falls die Verhandlung mehr als eine Stunde in Anspruch nimmt, für jede weitere von dem Advokaten der Sache ausschließlich gewidmete Stunde	1	20	1 20	1 20
Hiebei ist die Zeitdauer von weniger als einer Stunde für eine volle Stunde zu rechnen.				
18) Bei Reisen des Advokaten außerhalb seines Wohnortes kommt demselben außer den unter Ziffer 17 erwähnten Tagfahrtgebühren noch ein Taggeld zu, und zwar				
a) für den halben Tag	7	—	7	-7 —
b) für den ganzen Tag	14	—	4	-4 —
Die Gebühr für den halben Tag findet dann statt, wenn das Geschäft von solcher Art ist, daß es dem Advokaten möglich wird, entweder zur Mittagszeit wieder zu Hause zu sein, oder erst nach der Mittagszeit seinen Wohnort zu verlassen;				
c) dauert die Reise nur Einen Tag und beträgt die Zeit der Abwesenheit des Advokaten von				

	Von ℳ	Von ₰	bis ℳ	bis ₰
seinem Wohnort mehr als vierzehn Stunden, so besteht das Taggeld in	18	—	—	—
d) nebstdem werden dem Advokaten die baaren Auslagen für Fuhrwerk vergütet und zwar				
aa) für Eilwagen, Dampfschiff oder Eisenbahn, wenn diese Fahrgelegenheiten mit der Zeit der Tagfahrt in der Art zusammentreffen, daß der Gebrauch eines besonderen Fuhrwerkes nicht billiger kommt und der Advokat dadurch nicht genötigt wird, vor 5 Uhr Morgens seinen Wohnort zu verlassen oder erst nach 9 Uhr Abends in demselben wieder einzutreffen.				
Hiebei können auch die Auslagen für Mitnahme etwaigen Gepäckes, bei Fahrten mit dem Dampfschiffe ein Platz I. Klasse, bei Fahrten mit der Eisenbahn ein Platz II. Klasse verrechnet werden.				
bb) Außerdem ist, der Advokat mag sich seines eigenen, oder eines fremden Fuhrwerkes bedienen, die am Wohnorte desselben herkömmliche Lohnrößlersgebühr zu verrechnen.				
19) Für jede hier nicht besonders aufgeführte Schrift.	1	—	—	—
20) Für einen Gang zu einer Behörde, wenn nicht die durch diesen Gang bezweckte Handlung besonders honoriert wird,	1	50	—	—
21) Für Einreichung des Gebührenverzeichnisses können nur die Schreibgebühren und Auslagen, wie sie oben unter Ziff. 7 und 8 aufgeführt sind, angesetzt werden.				
22) Für Legalisierung einer Eingabe	—	40	2	—

II. Gebühren in streitigen bürgerlichen Rechtssachen.

	Von ℳ	Von ₰	bis ℳ	bis ₰
1) Für die Klage	2	—	16	—
2) Für die Vernehmlassung einschlüssig der etwaigen Widerklage	2	—	16	—
3) Für die Replik, einschlüssig der Vernehmlassung auf die Widerklage und für jeden weiteren Schriftsatz	2	—	12	—
4) Für die Prinzipal-Intervention und deren Verhandlung wie für die Klagen und deren Verhandlung.				
5) Für die accessorische Intervention, Streitverkündung, Benennung des Auktors, für ein Editionsgesuch, für ein Gesuch um Wiedereinsetzung in den vorigen Stand gegen ein Urteil oder gegen Ablauf einer Frist, wenn diese Handlungen nicht mit einer andern Schrift verbunden werden können.	2	—	12	—

	Von M	Von ₰	bis M	bis ₰
6) Für die Erklärung auf diese Handlungen unter derselben Voraussetzung	2	—	8	—
7) Für jeden weiteren hiebei etwa zulässigen Schriftsatz unter derselben Voraussetzung	1	—	4	—
8) Für die Information zum Behufe des Beweisverfahrens, wenn nach Lage der Sache eine besondere Information notwendig wird	2	—	20	—
9) Für den Beweisantritt	2	—	20	—
10) Für den Gegenbeweisantritt, einschlüssig der Erklärung auf den Beweisantritt	2	—	20	—
11) Für die etwa nötige Erklärung auf den Gegenbeweisantritt	2	—	6	—
12) Für Fragestücke	1	—	6	—
13) Für einen Augenscheins- oder Urkundenproduktionsrezeß	2	—	8	—
14) Für eine Beweisausführungsschrift (Deduktion, Disputiersatz)	2	—	12	—
15) Für eine Verwahrung oder Ungehorsamsbeschuldigung	1	—	—	—
16) Für ein Fristverlängerungsgesuch oder eine Tagfahrtsabbitte, welche in einer Verhinderung des Anwaltes ihren Grund hat, kann dieser nur die Schreibgebühr, die Stempel und baaren Auslagen in Anrechnung bringen; liegt die Hinderungsursache nicht in der Person des Advokaten, so gebührt demselben für ein Fristverlängerungsgesuch oder eine Tagfahrtsabbitte	1	—	—	—
und wenn dabei eine Beweisführung nötig ist	1	—	4	—
17) Für eine Remonstration	1	—	4	—
18) Für ein Kautions-, Arrest- oder Sequestrationsgesuch, für ein Gesuch um Beweisaufnahme zum ewigen Gedächtnisse	1	50	6	—
19) Für die Erklärung hierauf	1	—	—	—
20) Für ein Fristen- oder Nachlaßgesuch, für eine Insolvenzerklärung	2	—	12	—
21) Für eine Erklärung hierauf	2	—	8	—
22) Für eine Liquidation im Konkurse oder in einem Schuldenwesen	2	—	16	—
23) Für die übrigen Handlungen in einem Konkurse oder in einem Schuldenwesen wie im gewöhnlichen Verfahren				
24) Für eine Erklärung über Verwaltung oder Veräußerung der Masse oder über Ausübung des Ein- oder Ablösungsrechtes	1	—	8	—
25) Dem Advokaten, welcher als contradictor massae aufgestellt wird, kommen für jede Handlung die gewöhnlichen Gebühren zu.				
26) Für eine Anrufung im Hilfsvollstreckungs-(Exekutions-) Verfahren	1	—	—	—

	Von ℳ	Von ₰	bis ℳ	bis ₰
27) Für eine Einrede- und Gegenvorlagsschrift in diesem Verfahren	1	—	6	—
28) Vorstehende Ansätze gelten für schriftliche Arbeiten; für protokollarische Verhandlungen haben die oben unter Ziffer I. 17 und 18 aufgeführten Gebühren Platz zu greifen.				
In den Fällen, wo es gestattet ist, bei protokollarischen Verhandlungen schriftliche Rezesse statt mündlicher einzulegen, kommt dem Advokaten, wenn er bei der Tagfahrt zugegen ist, für den Rezeß außer der Schreibgebühr und den zulässigen Ansätzen für baare Auslagen die Hälfte der gewöhnlichen Verfaßgebühr, jedoch im Konkursverfahren bei Verhandlungen über Liquidät und Priorität an den Ediktstagen die ganze Gebühr zu, doch kann				
29) ein Advokat, welcher bei einem Ediktstage erscheint (Präsenz macht), ohne eine weitere protokollarische Erklärung abzugeben, nur ansetzen	1	50	—	—
30) Für die Berufung zur zweiten oder dritten Instanz	4	—	20	—
31) Für die Nebenverantwortung	4	—	12	—
und wenn damit eine Adhäsion verbunden wird	4	—	16	—
32) Für die gesonderte Adhäsion, wenn eine Nebenverantwortung nicht eingereicht wird, oder unzulässig ist	4	—	12	—
33) Für die Adhäsionsnebenverantwortung	4	—	12	—
34) Für die Nichtigkeitsbeschwerde	4	—	12	—
35) Für die Erklärung hierauf	2	—	8	—
36) Für eine Attentatenanzeige	2	—	8	—
37) Für eine besondere Mitwirkung zu einem zu Stande gekommenen Vergleich	4	—	40	—
III. Gebühren in Sachen der nichtstreitigen Gerichtsbarkeit.				
1) Für die Entwerfung eines Vertrages	4	—	20	—
2) Für protokollarische Verhandlungen gelten die Ansätze unter Ziffer I 17 und 18				
3) Für eine Vorstellung	2	—	8	—
4) Für eine Beschwerdeschrift	2	—	12	—
5) Für Liquidationen und andere Anträge in Verlassenschafts- und Vormundschaftssachen, sowie für Erklärungen hierauf gelten die Ansätze wie bei Schuldenwesen und Konkursen.				
6) Außergerichtliche Arbeiten, welche der Advokat als Testamentar, Rechnungsführer, Familienkonsulent übernimmt, sind dieser Gebührenordnung nicht unterworfen.				

Alphabetisches Register.

Die Zahlen bedeuten die Seiten.

W.

Z.

FSC
www.fsc.org
MIX
Papier | Fördert
gute Waldnutzung
FSC® C083411

Kolibri 360 GmbH
Ferdinand-Jühlke-Straße 7
99095 Erfurt, Deutschland
produktsicherheit@kolibri360.de